Reclams
Weihnachtsbuch

Reclams Weihnachtsbuch

Erzählungen, Lieder, Gedichte,
Briefe, Betrachtungen

Herausgegeben von
Stephan Koranyi

Mit Illustrationen von
Udo Gropengießer

Philipp Reclam jun. Stuttgart

Inhalt

IM ANFANG WAR DAS WORT, und das Wort war bei Gott, und Gott war das Wort. Dasselbe war im Anfang bei Gott. Alle Dinge sind durch dasselbe gemacht, und ohne dasselbe ist nichts gemacht, was gemacht ist. In ihm war das Leben, und das Leben war das Licht der Menschen. Und das Licht scheint in der Finsternis, und die Finsternis hat's nicht ergriffen.

Es war ein Mensch, von Gott gesandt, der hieß Johannes. Der kam zum Zeugnis, um von dem Licht zu zeugen, damit sie alle durch ihn glaubten. Er war nicht das Licht, sondern er sollte zeugen von dem Licht. Das war das wahre Licht, das alle Menschen erleuchtet, die in diese Welt kommen. Er war in der Welt, und die Welt ist durch ihn gemacht; aber die Welt erkannte ihn nicht. Er kam in sein Eigentum; und die Seinen nahmen ihn nicht auf. Wie viele ihn aber aufnahmen, denen gab er Macht, Gottes Kinder zu werden, denen, die an seinen Namen glauben, die nicht aus dem Blut noch aus dem Willen des Fleisches noch aus dem Willen eines Mannes, sondern von Gott geboren sind.

Und das Wort ward Fleisch und wohnte unter uns, und wir sahen seine Herrlichkeit, eine Herrlichkeit als des eingeborenen Sohnes vom Vater, voller Gnade und Wahrheit.

Johannes 1

ALS ABER DIE ZEIT ERFÜLLT WAR, sandte Gott seinen Sohn, geboren von einer Frau und unter das Gesetz getan, damit er die, die unter dem Gesetz waren, erlöste, damit wir die Kindschaft empfingen. Weil ihr nun Kinder seid, hat Gott den Geist seines Sohnes gesandt in unsre Herzen, der da ruft: Abba, lieber Vater! So bist du nun nicht mehr Knecht, sondern Kind; wenn aber Kind, dann auch Erbe durch Gott.

Galater 4,4–7

ES BEGAB SICH ABER zu der Zeit, daß ein Gebot von dem Kaiser Augustus ausging, daß alle Welt geschätzt würde. Und diese Schätzung war die allererste und geschah zur Zeit, da Quirinius Statthalter in Syrien war. Und jedermann ging, daß er sich schätzen ließe, ein jeder in seine Stadt. Da machte sich auf auch Josef aus Galiläa, aus der Stadt Nazareth, in das jüdische Land zur Stadt Davids, die da heißt Bethlehem, weil er aus dem Hause und Geschlechte Davids war, damit er sich schätzen ließe mit Maria, seinem vertrauten Weibe; die war schwanger. Und als sie dort waren, kam die Zeit, daß sie gebären sollte. Und sie gebar ihren ersten Sohn und wickelte ihn in Windeln und legte ihn in eine

Krippe; denn sie hatten sonst keinen Raum in der Herberge.

Und es waren Hirten in derselben Gegend auf dem Felde bei den Hürden, die hüteten des Nachts ihre Herde. Und der Engel des Herrn trat zu ihnen, und die Klarheit des Herrn leuchtete um sie; und sie fürchteten sich sehr. Und der Engel sprach zu ihnen: Fürchtet euch nicht! Siehe, ich verkündige euch große Freude, die allem Volk widerfahren wird; denn euch ist heute der Heiland geboren, welcher ist Christus, der Herr, in der Stadt Davids. Und das habt zum Zeichen: ihr werdet finden das Kind in Windeln gewickelt und in einer Krippe liegen. Und alsbald war da bei dem Engel die Menge der himmlischen Heerscharen, die lobten Gott und sprachen: Ehre sei Gott in der Höhe und Friede auf Erden bei den Menschen seines Wohlgefallens.

Und als die Engel von ihnen gen Himmel fuhren, sprachen die Hirten untereinander: Laßt uns nun gehen nach Bethlehem und die Geschichte sehen, die da geschehen ist, die uns der Herr kundgetan hat. Und sie kamen eilend und fanden beide, Maria und Josef, dazu das Kind in der Krippe liegen. Als sie es aber gesehen hatten, breiteten sie das Wort aus, das zu ihnen von diesem Kinde gesagt war. Und alle, vor die es kam, wunderten sich über das, was ihnen die Hirten gesagt hatten. Maria aber behielt alle diese Worte und bewegte sie in ihrem Herzen. Und die Hirten kehrten wieder um, priesen und lobten Gott für alles, was sie gehört und gesehen hatten, wie denn zu ihnen gesagt war. Und als acht Tage um waren und man das Kind beschneiden mußte, gab man ihm den Namen Jesus, wie er genannt war von dem Engel, ehe er im Mutterleib empfangen war.

Lukas 2

DIE GEBURT JESU CHRISTI geschah aber so: Als Maria, seine Mutter, dem Josef vertraut war, fand es sich, ehe er sie heimholte, daß sie schwanger war von dem heiligen Geist. Josef aber, ihr Mann, war fromm und wollte sie nicht in Schande bringen, gedachte aber, sie heimlich zu verlassen. Als er das noch bedachte, siehe, da erschien ihm der Engel des Herrn im Traum und sprach: Josef, du Sohn Davids, fürchte dich nicht, Maria, deine Frau, zu dir zu nehmen; denn was sie empfangen hat, das ist von dem heiligen Geist. Und sie wird einen Sohn gebären, dem sollst du den Namen Jesus geben, denn er wird sein Volk retten von ihren Sünden. Das ist aber alles geschehen, damit erfüllt würde, was der Herr durch den Propheten gesagt hat, der

da spricht (Jesaja 7,14): »Siehe, eine Jungfrau wird schwanger sein und einen Sohn
gebären, und sie werden ihm den Namen
Immanuel geben«, das heißt übersetzt:
Gott mit uns.

Als nun Josef vom Schlaf erwachte, tat
er, wie ihm der Engel des Herrn befohlen
hatte, und nahm seine Frau zu sich. Und er
berührte sie nicht, bis sie einen Sohn gebar;
und er gab ihm den Namen Jesus.

Als Jesus geboren war in Bethlehem in
Judäa zur Zeit des Königs Herodes, siehe,
da kamen Weise aus dem Morgenland nach
Jerusalem und sprachen: Wo ist der neuge-
borene König der Juden? Wir haben seinen
Stern gesehen im Morgenland und sind gekommen, ihn anzubeten. Als das der König
Herodes hörte, erschrak er und mit ihm
ganz Jerusalem, und er ließ zusammen-
kommen alle Hohenpriester und Schriftge-
lehrten des Volkes und erforschte von ihnen, wo der Christus geboren werden sollte. Und sie sagten ihm: In Bethlehem in
Judäa; denn so steht geschrieben durch den
Propheten (Micha 5,1): »Und du, Bethlehem im jüdischen Lande, bist keineswegs
die kleinste unter den Städten in Juda; denn
aus dir wird kommen der Fürst, der mein
Volk Israel weiden soll.«

Da rief Herodes die Weisen heimlich zu
sich und erkundete genau von ihnen, wann
der Stern erschienen wäre, und schickte sie

nach Bethlehem und sprach: Zieht hin und
forscht fleißig nach dem Kindlein; und
wenn ihr's findet, so sagt mir's wieder, daß
auch ich komme und es anbete. Als sie nun
den König gehört hatten, zogen sie hin.
Und siehe, der Stern, den sie im Morgenland gesehen hatten, ging vor ihnen her, bis
er über dem Ort stand, wo das Kindlein
war. Als sie den Stern sahen, wurden sie
hoch erfreut und gingen in das Haus und
fanden das Kindlein mit Maria, seiner Mutter, und fielen nieder und beteten es an und
taten ihre Schätze auf und schenkten ihm
Gold, Weihrauch und Myrrhe. Und Gott
befahl ihnen im Traum, nicht wieder zu
Herodes zurückzukehren; und sie zogen
auf einem andern Weg wieder in ihr Land.

Matthäus 1,18–2,12

DAS VOLK, DAS IM FINSTERN
WANDELT, sieht ein großes Licht, und
über denen, die da wohnen im finstern
Lande, scheint es hell. Du weckst lauten
Jubel, du machst groß die Freude. Vor dir
wird man sich freuen, wie man sich freut in
der Ernte, wie man fröhlich ist, wenn man
Beute austeilt. Denn du hast ihr drückendes
Joch, die Jochstange auf ihrer Schulter und
den Stecken ihres Treibers zerbrochen wie
am Tage Midians. Denn jeder Stiefel, der
mit Gedröhn dahergeht, und jeder Mantel,
durch Blut geschleift, wird verbrannt und
vom Feuer verzehrt.

Denn uns ist ein Kind geboren, ein Sohn
ist uns gegeben, und die Herrschaft ruht
auf seiner Schulter; und er heißt Wunder-
Rat, Gott-Held, Ewig-Vater, Friede-Fürst;
auf daß seine Herrschaft groß werde und
des Friedens kein Ende auf dem Thron
Davids und in seinem Königreich, daß er's
stärke und stütze durch Recht und Gerechtigkeit von nun an bis in Ewigkeit. Solches
wird tun der Eifer des HERRN Zebaoth.

Jesaja 9,1–6

17

Einer Weihnacht Lust und Gefahr

In unserer Stube, an der mit grauem Lehm übertünchten Ofenmauer, stand jahraus, jahrein ein Schemel aus Ahornholz. Er war immer glatt und rein gescheuert, denn er wurde, wie die anderen Stubengeräte, jeden Samstag mit feinem Bachsande und einem Strohwisch abgerieben. In der Zeit des Frühlings, des Sommers und des Herbstes stand dieser Schemel leer und einsam in seinem Winkel, nur zur Abendzeit zog ihn die Ahne etwas weiter hervor, kniete auf denselben hin und verrichtete ihr Abendgebet.

Als aber der Spätherbst kam mit den langen Abenden, an welchen die Knechte in der Stube aus Kienscheitern Leuchtspäne kloben und die Mägde sowie auch meine Mutter und Ahne Wolle und Flachs spannen, und als die Adventszeit kam, in welcher an solchen Span- und Spinnabenden alte Märchen erzählt und geistliche Lieder gesungen wurden, da saß ich beständig auf dem Schemel am Ofen.

Aber die langen Adventnächte waren bei uns immer sehr kurz. Bald nach zwei Uhr begann es im Hause unruhig zu werden. Oben auf dem Dachboden hörte man die Knechte, wie sie sich ankleideten und umhergingen, und in der Küche brachen die Mägde Späne ab und schürten am Herde. Dann gingen sie alle auf die Tenne zum Dreschen.

Auch die Mutter war aufgestanden und hatte in der Stube Licht gemacht; bald darauf erhob sich der Vater,

21

und sie zogen Kleider an, die nicht ganz für den Werktag und auch nicht ganz für den Feiertag waren. Dann sprach die Mutter zur Ahne, die im Bette lag, einige Worte, und wenn ich, erweckt durch die Unruhe, auch was sagte, so gab sie mir zur Antwort: »Sei du nur schön still und schlaf!« – Dann zündeten meine Eltern eine Laterne an, löschten das Licht in der Stube aus und gingen aus dem Hause. Ich hörte noch die äußere Türe gehen, und ich sah an den Fenstern den Lichtschimmer vorüberflimmern, und ich hörte das Ächzen der Tritte im Schnee, und ich hörte noch das Rasseln des Kettenhundes. – Dann wurde es ruhig, nur war das dumpfe, gleichmäßige Pochen der Drescher zu vernehmen, dann schlief ich wieder ein.

Der Vater und die Mutter gingen in die mehrere Stunden entfernte Pfarrkirche zur Rorate. Ich träumte ihnen nach, ich hörte die Kirchenglocken, ich hörte den Ton der Orgel und das Adventlied: Maria, sei gegrüßet, du lichter Morgenstern! Und ich sah die Lichter am Hochaltare, und die Engelein, die über demselben standen, breiteten ihre goldenen Flügel aus und flogen in der Kirche umher, und einer, der mit der Posaune über dem Predigtstuhl stand, zog hinaus in die Heiden und in die Wälder und blies es durch die ganze Welt, daß die Ankunft des Heilandes nahe sei.

Als ich erwachte, strahlte die Sonne schon lange zu den Fenstern herein, und draußen flimmerte der Schnee, und die Mutter ging wieder in der Stube umher und war in Werktagskleidern und tat häusliche Arbeiten. Das Bett der Ahne neben dem meinigen war auch schon geschichtet, und die Ahne kam nun von der Küche herein und half mir die Höschen anziehen und wusch mein Gesicht mit kaltem Wasser, daß ich aus Empfindsamkeit zugleich weinte und lachte. Als dieses geschehen war, kniete ich auf meinen Schemel hin und betete mit der Ahne den Morgensegen:

> In Gottes Namen aufstehen,
> Gegen Gott gehen,
> Gegen Gott treten,
> Zum himmlischen Vater beten,
> Daß er uns verleih'
> Lieb' Engelein drei:
> Der erste, der uns weist,
> Der zweite, der uns speist,
> Der dritte, der uns behüt' und bewahrt,
> Daß uns an Leib und Seel' nichts widerfahrt.

Nach dieser Andacht erhielt ich meine Morgensuppe, und nach derselben kam die Ahne mit einem Kübel Rüben, die wir nun zusammen zu schälen hatten. Ich saß dabei auf meinem Schemel. Aber bei dem Schälen der Rüben konnte ich die Ahne nie vollkommen befriedigen; ich schnitt stets eine zu dicke Schale, ließ sie aber stellenweise doch wieder ganz auf der Rübe. Wenn ich mich dabei gar in den Finger schnitt und gleich zu weinen begann, so sagte die Ahne immer sehr unwirsch: »Mit dir ist wohl ein rechtes Kreuz, man soll dich frei hinauswerfen in den Schnee!« Dabei verband sie mir die Wunde mit unsäglicher Sorgfalt und Liebe.

So vergingen die Tage des Advents, und ich und die Ahne sprachen immer häufiger und häufiger von dem Weihnachtsfeste und von dem Christkinde, das nun bald kommen werde.

Je mehr wir dem Feste nahten, um so unruhiger wurde es im Hause. Die Knechte trieben das Vieh aus dem Stalle und gaben frische Streu hinein und stellten die Barren und Krippen zurecht; der Halterbub striegelte die Ochsen, daß sie ein glattes Aussehen bekamen; der Futterbub mischte mehr Heu in das Stroh als gewöhnlich und bereitete davon einen ganzen Stoß in der Futterkammer. Die Kuhmagd tat das gleiche. Das Dreschen hatte schon einige Tage früher aufgehört, weil man durch den Lärm die nahen Feiertage zu entheiligen glaubte.

Im ganzen Hause wurde gewaschen und gescheuert, selbst in die Stube kamen die Mägde mit ihren Wasserkübeln und Strohwischen und Besen hinein. Ich freute mich immer sehr auf dieses Waschen, weil ich es gern hatte, wie alles drunter und drüber gekehrt wurde, und weil die Heiligenbilder im Tischwinkel, die braune Schwarzwälderuhr mit ihrer Metallschelle und andere Dinge, die ich immer sonst nur von der Höhe zu sehen bekam, herabgenommen und mir näher gebracht wurden, so daß ich alles viel genauer betrachten konnte. Freilich war nicht erlaubt, dergleichen Dinge anzurühren, weil ich noch zu ungeschickt und unbesonnen dafür wäre und die Gegenstände leicht beschädigen könne. Aber es gab doch Augenblicke, da man im eifrigen Waschen und Reiben nicht auf mich achtete.

In einem solchen Augenblicke kletterte ich einmal über den Schemel auf die Bank und von der Bank auf den Tisch, der aus seiner gewöhnlichen Stellung gerückt war und auf dem die Schwarzwälderuhr lag. Ich machte mich an die Uhr, von der die Gewichte über den Tisch hingen, sah durch ein offenes Seitentürchen in das messingene, sehr bestaubte Räderwerk hinein, tupfte einigemal an die kleinen Blätter des Windrädchens und legte die Finger endlich selbst an das Rädchen, ob es denn nicht gehe; aber es ging nicht. Zuletzt rückte ich auch ein wenig an einem Holzstäbchen, und als ich das tat, begann es im Werk fürchterlich zu rasseln. Einige Räder gingen langsam, andere schneller, und das Windrädchen flog, daß man es kaum sehen konnte. Ich war unbeschreiblich erschrocken, ich kollerte vom Tisch über Bank und Schemel auf den nassen, schmutzigen Boden hinab; da faßte mich schon die Mutter am Röcklein. Das Rasseln in der Uhr wollte gar nicht aufhören, und zuletzt nahm mich die Mutter mit beiden Händen und trug mich in das Vorhaus und schob mich durch die Tür hinaus in den Schnee und schlug die Türe hinter mir zu. Ich stand wie vernichtet da, ich hörte von innen noch das Greinen der Mutter, die ich sehr beleidigt haben mußte, und ich hörte das Scheuern und Lachen der Mägde und noch immer das Rasseln der Uhr.

Als ich eine Weile dagestanden und geschluchzt hatte und als gar niemand gekommen war, der Mitleid mit mir gehabt hätte, ging ich nach dem Pfade, der in den Schnee getreten war, über den Hausanger und über das Feld dem Walde zu. Ich wußte nicht, wohin ich wollte, dachte auch nicht weiter daran.

Aber ich war noch nicht zu dem Walde gekommen, als ich hinter mir ein grelles Pfeifen hörte. Das war das Pfeifen der Ahne.

»Wo willst du denn hin, du dummes Kind«, rief sie, »wart, wenn du so im Wald herumlaufen willst, so wird dich schon die Mooswaberl abfangen, wart nur!«

Auf dieses Wort kehrte ich augenblicklich um gegen das Haus, denn die Mooswaberl fürchtete ich sehr.

Ich ging aber immer noch nicht hinein, ich blieb im Hofe stehen, wo der Vater und zwei Knechte gerade ein Schwein aus dem Stalle zogen, um es abzustechen. Über das ohrenzerreißende Schreien des Tieres und über das

Blut, das ich nun sah und das eine Magd in einen Topf auffing, vergaß ich das Vorgefallene, und als der Vater im Vorhaus das Schwein abhäutete, stand ich schon wieder dabei und hielt die Zipfel der Haut, die er mit einem großen Messer von dem speckigen Fleisch immer mehr und mehr lostrennte. Als später die Eingeweide herausgenommen waren und die Mutter Wasser in das Becken goß, sagte sie zu mir: »Geh weg da, sonst wirst du ganz angespritzt!«

Aus diesen Worten entnahm ich, daß die Mutter mit mir wieder versöhnt sei, und nun war alles gut, und als ich in die Stube kam, um mich zu erwärmen, stand da alles an seinem gewöhnlichen Platz. Boden und Wände waren noch feucht, aber rein gescheuert, und die Schwarzwälderuhr hing wieder an der Wand und tickte. Und sie tickte viel lauter und heller durch die neu hergestellte Stube als früher.

Endlich nahm das Waschen und Reiben und Glätten ein Ende, im Hause wurde es ruhiger, fast still, und der Heilige Abend war da. Das Mittagsmahl am Heiligen Abend wurde nicht in der Stube eingenommen, sondern in der Küche, wo man das Nudelbrett als Tisch eignete und sich um dasselbe herumsetzte und das einfache Fastengericht still, aber mit gehobener Stimmung verzehrte.

Der Tisch in der Stube war mit einem schneeweißen Tuche bedeckt, und vor dem Tische stand mein Schemel, auf welchen sich zum Abend, als die Dämmerung einbrach, die Ahne hinkniete und still betete.

Mägde gingen leise durch das Haus und bereiteten ihre Festtagskleider vor, und die Mutter tat in einen großen Topf Fleischstücke, goß Wasser daran und stellte ihn zum Herdfeuer. Ich schlich in der Stube auf den Zehenspitzen herum und hörte nichts als das lustige Prasseln des Feuers in der Küche. Ich blickte auf meine Sonntagshöschen und auf das Jöppel und auf das schwarze Filzhütlein, das schon an einem Nagel der Wand hing, und dann blickte ich durch das Fenster in die hereinbrechende Dunkelheit hinaus. Wenn kein ungünstiges Wetter eintrat, so durfte ich in der Nacht mit dem Großknecht in die Kirche gehen. Und das Wetter war ruhig, und es würde auch, wie der Vater sagte, nicht allzu kalt werden, weil auf den Bergen Nebel liege.

Unmittelbar vor dem »Rauchengehen«, in welchem Haus und Hof nach alter Sitte mit Weihwasser und Weihrauch besegnet wird, hatten der Vater und die Mutter einen kleinen Streit. Die Mooswaberl war dagewesen, hatte glückselige Feiertage gewünscht, und die Mutter hatte ihr für den Festtag ein Stück Fleisch geschenkt. Darüber war der Vater etwas ungehalten; er war sonst ein Freund der Armen und gab ihnen nicht selten mehr, als unsere Verhältnisse es erlauben wollten, aber der Mooswaberl sollte man seiner Meinung nach kein Almosen reichen. Die Mooswaberl war ein Weib, das gar nicht in die Gegend gehörte, das unbefugt in den Wäldern umherstrich, Moos und Wurzeln sammelte, in halbverfallenen Köhlerhütten Feuer machte und schlief. Daneben zog sie bettelnd zu den Bauernhöfen, wollte Moos verkaufen, und da sie keine Geschäfte machte, verfluchte sie das Leben. Kinder, die sie ansah, fürchteten sich entsetzlich vor ihr, und viele wurden krank; Kühen tat sie an, daß sie rote Milch gaben.

Wer ihr eine Wohltat erwies, den verfolgte sie einige Minuten und sagte ihm: »Tausend und tausend Vergeltsgott bis in den Himmel hinauf.«

Wer sie aber verspottete oder sonst auf irgendeine Art

beleidigte, zu dem sagte sie: »Ich bete dich hinab in die unterste Höllen!«

Die Mooswaberl kam oft zu unserem Hause und saß gern vor demselben auf dem grünen Rasen oder auf dem Querbrett der Zaunstiegel, trotz des heftigen Bellens und Rasselns unseres Kettenhundes, der sich gegen dieses Weib besonders unbändig zeigte. Aber die Mooswaberl saß so lange vor dem Hause, bis die Mutter ihr eine Schale Milch oder ein Stück Brot oder beides hinaustrug. Meine Mutter hatte es gern, wenn das Weib sie durch ein tausendfaches Vergeltsgott bis in den Himmel hinauf wünschte. Der Vater legte dem Wunsch dieser Person keinen Wert bei, war er ein Segensspruch oder ein Fluch.

Als man draußen in einem Dorfe vor Jahren das Schulhaus baute, war dieses Weib mit dem Manne in die Gegend gekommen und hatte bei dem Baue mitgeholfen, bis er bei einer Steinsprengung getötet wurde. Seit dieser Zeit arbeitete sie nicht mehr und zog auch nicht fort, sondern trieb sich herum, ohne daß man wußte, was sie tat und was sie wollte. Zum Arbeiten war sie nicht mehr zu bringen; sie schien geisteskrank zu sein.

Der Richter hatte die Mooswaberl schon mehrmals aus der Gemeinde gewiesen, aber sie war immer wieder zurückgekommen. »Sie würde nicht immer zurückgekommen sein«, sagte mein Vater, »wenn sie in dieser Gegend nichts gebettelt bekäme. So wird sie hier verbleiben, und wenn sie alt und krank ist, müssen wir sie auch pflegen; das ist ein Kreuz, welches wir uns selbst an den Hals gebunden haben.«

Die Mutter sagte nichts zu solchen Worten, sondern gab der Mooswaberl, wenn sie kam, immer das gewohnte Almosen, und heute noch etwas mehr, zu Ehren des hohen Festes.

28

Darum also war der kleine Streit zwischen Vater und Mutter gewesen, der aber alsogleich verstummte, als zwei Knechte mit dem Rauch- und Weihwassergefäß in das Haus kamen.

Nach dem Rauchen stellte der Vater ein Kerzenlicht auf den Tisch, Späne durften heute nur in der Küche gebrannt werden. Das Nachtmahl wurde schon wieder in der Stube eingenommen. Der Großknecht erzählte während desselben Weihnachtsgeschichten.

Nach dem Abendmahle sang die Mutter ein Hirtenlied. So wonnevoll ich sonst diesen Liedern lauschte, aber heute dachte ich nur immer an den Kirchgang und wollte durchaus schon das Sonntagskleidchen anziehen. Man sagte, es sei noch später Zeit dazu, aber endlich gab die Ahne meinem Drängen doch nach und zog mich an. Der Stallknecht kleidete sich sehr sorgsam in seinen Festtagsstaat, weil er nach dem Mitternachtsgottesdienst nicht nach Hause gehen, sondern im Dorfe den Morgen abwarten wollte. Gegen neun Uhr waren auch die anderen Knechte und Mägde bereit und zündeten am Kerzenlicht eine Spanlunte an. Ich hielt mich an den Großknecht, und meine Eltern und meine Großmutter, welche daheim blieben, um das Haus zu hüten, besprengten mich mit Weihwasser und sagten, daß ich nicht fallen und nicht erfrieren möge.

Dann gingen wir.

Es war sehr finster, und die Lunte, welche der Stallknecht vorantrug, warf ihr rotes Licht in einer großen Scheibe auf den Schnee und auf den Zaun und auf die Sträucher und Bäume, an denen wir vorüberkamen. Mir kam dieses rote Leuchten, das zudem noch durch die großen Schatten unserer Körper unterbrochen war, grauenhaft vor, und ich hielt mich sehr ängstlich an den

Großknecht, so daß dieser einmal sagte: »Aber hörst, meine Joppe mußt du mir lassen, was tät' ich denn, wenn du mir sie abrissest?«

Der Pfad war eine Zeitlang sehr schmal, so daß wir hintereinandergehen mußten, wobei ich nur froh war, daß ich nicht der letzte war, denn ich bildete mir ein, daß dieser unbekannten Gefahren ausgesetzt sein müsse.

Eine schneidende Luft ging, und die glimmenden Splitter der Lunte flogen weithin, und selbst als sie auf die harte Schneekruste niederfielen, glimmten sie noch eine Weile fort.

Wir waren bisher über Blößen und durch Gesträuche und Wälder abwärts gegangen; jetzt kamen wir zu einem Bache, den ich sehr gut kannte, er floß durch die Wiese, auf welcher wir im Sommer das Heu machten. Im Sommer rauschte dieser Bach schön, aber heute hörte man nichts, weil er überfroren war. Auch an einer Mühle kamen wir vorüber, an welcher ich heftig erschrak, weil einige Funken auf das Dach flogen; aber auf dem Dache lag Schnee, und die Funken erloschen. Endlich verließen wir den Bach, und der Weg führte aufwärts durch Wald, in welchem der Schnee seicht lag, aber auch keine feste Kruste hatte.

Dann kamen wir zu einer breiten Straße, wo wir nebeneinandergehen konnten und wo wir dann und wann ein Schlittengeschelle hörten. Dem Stallknecht war die Lunte bereits bis zu der Hand herabgebrannt, und er zündete eine neue an, die er vorrätig hatte. Auf der Straße sah man jetzt auch andere Lichter, große rote Fackeln, die heranloderten, als schwämmen sie allein in der schwarzen Luft, und hinter denen nach und nach ein Gesicht und mehrere Gesichter auftauchten, von Kirchengehern, die sich nun auch zu uns gesellten. Und wir sahen Lichter von anderen Bergen und Höhen, die noch so weit entfernt waren, daß wir nicht erkennen konnten, ob sie standen oder sich bewegten.

So gingen wir weiter. Der Schnee knirschte unter unseren Füßen, und wo ihn der Wind weggetragen hatte, da war der schwarze, nackte Boden so hart, daß unsere Schuhe an ihm klangen. Die Leute sprachen und lachten viel, aber mir war, als sei das in der heiligen Christnacht nicht recht; ich dachte nur immer schon an die Kirche und wie das doch sein werde, wenn mitten in der Nacht Musik und ein Hochamt ist.

Als wir eine lange Weile auf der Straße fortgegangen und an einzelnen Bäumen und an Häusern vorüber und dann wieder über Felder und durch Wald gekommen waren, hörte ich auf den Baumwipfeln plötzlich ein Klingen. Als ich horchen wollte, hörte ich es nicht, bald aber wieder und deutlicher als das erstemal. Es war der Ton des kleinen Glöckleins vom Turme der Kirche. Die Lichter, die wir auf den Bergen und im Tale sahen, wurden immer häufiger, und alle schwammen der Kirche zu. Auch die ruhigen Sterne der Laternen schwebten heran, und auf der Straße wurde es immer lebhafter. Das kleine Glöcklein wurde durch ein größeres abgelöst, und das läutete so lange, bis wir fast nahe der Kirche kamen. – Also war es doch wahr, wie die Ahne gesagt hatte: Um Mitternacht fangen die Glocken zu läuten an und läuten so lange, bis aus fernen Tälern der letzte Bewohner der Hütten zur Kirche kommt.

Die Kirche steht auf einem mit Birken und Schwarztannen bewachsenen Berglein, und um sie liegt der kleine Friedhof, welcher mit einer niederen Mauer umgeben ist. Die wenigen Häuser stehen im Tale.

Als die Leute an die Kirche gekommen waren, steckten sie ihre Lunten umgekehrt in den Schnee, daß sie erloschen, nur eine wurde zwischen zwei Steine der Friedhofmauer geklemmt und brennen gelassen.

Jetzt klang auf dem Turme in langsamem, gleichmäßigem Wiegen schon die große Glocke. Aus den schmalen, hohen Kirchenfenstern fiel heller Schein. Ich wollte in die Kirche, aber der Großknecht sagte, es habe noch Zeit, und er blieb stehen und sprach und lachte mit anderen Burschen und stopfte sich eine Pfeife an.

Endlich klangen alle Glocken zusammen, in der Kirche begann die Orgel zu tönen, und nun gingen wir hinein.

Das sah ganz anders aus wie an den Sonntagen. Die Lichter, die auf dem Altare brannten, waren hellweiße, funkelnde Sterne, und der vergoldete Tabernakel strahlte herrlich zurück. Die Lampe des ewigen Lichtes war rot. Der obere Raum der Kirche war so dunkel, daß man die schönen Verzierungen des Schiffes kaum sehen konnte. Die dunkeln Gestalten der Menschen saßen in den Stühlen oder standen neben denselben; die Weiber waren sehr in Tücher eingeschlagen und husteten. Viele hatten Kerzen vor sich brennen und sangen aus ihren Büchern mit, als auf dem Chore das Tedeum ertönte. Der Großknecht führte mich durch die zwei Reihen der Stühle gegen einen Nebenaltar, wo schon mehrere Leute standen. Dort hob er mich auf einen Schemel zu einem Glaskasten empor, der, von drei Kerzen beleuchtet, zwischen zwei aufgesteckten Tannenwipfeln stand und den ich früher, wenn ich mit den Eltern in die Kirche kam, nie gesehen hatte. Als mich der Großknecht auf den Schemel gehoben hatte, sagte er mir leise ins Ohr: »So, jetzt kannst das Krippel anschauen.« Dann ließ er mich stehen, und ich schaute durch das Glas. Da kam ein Weiblein zu mir herbei und sagte leise: »Ja, Kind, wenn du das anschauen willst, so muß dir's auch jemand auslegen.« Und sie erklärte mir die Dinge, die im Kasten waren.

Außer der Mutter Maria, die über den Kopf ein blaues Tuch geschlagen hatte, das bis zu den Füßen hinabhing, waren alle Gestalten so gekleidet wie ältere Bauern. Der heilige Josef selbst trug grüne Strümpfe und eine lederne Kniehose. Und in der Krippe lag das nackte Kindlein.

Als das Tedeum zu Ende war, kam der Großknecht wieder, hob mich von dem Schemel, und wir setzten uns in einen Stuhl. Dann ging der Kirchenmann herum und zündete alle Kerzen an, die in der Kirche waren, und jeder Mensch, auch der Großknecht, zog nun ein Kerzlein aus dem Sack und zündete es an und klebte es vor sich auf die Bank. Jetzt war es so hell in der Kirche, daß man auch die Verzierungen an der Decke schön sehen konnte.

Auf dem Chore stimmte man Geigen und Trompeten und Pauken, und als an der Sakristeitür das Glöcklein klang und der Pfarrer in strahlendem Meßkleide, begleitet von Ministranten und rotbemäntelten Windlichtträgern, über den purpurnen Fußteppich zum Altare ging, da rauschte die Orgel in ihrem ganzen Vollklang, da wirbelten die Pauken und schmetterten die Trompeten.

Weihrauch stieg auf und hüllte den ganzen lichtstrahlenden Hochaltar in einen Schleier. – So begann das Hochamt, und so strahlte und tönte und klang es um Mitternacht. Beim Offertorium waren alle Instrumente still, nur zwei helle Stimmen sangen ein liebliches Hirtenlied, und während des Benediktus jodelten eine Klarinette und zwei Flügelhörner langsam und leise den Wiegengesang. Während des letzten Evangeliums hörte man auf dem Chore den Kuckuck und die Nachtigall wie mitten im sonnigen Frühling.

Tief nahm ich sie auf in meine Seele, die wunderbare Heiligkeit der Christnacht, aber ich jauchzte nicht vor Entzücken, ich blieb ernst, ruhig und fühlte die Weihe.

Und während die Musik tönte, dachte ich an Vater und Mutter und Großmutter daheim. Die knien jetzt um den Tisch bei dem einzigen Kerzenlichtlein und beten, oder sie schlafen, und es ist finster in der Stube, und nur die Uhr geht, und es liegt tiefe Ruhe über den waldigen Bergen, und die Christnacht ist ausgebreitet über die ganze Welt.

Als das Amt seinem Ende nahte, erloschen nach und nach die Kerzlein in den Stühlen, und der Kirchenmann ging wieder herum und dämpfte mit seinem langgestielten Blechkäppchen an den Wänden und Bildern und Altären, und es duftete das Wachs der ausgelöschten Lichter. Die am Hochaltare brannten noch, als auf dem Chore der letzte freudenreiche Festmarsch erscholl und sich die Leute aus der Kirche drängten.

Als wir in das Freie kamen, war es trotz des dichten Nebels, der sich von den Bergen niedergesenkt hatte, nicht mehr ganz so finster wie vor Mitternacht. Es mußte der Mond aufgegangen sein; man zündete keine Fackeln mehr an. Es schlug ein Uhr, aber der Schulmeister läutete schon die Avemariaglocke zum Christmorgen. Ich warf noch einen Blick auf die Kirchenfenster; aller Festglanz war erloschen, ich sah nur mehr den matten Schimmer des ewigen Lichtes.

Als ich mich dann wieder an den Rock des Großknechtes halten wollte, war dieser nicht mehr da, einige fremde Leute waren um mich, die miteinander sprachen und sich sofort auf den Heimweg machten. Mein Begleiter mußte schon voraus sein; ich eilte ihm nach, lief schnell an mehreren Leuten vorüber, auf daß ich ihn bald einhole. Ich lief, sosehr es meine kleinen Füße konnten, ich kam durch den finsteren Wald, und ich kam über Felder, über welche scharfer Wind blies, so daß ich, so warm mir sonst war, von Nase und Ohren fast nichts mehr wahrnahm. Die Leute, die früher noch auf der Straße gegangen waren, verloren sich nach und nach, und ich war allein, und den Großknecht hatte ich noch immer nicht erreicht. Ich dachte, daß er auch hinter mir sein könne, und beschloß, geradewegs nach Hause zu eilen. Auf der Straße lagen hier und da schwarze Punkte, Kohlen der Spanfackeln, welche die Leute auf dem Kirchwege abgeschüttelt. Die Gesträuche und Bäumchen, die neben am Wege standen und unheimlich aus dem Nebel emportauchten, beschloß ich gar nicht anzusehen, aber ich sah sie doch an, wendete meine Augen nach allen Seiten, ob nicht irgendwo ein Gespenst auf mich zukomme.

Nun war ich zum Pfad gekommen, der mich von der Straße abwärts durch den Wald und in das jenseitige Tal führen sollte. Ich bog ab und eilte unter den langästigen Bäumen dahin. Die Wipfel rauschten, und dann und wann fiel ein Schneeklumpen neben mir nieder. Stellenweise war es auch so finster, daß ich kaum die Stämme sah, wenn ich nicht an dieselben stieß, und daß ich den Pfad verlor. Letzteres war mir ziemlich gleichgültig, denn der Schnee war sehr seicht, auch war anfangs der Boden hübsch glatt, aber allmählich begann er steil und steiler zu werden, und unter dem Schnee war viel Gestrüpp und hohes Heidekraut. Die Baumstämme standen nicht mehr so regelmäßig, sondern zerstreut, manche schief hängend, manche mit aufgerissenen Wurzeln

an anderen lehnend, manche mit wild und wirr aufragen-
den Ästen auf dem Boden liegend. Das hatte ich nicht
gesehen, als wir aufwärts gingen. Ich konnte oft kaum
weiter, ich mußte mich durch das Gesträuche und Geäste
durchwinden. Oft brach der Schnee ein, die Besen des
Heidekrautes reichten mir bis zur Brust heran. Ich sah
ein, daß der rechte Weg verloren war, aber wär' ich nur
erst im Tale und bei dem Bache, dann ginge ich diesem
entlang aufwärts, und da müßte ich endlich doch zur
Mühle und zu unserer Wiese kommen.

Schneeschollen fielen mir in das Rocksäcklein, Schnee
legte sich an die Höschen und Strümpfe, und das Wasser
rann mir in die Schuhe hinab. Zuerst war ich durch das
Klettern über das Gefälle und das Winden durch das
Gesträuche müde geworden, aber nun war auch die
Müdigkeit verschwunden; ich achtete nicht den Schnee,
und ich achtete nicht das Gesträuche, das mir oft rauh
über das Gesicht fuhr, sondern ich eilte weiter. Fiel ich
zu Boden, so raffte ich mich schnell auf. Auch alle
Gespensterfurcht war weg; ich dachte an nichts als an das
Tal und an unser Haus. Ich wußte nicht, wie lange ich
mich so durch die Wildnis fortwand, aber ich fühlte mich
flink, die Angst trieb mich vorwärts.

Plötzlich stand ich vor einem Abgrund. In dem
Abgrunde lag grauer Nebel, aus welchem einzelne
Baumwipfel emportauchten. Um mich hatte sich der
Wald gelichtet, über mir war es heiter, und am Himmel
stand der Halbmond. Mir gegenüber und weiter im
Hintergrunde waren fremde, kegelförmige Berge.

Unten in der Tiefe mußte das Tal mit der Mühle sein;
mir war, als hörte ich das Tosen des Baches, aber das war
das Windrauschen in den jenseitigen Wäldern. Ich ging
nach rechts und links und suchte einen Fußsteig, der

mich abwärts führe, und ich fand eine Stelle, an welcher ich mich über Gerölle, das vom Schnee befreit dalag, und durch Wacholdergesträuche hinablassen zu können vermeinte. Das gelang mir auch eine Strecke, doch noch zu rechter Zeit hielt ich mich an eine Wurzel, fast wäre ich über eine senkrechte Wand gestürzt. Nun konnte ich nicht mehr vorwärts. Ich ließ mich aus Mattigkeit zu Boden. In der Tiefe lag der Nebel mit den schwarzen Baumwipfeln. Außer dem Rauschen des Windes in den Wäldern hörte ich nichts. Ich wußte nicht, wo ich war. – Wenn jetzt ein Reh käme, ich würde es fragen nach dem Weg, in der Christnacht reden ja Tiere menschliche Sprache!

Ich erhob mich, um wieder aufwärts zu klettern; ich machte das Gerölle locker und kam nicht vorwärts. Mich schmerzten Hände und Füße. Nun stand ich still und rief, so laut ich konnte, nach dem Großknecht. Meine Stimme fiel von den Wäldern und Wänden langgezogen und undeutlich zurück.

Dann hörte ich wieder nichts als das Rauschen.

Der Frost schnitt mir in die Glieder.

Nochmals rief ich mit aller Macht den Namen des Großknechtes. Nichts als der langgezogene Widerhall. Nun überkam mich eine große Angst. Ich rief schnell hintereinander meine Eltern, meine Ahne, alle Knechte und Mägde unseres Hauses. Dann begann ich kläglich zu weinen.

Mein Körper warf einen langen Schatten schräg abwärts über das Gestein. Ich ging an der Wand hin und her, ich betete zum heiligen Christkind, daß es mich erlöse.

Der Mond stand hoch am dunkeln Himmel.

Endlich konnte ich nicht mehr weinen und beten, auch

mich kaum mehr bewegen, ich kauerte zitternd an einem Stein und dachte: Nun will ich schlafen, das ist alles nur ein Traum, und wenn ich erwache, bin ich daheim oder im Himmel.

Da hörte ich ein Knistern über mir im Wacholdergesträuche, und bald darauf fühlte ich, wie mich etwas berührte und emporhob. Ich wollte schreien, aber ich konnte nicht, die Stimme war wie eingefroren. Aus Angst hielt ich die Augen fest geschlossen. Auch Hände und Füße waren mir wie gelähmt, ich konnte sie nicht bewegen. Mir kam vor, als ob sich das ganze Gebirge mit mir wiegte. – –

Als ich zu mir kam und erwachte, war noch Nacht, aber ich hockte an der Tür meines Vaterhauses, und der Kettenhund bellte heftig. Eine Gestalt hatte mich auf den festgetretenen Schnee gleiten lassen, pochte dann mit dem Ellbogen gewaltig an die Tür und eilte davon. Ich hatte diese Gestalt erkannt – es war die Mooswaberl gewesen.

Die Tür ging auf, und die Ahne stürzte mit den Worten auf mich zu: »Jesus Christus, da ist er ja!«

Sie trug mich in die warme Stube, aber von dieser schnell wieder zurück in das Vorhaus; dort setzte sie mich auf einen Trog, eilte dann hinaus vor die Tür und machte durchdringliche Pfiffe.

Sie war ganz allein zu Hause. Als der Großknecht von der Kirche zurückgekommen war und mich daheim nicht gefunden hatte und als auch die anderen Leute kamen und ich bei keinem war, gingen sie alle hinab in den Wald und in das Tal und jenseits hinauf zur Straße und nach allen Richtungen. Selbst die Mutter war mitgegangen und hatte überall, wo sie ging und stand, meinen Namen gerufen.

Nachdem die Ahne glaubte, daß es mir nicht mehr schädlich sein konnte, trug sie mich wieder in die warme Stube, und als sie mir die Schuhe und Strümpfe auszog, waren diese ganz zusammen- und fast an den Fuß gefroren. Hierauf eilte sie nochmals in das Freie und machte wieder ein paar Pfiffe und brachte dann in einem Kübel Schnee herein und stellte mich mit bloßen Füßen in diesen Schnee. Als ich in dem Schnee stand, war in den Zehen ein so heftiger Schmerz, daß ich stöhnte, aber die Ahne sagte: »Das ist schon gut, wenn du Schmerz hast, dann sind die Füße nicht erfroren.«

Bald darauf strahlte die Morgenröte durch das Fenster, und nun kamen nach und nach die Leute nach Hause, zuletzt aber der Vater, und zu allerletzt, als schon die rote Sonnenscheibe über der Wechselalpe aufging und als die Ahne unzähligemal gepfiffen hatte, kam die Mutter. Sie ging an mein Bettlein, in welches ich gebracht worden war und an welchem der Vater saß. Sie war ganz heiser.

Sie sagte, daß ich nun schlafen solle, und verdeckte das Fenster mit einem Tuche, auf daß mir die Sonne nicht in das Gesicht scheine. Aber der Vater meinte, ich solle noch nicht schlafen, er wolle wissen, wie ich mich von dem Knechte entfernt, ohne daß er es merkte, und wo ich herumgelaufen sei. Ich erzählte, wie ich den Pfad verloren hatte, wie ich in die Wildnis kam, und als ich von dem Monde und von den schwarzen Wäldern und von dem Windrauschen und von dem Felsenabgrund erzählte, da sagte der Vater halblaut zu meiner Mutter: »Weib, sagen wir Gott Lob und Dank, daß er da ist, er ist auf der Trollwand gewesen!«

Nach diesen Worten gab mir die Mutter einen Kuß auf die Wange, wie sie nur selten tat, und dann hielt sie ihre Schürze vor das Gesicht und ging davon.

»Ja, du Donnersbub, und wie bist denn heimkommen?« fragte mich der Vater. Darauf meine Antwort, daß ich das nicht wisse, daß ich nach langem Schlafen und Wiegen auf einmal vor der Haustüre gewesen und daß die Mooswaberl neben mir gestanden sei. Der Vater fragte mich noch einmal über diesen Umstand, ich antwortete dasselbe.

Nun sagte der Vater, daß er in die Kirche zum Hochgottesdienst gehe, weil heute der Christtag sei, und daß ich schlafen solle.

Ich mußte darauf viele Stunden geschlafen haben, denn als ich erwachte, war draußen Dämmerung, und in der Stube war es fast finster. Neben meinem Bette saß die Ahne und nickte, von der Küche herein hörte ich das Prasseln des Herdfeuers.

Später, als die Leute beim Abendmahle saßen, war auch die Mooswaberl am Tisch.

Auf dem Kirchhofe, über dem Grabhügel ihres Mannes war sie während des Vormittagsgottesdienstes gekauert, da war nach dem Hochamte mein Vater zu ihr hingetreten und hatte sie mit in unser Haus genommen.

Über die nächtliche Begebenheit brachte man nicht mehr von ihr heraus, als daß sie im Walde das Christkind gesucht habe; dann ging sie einmal zu meinem Bette und sah mich an, und ich fürchtete mich vor ihren Blicken.

In dem hinteren Geschosse unseres Hauses war eine Kammer, in welcher nur altes, unbrauchbares Geräte und viel Spinnengewebe war

Diese Kammer ließ mein Vater der Mooswaberl zur Wohnung und stellte ihr einen Ofen und ein Bett und einen Tisch hinein.

Und sie blieb bei uns. Oft strich sie noch in den Wäldern umher und brachte Moos heim, dann ging sie wieder hinaus zur Kirche und saß auf dem Grabhügel ihres Mannes, von dem sie nicht mehr fortzuziehen vermochte in ihre ferne Gegend, in der sie wohl auch einsam und heimatlos gewesen wäre wie überall. Über ihre Verhältnisse war nichts Näheres zu erfahren, wir vermuteten, daß das Weib einst glücklich gewesen sein müsse und daß der Schmerz über den Verlust des Gatten ihr den Verstand geraubt habe.

Wir gewannen sie alle lieb, weil sie ruhig und mit allem zufrieden lebte und niemandem das geringste Leid zufügte. Nur der Kettenhund wollte sie immer noch nicht sichern, der bellte und zerrte überaus heftig an der Kette, sooft sie über den Anger ging. Aber das war anders von dem Tiere gemeint; als einmal die Kette riß, stürzte der Hund auf die Mooswaberl zu, sprang ihr winselnd an die Brust und leckte ihr die Wangen.

O du fröhliche

1. O du fröh-li-che, o du se-li-ge, gna-den-brin-gen-de Weih-nachts-zeit! Welt ging ver-lo-ren, Christ ist ge-bo-ren: Freu-e, freu-e dich, o Chri-sten-heit!

2. O du fröhliche, o du selige,
gnadenbringende Weihnachtszeit!
Christ ist erschienen, uns zu versühnen:
Freue, freue dich, o Christenheit!

3. O du fröhliche, o du selige,
gnadenbringende Weihnachtszeit!
Himmlische Heere jauchzen dir Ehre:
Freue, freue dich, o Christenheit!

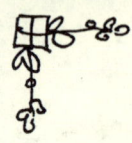

THEODOR STORM

Brief an Gottfried Keller
22. Dezember 1882

Da bin ich, lieber Freund, um Ihnen, so gut es durch so viel Ferne geschehen kann, zu dem mir ewig jungen Kindheitsfeste die Hand zu schütteln. Unten spielt meine Jüngste allerlei süße Melodien, und im ganzen Hause weihnachtet es sehr. Zwei Tage lang nichts als Kisten gepackt und Pakete gemacht und Weihnachtsbriefe an Alt und Jung in alle Welt gesendet; ich habe diesmal nur meine zwei Jüngsten, die Gertrud und Dodo, zu Haus, und morgen kommt aus Varel noch mein Musikus, das heißt Musiklehrer. Aber die breitästige, zwölf Fuß hohe Tanne steht schon im großen Zimmer, an den letzten Abenden ist fleißige Hausarbeit gehalten; der goldene Märchenzweig, dito die Traubenbüschel des Erlensamens und große Fichtenzapfen, an denen diesmal lebensgroße Kreuzschnäbel von Papiermaché sich anklammern werden, während zwei desgleichen Rotkehlchen neben ihrem Nest mit Eiern im Tannengrün sitzen, feine weiße Netze, deren Inhalt sorgsam in Gold- und andere nach Lichtfarben gewählte Papiere gewickelt ist, alles liegt parat, und morgen helfe ich den Baum schmücken.

Wenn dann aber am Weihnachtsabend die Lichter brennen und die Kinder ihr Weihnachtslied anstimmen, dann überfällt's mich doch: Wo sind sie alle, die sich einst mit mir gefreut? – Antwort: wo auch ich bald sein werde. – Und das Geschick deiner Lieben? – Ein ewiges Dunkel für dich. . . .

Möge auch über Sie die Märchenstille dieses Festes kommen, einerlei ob von dem Kinde in der Krippe oder von unsern alten schönen Götterfrauen, die in den Zwölften Umzug halten! Vor allen Dingen auch möge Ihr treu Geschwister sich mit Ihnen in gefestigter Gesundheit der Festesruhe freuen!

Ich grüße Sie herzlich

Ihr Th. Storm

Stille Nacht, heilige Nacht!

1. Stil - le Nacht, hei - li - ge Nacht!

Al - les schläft, ein - sam wacht

nur das trau - te, hoch - hei - li - ge Paar.

Hol - der Kna - be im lok - ki - gen Haar,

schlaf in himm - li - scher Ruh, ____

schlaf in himm - li - scher Ruh.

2. Stille Nacht, heilige Nacht!
Hirten erst kundgemacht,
durch der Engel Halleluja
tönt es laut von fern und nah:
Christ, der Retter, ist da!

3. Stille Nacht, heilige Nacht!
Gottes Sohn, o wie lacht
Lieb aus deinem göttlichen Mund,
da uns schlägt die rettende Stund,
Christ, in deiner Geburt.

Die Flucht nach Ägypten

Am schönsten war es, wenn so Anfang Dezember auf dem Lustgarten die Weihnachtsmarktleute ihre Buden aufrichteten. Wir strichen dann auf den Gängen herum und sahen nach, ob wir nicht einen alten Bekannten träfen. Wir kannten eine Menge Schausteller und Budenbesitzer, die meisten noch von Vaters Rummelzeit her, er hatte damals in einem Raritätenkabinett als Präparator gearbeitet.

Diesmal jedoch – es war der achtundzwanziger Winter und so grauenhaft kalt, daß man dauernd ins Pergamonmuseum gehen und sich aufwärmen mußte –, diesmal jedoch war niemand unserer alten Bekannten zu sehen. Vielleicht kamen sie noch, vielleicht war es ihnen aber eben auch einfach zu kalt, denn viele hatten nur einen Einmannbetrieb, und da war natürlich an einen Ofen oder gar an eine Heizung nicht zu denken.

Wir machten uns aber auch noch aus einem anderen Grund zwischen den Buden zu schaffen. Wenn man mal irgendwo mit Hand anlegte, konnte man hoffen, Dauerfreikarten zu bekommen oder auch sogar mal ein paar Mark zu verdienen.

Vor allem an einer Monster-Raritätenschau war uns ganz außerordentlich gelegen. Schon als die mächtigen zusammenhängenden Bretterwände abgeladen und die Grundrißbalken des Respekt einflößend großen Baues zusammengefügt wurden, griffen wir so verbissen und konzentriert mit zu, daß wir beim Befehlsempfang für den nächsten Tag schon ganz selbstverständlich mit einbezogen wurden.

Der Bau hatte über dem mit wundervollen Plakaten und bunten Transparenten geschmückten Eingang einen hohen, glöckchenverzierten Pagodenaufsatz. Sein Besitzer hatte diese Verzierung gewählt, weil die Fettpolster unter seinen Augen diesen einen leicht asiatischen Zuschnitt verliehen. Und auch in seiner Kleidung versuchte Pagoden-Ede sich so chinesisch oder japanisch wie möglich zu geben. Er stammte aber bloß aus Neukölln und war auch viel zu groß und zu schwer, als daß einem seine Verkleidung auch glaubhaft erschienen wäre; einzig sein kahler Kopf wirkte einigermaßen überzeugend.

Als sein Monster-Unternehmen stand, ging Vater zu ihm hin, wünschte ein gutes Weihnachtsgeschäft und deutete an, wobei wir geholfen hätten.

Pagoden-Ede bot Vater eine Zigarette an, tippte mit dem narbigen Zeigefinger an seinen Melonenrand und drehte sich um.

Da wußten wir, daß es diesen Dezember auf dem Weihnachtsmarkt einen Feind für uns geben würde.

Unsere Meinung verstärkte sich noch, als wir erfuhren, daß Kinder zu Pagoden-Edes Monster-Raritätenschau keinen Zutritt hatten; und zwar nicht etwa deshalb, weil sie zum Beispiel vor dem Löwenmenschen Halef ben Brösicke keinen Schreck kriegen sollten, sondern weil Pagoden-Ede Kinder nicht leiden konnte.

Frau Schmidt, die als dickste Dame der Welt schon vierzehn Jahre bei ihm arbeitete, sagte uns, das hinge damit zusammen, daß Pagoden-Ede selbst zu viele hätte, fast in allen Städten gab es welche von ihm.

Aber Vater behauptete, Pagoden-Edes Abneigung

gegen Kinder säße noch tiefer. »Er ist Zwerge und Liliputaner gewöhnt«, sagte er; »und deren Winzigkeit zahlt sich für einen Mann wie ihn aus. In der Winzigkeit eines Kindes aber sieht er keinen Sinn; und Sinnloses haßt ein Geschäftsmann wie er; das ist nur natürlich.«

Wie dem auch war, es gab sogar auf dem Weihnachtsmarkt von Pagoden-Ede ein Kind; es war der traurigste und langnäsigste kleine Junge, den wir jemals gesehen hatten. Wir lernten seine Mutter am Eröffnungstag kennen; sie betrieb, dicht vor dem Pergamonmuseum und auf dem dunkelsten Fleck des sonst so lichtüberfluteten Lustgartens, ein Würfelbudenunternehmen, dessen Inventar aus einem Tablett, einem Lederbecher, zwölf lila Teddybären und einem Handköfferchen voll Trostpreisen bestand. Frau Fethges Anreißer war ein alter Fotoapparat, den sie als möglichen Hauptgewinn aufgebaut hatte.

Vater entdeckte in einem Gespräch mit ihr, daß wir einen gemeinsamen Bekannten hatten, den schönen Oskar nämlich, der Schnellzeichner war. Er hatte Frau Fethge auf dem Oktobermarkt in Stettin gesagt, er wollte im Dezember nach Berlin runterkommen. So war es nur natürlich, daß das Gespräch auch auf Echnaton kam.

Zur Zeit, da Echnaton Fethge in einem fahrenden Wohnwagen zur Welt gekommen war, hatte Pagoden-Ede, sein Vater, nämlich noch nicht auf asiatisch, sondern auf ägyptisch gemacht. Frau Fethge hatte damals eine Zeitlang als Schleiertänzerin bei ihm gearbeitet. Und da Pagoden-Ede nicht ungebildet war, hatte er Frau Fethge den Künstlernamen Nofrotete de Castro gegeben und ihr gemeinsames Kind, wohl wegen dessen langer und wirklich ein wenig ägyptisch wirkender Nase, im

50

Geburtsregister, trotz des Protests des Standesbeamten, als Echnaton Fethge eintragen lassen.

Das war nun fast acht Jahre her, und Echnatons Trauer über die Vergeßlichkeit seines Vaters war in diesen acht Jahren so groß geworden, daß er sich schon gar keine Mühe mehr gab, seine kleine, ständig beschlagene Nickelbrille noch blank zu putzen; er sah einfach unter ihr hervor, sie wäre ja doch sofort wieder beschlagen.

Wir gaben uns die allererdenklichste Mühe, Echnaton ein wenig heiterer zu stimmen, denn schließlich rückte ja Weihnachten näher, und es wäre unerträglich für uns gewesen zu wissen, es sähe am Heiligen Abend ein kleiner Junge so traurig wie Echnaton aus. Doch wir konnten noch so oft mit ihm vor dem mit blauen und roten Glühbirnen verzierten Riesenrad oder den atemberaubend duftenden Mandelbrennereien stehen, er wurde nicht froh.

Da kam uns ein Zufall zu Hilfe.

Direkt gegenüber von Pagoden-Edes Monster-Raritätenschau war noch, grell von Edes Scheinwerfern angestrahlt, ein winziger Platz frei. Wir hatten uns schon gewundert, daß ihn niemand bezog, denn an sich lag er günstig; Hauptsache, daß sich dort kein Vergnügungsetablissement niederließ, dem hätte Ede mit seiner Schau natürlich das Wasser abgegraben.

Am dritten Weihnachtsmarkttag sagte Vater, der ja für so was schon immer ein Organ hatte, plötzlich: »Ich weiß nicht, mit dem Stand da ist irgendwas los.«

Was denn schon los sein sollte mit ihm, fragte Echnaton mürrisch.

»Wir wollen sehn«, sagte Vater.

Er nahm uns bei der Hand, und wir gingen zum

Standverteilbüro; es war am Kupfergraben, in der Kajüte eines ausgedienten Äpfelkahns untergebracht.

»Ich versteh's auch nicht«, sagte der Platz-Chef; »Paul wollte doch schon vorgestern am Schlesischen Bahnhof ankommen.«

»Paul –?« sagte Vater gespannt; »etwa Paul Jenthe aus der Uckermark mit seinem rechnenden Esel Franz?«

»Genau der«, nickte der Platz-Chef; »bloß, daß der Franz jetzt zu alt ist zum Rechnen; Paul läßt ihn ein Kinderkarussell ziehn.«

»Allmächtiger –!« sagte Vater, »da steht er vor Pago-den-Ede ja richtig.«

Dazu, sagte der Platz-Chef, könnte er keine Stellung beziehen.

»Auch nicht nötig«, seufzte Vater; »Paul ist schon immer ein Unglücksvogel gewesen.«

Er war es auch jetzt. Auf keinem Gleis des Schlesi-schen Bahnhofs, wohin wir uns noch am selben Abend begaben, war ein Güterwagen mit einem Karussell und einem Esel darin abgestellt worden. Doch Vater ruhte nicht eher, bis er die Erlaubnis erhielt, draußen, vor den Laderampen, mal nachsehen zu dürfen.

Echnaton und ich blieben zurück, und wir sahen Vater auf dem schneeverwehten Schienengewirr wie eine große, dürre Spinne im frostglitzernden Dunkel ver-schwinden.

Nach einer Weile kam er atemlos wieder zurück. »Eine Zange!« schrie er schon von weitem, »besorgt eine Zange!«

Wir rannten auch gleich los, obwohl wir keine Ahnung hatten, wofür Vater abends um halb neun auf dem Gelände des Schlesischen Bahnhofs eine Zange benötigte. Zum Glück gab es auf dem Bahnsteig ein

Häuschen mit Geräten für die Streckenarbeiter, seine Tür war nicht verschlossen, und nach einigem Kramen fanden wir auch eine Drahtschere und rannten mit ihr zurück.

»Wunderbar!« rief Vater, als er sie sah; »kommt mit!« Wir stolperten über die Schwellen hinter ihm her.

Plötzlich war vor uns ein dumpfes Bumsen und Hämmern zu hören, und zugleich hob sich von der diesigen Nachtkulisse ein schneeverwehter Güterwagen ab.

»Ja doch, Paul!« schrie Vater rüber zu ihm, »wir kommen ja schon! Man hat aus Versehen seinen Wagen plombiert«, keuchte Vater im Rennen, »und da Paul bei seiner Ankunft schlief, auf ein Abstellgleis geschoben.«

»Otto –!« war jetzt aus dem Waggon eine erschöpfte Stimme zu hören, »Otto, bist du es?«

»Ja!« schrie Vater und hatte auch schon den Plombendraht durchgeknipst, und wir zerrten zu dritt die Schiebetür auf, und im Schein einer zischenden Karbidlampe tauchte erst Franzens, des Esels, eisgraues Leidensgesicht und dann, aus dem Dunkel dahinter, die Goldborte an Paul Jenthes alter Kapitänsmütze auf.

Es gab eine Begrüßung, als wäre Paul am Nordpol verschollen gewesen; selbst Echnaton wurde von ihm stürmisch ein paarmal umarmt.

Echnaton allerdings interessierte sich an diesem Abend für jemand anderes; einzig nämlich für Franz. Die ganze Zeit, die dieser dampfend und bereitwillig nickend den Wagen mit den starr blickenden Schwänen, Hirschen und Tigern und dem sonstigen Karussellzubehör in Richtung Lustgarten zog, führte Echnaton ihn am Halfter und klopfte ihm ermunternd den Hals und redete freundlich auf ihn ein, wenn Franz sich mal zitternd verschnaufte.

Es war noch zu früh, um an Paul Jenthes Standplatz heranzukommen; so zogen wir außen vor dem Dom und hinten am Museum vorbei, und Frau Fethge stärkte uns erst mal aus ihrer Thermosflasche mit Kaffee, und wir rieben Franz sorgfältig von allen Seiten mit Stroh ab.

Nach Mitternacht fing es an, leerer zu werden; jetzt konnte Paul sein Wägelchen bequem durch die schneeschimmernden Gänge lavieren.

Pagoden-Ede hatte schon zu, und die Scheinwerfer waren aus; das war gut, da stürzte nicht gleich alles auf einmal über Paul Jenthe herein. Er war sehr zufrieden mit seinem Platz.

»Wenn ich hier kein Geschäft mache«, sagte er, »Otto, wo dann?«

Vater räusperte sich und spuckte sich übertrieben forsch in die Hände. »Nu mal los!« rief er kläglich.

Wir arbeiteten bis in den Morgen hinein. Paul hatte zum Glück einen Koksofen mit, sonst wäre das kaum zu machen gewesen. Als hinter einem der trompetenden Engel auf dem Dom der abgenutzte Rand der Sonne erschien, war auch der letzte Holzschwan montiert, und Paul stellte die Drehorgel auf und ließ Franz unter den Klängen von »Ihr Kinderlein, kommet« eine Proberunde drehen.

Es klappte wunderbar, und was uns beinah ebenso freute: Echnaton machte das Karussellfahren Spaß, zum erstenmal sahen wir so etwas wie die Andeutung eines Lächelns hinter seiner Nickelbrille aufglimmen. Ob es Franz aber auch wirklich nicht anstrengte?

»I wo«, sagte Paul, »gar nicht. Hopp!« rief er, »gleich noch mal!«

In diesem Augenblick wurde drüben auf dem Podest eine Zeltklappe beiseite geschoben, und Pagoden-Ede beugte seinen krebsroten und mit einer doppelschwänzigen Seejungfrau tätowierten Oberkörper heraus und kippte Franz, der entsetzt die langen Ohren anlegte und mit einem Ruck stehenblieb, sein Waschwasser vor die Hufe.

Echnaton preßte die Lippen zusammen.

»Vorsicht, Nachbar«, sagte Paul ruhig, »hier steht auch noch einer.«

Pagoden-Ede hob langsam den kahlen, massigen Kopf, die fettgepolsterten Äuglein glitten schläfrig über das Kinderkarussell hin. »Herrje!« sagte er gleichmütig; »seh ich ja jetzt erst!«

An diesem Morgen wurde uns klar: Sollte der Weihnachtsmarkt für Paul ein Geschäft werden, mußte ein Wunder geschehen.

Am Nachmittag wartete eine Überraschung auf uns.

Frau Fethge erzählte, der schöne Oskar wäre gekommen. Das lenkte uns erst von Paul etwas ab; wir suchten Oskar auf dem ganzen Markt. Endlich fanden wir ihn; er hatte keinen Platz mehr bekommen, er stand verbittert am Schloß, vor dem Eosanderportal. Er hatte sich jetzt einen Künstlerbart stehenlassen, der kleidete ihn als Schnellzeichner nicht schlecht; und es kam auch wirklich hin und wieder mal jemand vorbei, der ernsthaft von ihm porträtiert werden wollte.

Wir baten Oskar, daß er Echnaton zeichnen sollte, denn der war, seit dieser Begegnung mit seinem Vater, wieder trauriger geworden denn je; wir hofften, daß ihn sein Konterfei etwas aufheitern würde. Doch das Gegenteil war der Fall, er fing beinah an zu weinen, als er es sah; dabei hatte Oskar es wirklich ähnlich gemacht; aber wahrscheinlich war gerade das der Grund.

Vater tröstete Echnaton auch gleich; er sagte, wir

wollten mal zu Paul rübergehen, eine Karussellfahrt, die machte ihn bestimmt wieder froh.

Es war inzwischen schon ganz weihnachtlich geworden überall; pulvriger Schnee lag auf den Dächern und Buden, die Luft roch nach Tannengrün und Türkischem Honig, und die Menschen waren so freundlich zueinander, als hätte man ihnen gedroht: *ein* böses Wort, und die Welt ginge unter. Wenn es nur nicht so elend kalt gewesen wäre.

Vor Pagoden-Edes Monsterbau stauten sich die Leute so dicht, daß wir Mühe hatten durchzukommen. Ede pries durchs Sprachrohr gerade wieder die Winzigkeit seiner Liliputaner, die vergrämt und frierend um ihn herumstanden, und zwischendurch huschte immer mal wieder eine seiner zwölf Geishas hinter ihm vorbei und warf eine Kußhand in die begeistert klatschende Menge.

Wir wunderten uns gleich, daß wir Pauls Drehorgel gar nicht hörten.

»Die Scheinwerfer«, sagte Vater; »paßt auf.«

Und richtig. Pauls Karussell wurde so grauenhaft grell von Pagoden-Edes Scheinwerfern angestrahlt, als sollte von dem kopfhängerischen Franz und den starr blickenden Schwänen und Tigern eine Filmaufnahme gemacht werden.

Paul war verzweifelt. »Die Mütter sagen, daß sich die Kinder in den fünf Karussellminuten bei mir die Augen verderben!«

»Und tags –?« fragte Vater.

»Tags –!« rief Paul Jenthe, und die Goldkordel an seiner alten Kapitänsmütze flammte unmutig auf; »was ist ein Weihnachtsmarktunternehmer am Tag?! Eine arbeitslose Eule, die die Mäuse verhöhnen!«

»Einschmeißen müßte man ihm die Scheinwerfer«,

knirschte Echnaton, der sich schützend, so daß sein Schatten auf ihn fiel, vor Franz gestellt hatte, der dankbar wieder den Kopf hob.

»Gewalt«, sagte Vater, »ist hier fehl am Platz. Und es geht ja auch nicht darum, Ede zu bestrafen, sondern darum, Paul einen Verdienst zu verschaffen.«

»Meine Mutter verdient auch nichts«, sagte Echnaton zornig; »und das ist auch seine Schuld. Er hat längst eine Strafe verdient.«

»Deine Mutter ist eine gute und tapfere Frau«, sagte Paul etwas zusammenhanglos; »wenn mein Geschäft florierte, ich böte ihr glatt an, bei mir einzusteigen.«

Echnatons Brillengläser irrlichterten erregt zwischen Paul und Franz hin und her; als er dann sprach, merkte man allerdings, er war mehr von Franz angetan.

»Reden«, sagte er heiser, »kostet ja nichts.«

Vater lachte gekünstelt. »Na also!« rief er mit einer so falschen Fröhlichkeit aus, daß ich eine Gänsehaut kriegte, »dann nichts wie zu Frau Fethge jetzt, Paul, und ihr einen Antrag gemacht!«

Paul sagte, so wäre es nun auch wieder nicht gemeint, aber mit einer klugen und rechtschaffenen Geschäftsfrau zu reden wäre stets ein Gewinn. »Ich versäum' ja nichts hier«, fügte er mit einem Seufzer hinzu.

Darauf schloß er das Karussell ab, nahm Franz am Halfter, und wir schoben uns durch das Gedränge.

Es sollte ein Schicksalsgang werden.

Wir waren noch keine fünf Minuten unterwegs, da hielt uns eine pelzverbrämte Dame an und fragte Paul, was es kostete, ihr Töchterchen auf Franz mal reiten zu lassen.

Paul war so erledigt, daß er die Schultern zuckte.

»Fünfzig Pfennig«, sagte da Echnaton schnell.

»Das ist geschenkt«, sagte die Dame. Ob Vater so nett sein könnte, ihr Töchterchen raufzusetzen?

Vater murmelte, er wäre so frei, und hob das Töchterchen rauf, und wir zogen verdrossen mit ihm durch die lebkuchenduftenden Gänge.

»Wirklich eine reizende Idee«, sagte die Dame dabei gesprächig zu Paul; »mit einem so biblischen Tier wie dem Esel den Weihnachtsmarkt zu beleben!«

Paul ließ sie reden.

»Na«, sagte die Dame zu dem Töchterchen, das mit seinen Absätzen wütend gegen Franzens Bauch trommelte, »wie fühlt sich mein Christkindchen auf seinem Ritt nach Ägypten?«

Bei dem Wort Ägypten hob Echnaton ruckartig den Kopf.

Aber auch Vater schien plötzlich irgendwie hellhörig geworden zu sein. »Ein hübscher Vergleich«, sagte er abwesend.

»Nicht wahr?« sagte die Dame. »Zu dumm nur, daß ich keinen Fotoapparat mithabe; mein Mäuschen auf einem Esel, von Josef geführt – das wäre eine Aufnahme fürs Leben geworden.«

»Ich heiße *Paul*«, sagte der ärgerlich.

»Himmel!« rief da Vater dazwischen und schlug sich mit der Hand gegen die Stirn.

»Verzeihung –«, sagte die Dame befremdet.

Aber da hatte Vater schon kehrtgemacht und rannte in Richtung Pergamonmuseum davon.

»Ein interessanter Mensch«, sagte die Dame unüberzeugt; »dabei sah er anfangs wie einer der Drei Heiligen Könige aus.« Sie hob ihr Töchterchen von Franz herunter, der erleichtert aufatmete, bezahlte die fünfzig Pfennig an Paul und bedankte sich kühl.

Echnaton wußte, wo Vater hingerannt war: zu Frau Fethge. Wir trafen sie in heller Aufregung an.

»*Ich*?!« rief sie, als wir hinkamen, dauernd, »*ich* die Maria?!«

»Ja«, sagte Vater zwingend, »wer sonst?«

»Moment mal«, ächzte Paul; »erst soll *ich* Josef heißen und nun Frau Fethge Maria –?«

»Paul!« rief Vater und schüttelte ihn, »weißt du, wem wir eben in dieser Dame begegnet sind?!«

»Sag bloß noch, 'ner Aufsichtstante vom Gewerbeamt«, ächzte Paul.

Vater sah strafend auf ihn herab. »Einem Engel!« rief er beschwörend.

Paul und Frau Fethge blickten scheu rüber zum Dom, in dessen Grünspankuppel sich stumpf das Lichtermeer des Weihnachtsmarkts widerspiegelte. Aber die Steinengel dort standen alle noch trompetend auf ihren Gesimsen.

»Ich verstehe Sie«, sagte Echnaton da und kämmte Franz versonnen das Pony unterm Stirnband hervor; »die Dame hat an die Bibel erinnert.«

»So ist es«, nickte Vater; »und an was da nun wohl?«

»An die Weihnachtsgeschichte«, sagte ich schnell, weil ich Echnaton, der klüger war als ich, gern zuvorkommen wollte.

»Jawohl«, sagte Vater triumphierend; »und jetzt paßt auf.« Er zeigte auf Franz. »Der Esel«, sagte er überflüssigerweise. Er zeigte auf Frau Fethge. »Maria.« Er zeigte auf Paul. »Josef.«

»Und Sie«, sagte Echnaton erregt, »hätten wie einer der Drei Heiligen Könige ausgesehen, hat die Dame gesagt.«

Vater nickte selbstsicher. »Ein Engel, ich wußte es ja.

Und ihr«, sagte er und zeigte auf Echnaton und auf mich, »ihr seid die anderen zwei.«

Paul stöhnte, er verstände bloß dauernd Bahnhof.

»Paul«, sagte Vater geduldig und nahm Frau Fethges Fotoapparat von dem Sockel, auf dem sie ihn als möglichen Hauptgewinn aufgebaut hatte: »was ist das?«

»Ein Fotoapparat«, sagte Paul sehr richtig.

»Aber verstehen Sie doch endlich!« rief Echnaton; »die Dame hat doch extra –«

»Pssst –«, machte da Paul und kniff angestrengt die Augen zusammen; »jetzt fang’ ich an zu verstehen: man soll uns fotografieren.«

»Als Kulisse nur, sozusagen«, warf Vater ein.

»Aber die Hauptperson fehlt doch noch!« rief ich; »was nützen uns denn Josef und Maria, wenn –«

»Bruno, Bengel«, unterbrach Vater mich scharf, »das *ist* es doch gerade: Das Christkind stellen die Mütter!«

Wir schwiegen andächtig einen Moment; uns allen stand die Größe dieses Gedankens ziemlich deutlich vor Augen.

Frau Fethge rührte dann allerdings noch kurz das Geschäftliche an. Ob da auch wirklich mehr als bei ihrer Würfelbude herausspränge?

Vater beruhigte sie; außerdem könnte sie ja jederzeit wieder in ihre Würfelbude zurück.

Echnaton sagte, ein solcher Rückfall käme gar nicht in Frage.

»Na, und *er*«, sagte Paul eifrig und sah Frau Fethge geschäftstüchtig an, »er ließe so was ja auch gar nicht erst zu.«

Jetzt war nur noch zu klären, *wo* fotografiert werden sollte.

Und da hatte Vater eigentlich die beste von allen

Ideen. »Na, wo wohl?!« rief er frohlockend; »im strahlenden Filmlicht von Pagoden-Edes Scheinwerfern natürlich!«

Gleich am nächsten Tag fingen wir an, uns an die Arbeit zu machen. Paul baute sein Karussell bis aufs Podest ab und begann die Hintergrundkulisse zu malen: eine Palme vor einer flimmernden Wüstenlandschaft. Er malte sie sehr natürlich, es wäre eine fabelhafte Bierreklame gewesen, man bekam Durst, wenn man sie ansah. Frau Fethge bemühte sich indessen um Perücken, künstliche Bärte und majestätische Kleidung; wobei ihr zugute kam, daß sie in ihrer besseren Zeit eine Weile Garderobiere im »Wintergarten« gewesen war und dort noch den und jenen kannte.

Vater fiel das wichtigste Amt zu: jemand zu finden, der auch zu fotografieren verstand. Wie von selbst kam er dabei auf Oskar, der ja sowieso dauernd darüber klagte, daß er bei dieser Kälte noch nicht mal langsam, geschweige denn schnell zeichnen könnte.

Oskar versprach, es sich durch den Kopf gehen zu lassen; und tatsächlich kam er auch am nächsten Tag fluchend und sich die blaugefrorenen Hände reibend an und sagte, er hätte sich durchgerungen, auf Lichtbildner umzusatteln.

Paul, der ein bißchen mißtrauisch war, spendierte einen Probefilm; doch die Aufnahmen, die Oskar dann von uns machte, waren alle leidlich in Ordnung. Jetzt bekam er noch aus Frau Fethges Fundus einen zu seinem Künstlerbart passenden schwarzen Hut aufgesetzt, Geld für Filme, einen Block für die Kundschaftsadressen, und wir waren komplett.

Es war ein schöner, samtgrauer Dezembernachmittag, und es fiel dicker, flauschiger Schnee, der allen Lärm dämpfte, als wir in unserer neuen Verkleidung aus Frau Fethges Würfelbude traten und gemessenen Schrittes unseren ersten Werbegang über den Weihnachtsmarkt antraten.

Paul hatte Frau Fethge Franz auf den Rücken gesetzt, und obwohl Paul noch immer seine alte Kapitänsmütze aufhatte, wirkten die drei wirklich wie echt. Dann folgte Echnaton. Er trug einen Stab mit einem Blechstern daran und ein langwallendes Lodencape. Er mußte sehr dicht hinter Franz gehen, denn Vater hatte ihm aus Pappe eine Kappe gemacht in der Form, wie sie die ägyptischen Könige trugen, und da die Nickelbrille Echnatons Ägypterprofil beeinträchtigt hätte, hatte er sie abnehmen müssen und sah jetzt nicht gut. Ich war schwarz und hatte einen krausen, gräßlich kitzelnden Bart um und einen Turban aus einem roten Frottierhandtuch um den Kopf.

Vater war praktisch er selber geblieben, nur daß er jetzt eine Messingkrone im Haar trug und sich zu seinem echten Schnurrbart noch einen Spitzbart angemalt hatte. Aber auf Vater lag auch wieder die Hauptlast; denn er hatte freundlich, und ohne daß es wie eine Entführung aussah, ständig ein anderes kleines Kind vor Frau Fethge auf Franzens Rücken zu heben und dazu laut und garantiert so, daß die Mutter es hörte: »Komm, du kleines Christkind«, zu sagen. Oskar schließlich rief dann laut: »Süß!« oder »Reizend!« und »Ganz allerliebst!« und riß jedesmal, jedoch noch ohne zu knipsen, den Apparat vor das Auge.

Der Erfolg, den wir mit dieser, von Vater erarbeiteten Methode hatten, war ungeheuer.

Als wir nach etwa einer Stunde Pauls alten Karussell-stand erreichten, war der uns nachdrängende Zug von Müttern, Eltern und Kindern so lang, daß er es, nachdem er sich um unser mit Tannenzweigen geschmücktes Podest gestaut hatte, gut und gern mit der Menge vor Pagoden-Edes Monsterbau aufnehmen konnte. Gleich drehten sich dort auch alle Leute nach uns um, und mit großer Genugtuung nahmen wir wahr, wie Ede es in der Folgezeit immer schwerer hatte, die Leute dort durch sein Sprachrohr zusammenzuhalten.

Ich weiß nicht, woran es lag, daß wir uns schon nach den ersten Aufnahmen richtig in unsere Rollen hineinzuleben begannen. Es hatte wohl mit all den gerührten Gesichtern der Eltern und den andächtig der Reihe nach aufs Podium trippelnden Kindern zu tun. Jedenfalls fingen Vaters Bewegungen, mit denen er ein Kind nach dem anderen auf Franz hob, allmählich an, immer königlicher zu werden, und Echnaton gar gab die fehlende Brille eine Unbefangenheit, die eines Kaisers würdig gewesen wäre. Nur Frau Fethge hatte es schwer; ständig schielte sie unter ihrem Kopftuch ängstlich zu Pagoden-Ede hinüber, der allerdings, über die vielen Kinder ringsum, langsam auch immer wütender wurde. Andererseits stand aber auch gerade dieser gehetzte Gesichtsausdruck Frau Fethge als Maria nicht schlecht, sie erhielt mehrmals Sonderapplaus für ihn.

Oskar knipste beinah sechzig Bilder an diesem Abend; wir hätten mit Leichtigkeit mehr stellen können, aber die Filme waren aufgebraucht. Vater riet, nach Möglichkeit sollte jeder auch zu Hause in seiner Rolle verharren, dann könnte man morgen mit einer noch größeren Echtheit aufwarten.

Und wirklich waren wir am nächsten Tag dann auch derart aufeinander eingespielt und an unsere Aufgabe gewöhnt, daß wir selbst untereinander schon ganz feierlich sprachen und Oskar, trotz seines Künstlerhutes, regelrechte Minderwertigkeitskomplexe bekam, weil er doch bloß Fotograf war.

Wir hatten uns an Frau Fethges Würfelbude getroffen; es dämmerte schon und fing auch wieder sanft an zu schneien, da kam auf einmal außen, um den Weihnachtsmarkttrubel herum, Paul Jenthe auf Franz angetrabt. Beide keuchten erregt, und Pauls goldene Kapitänskordel glühte unheilverheißend auf.

»Schnell!« schrie er und riß Franz, der erschrocken vorn hochging, wieder herum. »Ede montiert die Scheinwerfer ab!«

Das war eine schlimme Botschaft für uns.

Wir rafften unsere Gewandsäume auf, nahmen die Königsinsignien in die Hand und rannten ihm nach.

Und tatsächlich, Edes Monsterbau war in Dunkel getaucht. Nur ein paar dürftige Glühbirnen flackerten an den Ecken jetzt auf.

»Euch zeig ich's!« schrie Ede durch sein Sprachrohr herüber. »Auf meine Kosten euch hier gesundstoßen woll'n!«

Wir standen schweigend und, um uns zu wärmen, eng an Franz angeschmiegt da.

Drüben traten jetzt mürrisch die Liliputaner heraus und stellten sich fröstelnd in ihrer Werbeanordnung auf; in der Dunkelheit sahen sie wie große, graue, schlecht dressierte Mäuse aus; sie taten uns, wie immer, sehr leid.

Einer, der kleine Herr Pietsch, fragte mit seiner hohen Fistelstimme, wo die Scheinwerfer wären.

Ginge ihn einen Dreck an! schrie Ede erregt; ab jetzt würde ohne gespielt.

»Dann auch ohne uns«, sagte Herr Pietsch ruhig. »Los, Leute, kehrt.«

Ede konnte noch so sehr toben, sie kamen nicht wieder heraus.

»Ich glaube«, sagte Vater gedämpft, »wir machen es ihm leichter, wenn wir jetzt ein Weilchen verschwinden.«

Das taten wir dann auch.

Vater war seiner Sache so sicher, daß er uns aufforderte, uns nun wieder für unseren Propagandazug fertigzumachen.

»Und wenn wir nachher zurückkommen«, sagte Oskar, »und stehn genauso im Dunkeln wie eben?«

Vater hob sich mit geschlossenen Augen seine Krone aufs Haupt: »Es gibt keine Dunkelheit mehr. Fertig, Maria?«

»Jawohl, Durchlaucht«, sagte Frau Fethge, die bereits wieder auf Franz saß und sich die Röcke zurechtstrich.

Man kann sagen, daß wir leichtsinnig waren; aber dann war es der Himmel oder jene engelhafte, pelzverbrämte Dame, oder wer Vater sonst seine Zuversicht eingab, schon lange.

Allerdings, als wir dann – einen womöglich noch längeren Zug von Müttern, Eltern und Kindern hinter uns als am Vortag – wieder in unseren schneeglitzernden Budengang einbogen, da wurden Pagoden-Edes Monsterbau und Paul Jenthes dursterregende Wüstenkulisse auch tatsächlich wieder ebenso angestrahlt wie zuvor.

»Es ist eine Existenzfrage für Ede«, murmelte Vater, ohne die Lippen zu bewegen, während wir für das erste Bild Aufstellung nahmen; »König wie Künstler –: beide brauchen das Licht.«

An diesem Abend standen vor unserem Podest mehr Leute als drüben bei Ede. Selbst kinderlose Erwachsene sahen uns jetzt schon zu; und sie waren oft noch gerührter als die Eltern und Mütter.

Doch wir machten uns nichts vor; wir wußten es alle, selbst Franz ahnte es: Hinter Edes bunten, schneegekrönten Plakaten braute sich ein Ungewitter zusammen. Abend für Abend konnten wir es auf seiner Stirn sich drohender auftürmen sehen. Aber auch seine Leute warnten uns. Der Löwenmensch Halef ben Brösicke, der kleine Herr Pietsch und Frau Schmidt, die dickste Dame der Welt, sie kamen alle Augenblicke heimlich herüber. Ede sänne auf Rache, flüsterten sie; und zwar nähme er uns nicht nur übel, daß wir seine Scheinwerfer benutzten, sondern vor allem auch, daß jetzt dauernd so viele Kinder hier rumkrebsten.

»Na, aber wessen Fest *ist* denn Weihnachten schließlich?!« schrie Vater, der einen Augenblick seine Krone vergaß, Frau Schmidt aufgeregt an.

Frau Schmidt versuchte die Schultern zu zucken. »Ich hab' euch gewarnt. Der Boß kocht. Wenn er überläuft, versengt ihr euch die Finger an ihm.«

Vater, dem sehr an dem demokratischen Geist unseres Unternehmens lag, führte darauf eine Abstimmung durch; wer aufhören wollte, sollte es sagen.

Oskar räusperte sich. Aber Echnaton blitzte ihn mit seiner Nickelbrille so nachhaltig an, daß er sich schnell die Hutkrempe über die Augen zog und tat, als hätte er nur mal eine belegte Stimme gehabt.

Immerhin, wir verlegten wenigstens die Bilderausgabe in Frau Fethges Würfelbude; unseren Verdienst, der jedesmal gleich aufgeteilt wurde, trugen wir ja in der Tasche; so war man leidlich gewappnet.

Wir hatten nun schon so viele gute Vergrößerungen zusammen, daß Oskar darangehen konnte, Postkartenabzüge von ihnen zu machen. Sie fanden reißenden Absatz, denn wir boten sie natürlich in unseren Verkleidungen feil.

Paul sagte, einem derart gesicherten Weihnachtsfest wären Franz und er schon seit Jahrzehnten nicht mehr entgegengegangen. Es war mittags im »Alten Nußbaum«, wo wir immer alle einen Grog zu uns nahmen, um am Nachmittag dann besser auf den Beinen zu sein. Paul hatte merkwürdig gedehnt gesprochen, und Oskar sah ihn auch gleich ganz hoffnungsvoll an.

Nicht so Vater. Er hatte seine Krone zwar an den Kleiderhaken gehängt, aber er wirkte auch ohne sie majestätisch genug. Wie Paul das eben gemeint hätte.

Paul hob die Kapitänsmütze an und kratzte sich konzentriert auf dem Kopf.

»Sei bitte mehr Josef!« fuhr Frau Fethge ihn an.

»Ihr Josef, Maria«, sagte Vater, »will anscheinend nur die Annehmlichkeiten des Weihnachtsfestes kosten; um seinen gefahrvollen Auftrag möchte er rumkommen.«

»Auftrag –!« murrte Paul. »Ich hör' immer Auftrag!«

»Da hörst du richtig«, sagte Vater gemessen. »Täglich kommen fast hundert Kinder zu dir und fühlen die Wärme eines Esels aufsteigen in sich und ahnen, wie damals diesem Baby in Bethlehem zumute gewesen sein muß –: Ist das *kein* Auftrag?«

Paul rutschte unruhig auf seinem Sitz hin und her. »Wenn du schon auf damals anspielst, dann kalkulier auch gefälligst diesen verdammten Herodes mit ein.«

»Tu ich ja«, sagte Vater; »deshalb habe ich unseren Auftrag ja gefahrvoll genannt.«

»Aber wir spielen das falsch!« sagte Paul hartnäckig. »Die damals sind doch geflohen!«

»Na und –?« rief da Echnaton wild und sah erregt

unter seiner beschlagenen Nickelbrille hervor. »Warum *diesmal* nicht durchhalten?!«

»Bravo, Echnaton«, sagte Vater erfreut; und zu Paul: »Schließlich haben die Heiligen Drei Könige damals einen ganz entscheidenden Fehler gemacht.«

Frau Fethge blickte beunruhigt an Vater empor. Ginge er da nicht ein bißchen zu weit?

»Wieso?« sagte Vater und sah streng in sein Grogglas. »Sie haben das Christkind beschenkt und sich darauf aus der Affäre gezogen. Sie hätten ihm Asyl gewähren müssen.«

»Bei ihm zu bleiben«, sagte Echnaton fest, »hätte auch schon genügt.«

Vater nickte abwesend. »Ja«, sagte er, »bleiben genügt.«

»Schön«, ächzte Paul, »bleiben wir also.«

Fast sah es so aus, als wäre dieser Entschluß auch aufrechtzuerhalten gewesen. Fast. Drei Tage ging es noch gut, und es war, als hätte der früh in fiedrigen Wattebäuschen sinkende Schnee nicht nur die Weihnachtsbuden, sondern auch Edes Rachsucht mit einer dicken, kühlenden Pudelmütze versehen. Das heißt, daß wir bis dahin – von den inzwischen üblich gewordenen Beschimpfungen, die er uns allabendlich durch sein Sprachrohr herüberrief, einmal abgesehen jetzt – leidlich Ruhe hatten vor Ede, lag wohl auch mit daran, daß wir eher Schluß machen konnten; unsere Kunden gingen ja früher schlafen als seine.

Nachmittags, wenn wir mit unserem Werbegang anfingen, war es schon schwieriger, ihm aus dem Wege zu gehen; zumal Ede sich neuerdings einen Sport daraus machte, uns aufzulauern und anzupöbeln. Bisher waren wir dann nur immer schweigend an ihm vorbeigeschrit-

ten und hatten es den uns nachfolgenden Müttern überlassen, Ede mit Abscheu und Verachtung zu strafen.
Aber dann, am vierten Tag, wie gesagt, und nicht mal
mehr dreißig Stunden trennten uns noch vom Fest, da
geschah es.

Drei Uhr mochte es sein, doch es lag schon eine ganz
merkwürdige und drohende Dämmerung über dem
Lustgarten, und die Karussellorgeln und Weihnachts-
schallplatten taten sich ziemlich schwer unter ihr. Auf
alle Geräusche schien ein bösartiger Riesendaumen zu
drücken, und Franz bockte auch gleich, als ob er ihn
abschütteln müßte, und Paul und Echnaton hatten große
Mühe, ihn zu beruhigen.

Wir bogen eben, jetzt wieder in leidlicher Würde
vereint und ein Weihnachtslied singend, um ein im
Frostwind knatterndes Bierzelt herum, da trat auf einmal, einen Zigarrenstummel im Mundwinkel und die
Melone im Nacken, Pagoden-Ede hinter einem Brat-
apfelstand hervor.

Er hatte uns so nah herangelassen, daß es unmöglich
war, ihm auszuweichen; und Franz tat auch nichts weiter, als genauso ergeben wie immer die Beine zu heben.
Aber plötzlich brüllte Ede laut auf, und ehe wir's uns
versahen, sank einer von Franzens scharfkantigen Hufen
sekundenlang, und das ganze Körpergewicht, nebst dem
von Frau Fethge, auf sich verlagernd, nachhaltig auf Edes
Fußspitze nieder.

Dann allerdings schlug Ede zu. Er traf Franz am Hals,
und Franz bäumte sich auf und galoppierte wiehernd, die
kreischende Frau Fethge auf dem Rücken und den nur
noch aus einem flatternden Lodencape und etwa zwei
Dutzend wirbelnder dünner Beine bestehenden Echnaton am Halfter, in Richtung Pergamonmuseum davon.

Sofort stürzte sich Ede auf Vater. Der sprang zur Seite, und knallrot vor Wut im Gesicht schoß Ede an ihm vorbei und gegen das Zelt, dessen elastisch federnde Wand ihn wie einen Fußball zurückschleuderte, geradewegs auf Oskar zu, der, von einer silbern flatternden Atemfahne gefolgt, blitzschnell hinter einem hölzern lächelnden, riesigen Erzgebirgsweihnachtsmann verschwand.

»Zum Stand!« schrie Vater ihm nach. »Gib auf den Stand acht!« Dann mußte er selber achtgeben, denn Ede hatte von Paul, der Franz nachgesetzt war, nun abgelassen und kam jetzt wieder, rotblau und schnaufend, zurück.

Ich sah im Losrennen noch, wie Vater sich, um besser laufen zu können, die Krone vom Kopf riß, dann gab es bloß noch die vorbeisausenden Buden und eine aufspritzende Schneefontäne um mich herum.

Es war wohl so ziemlich die wildeste Jagd, die je auf einem Weihnachtsmarkt stattgefunden hat. Zum Glück war Ede kein sehr guter Sprinter; ich weiß nicht mehr genau, wie es kam, aber plötzlich sah ich die Stufen des Pergamonmuseums vor mir, und rechts galoppierte Franz, und oben standen die anderen, und dann war auch Vater heran und riß mich mit rauf, und jetzt waren wir drin und rannten alle die schummrige Treppe hinauf.

Oben sammelten wir uns; bis auf Oskar waren wir vollzählig. Aber dann hörten wir unten Ede angeschnauft kommen, und da fiel sein Schatten, vom Weihnachtsmarktlicht draußen haushoch vergrößert, auch schon auf die Treppe, und so lautlos es ging, huschten wir tiefer in die endlosen und dunklen Säle hinein.

Plötzlich schrie Frau Fethge, die vorgerannt war, gellend auf. »Da –!« stammelte sie vor einem schneeumrandeten Fenster und stach mit zitterndem Zeigefinger in die vage Dämmerung des Saals.

Echnaton blieb keuchend neben mir stehen; seine Königsmütze war ihm auf die Stirn gerutscht, aber er sah gar nicht so furchtsam aus. »Was ist, Mama?« fragte er laut.

»Da –!!« wiederholte Frau Fethge tonlos.

Jetzt war auch Vater heran. Er gab sich Mühe, ruhig zu erscheinen. »Nicht doch, Frau Fethge«, sagte er heiser; »sind doch bloß Mumien da vorn; wir sind in die Ägyptische Abteilung geraten.«

»Wie es geschrieben steht«, sagte Echnaton und rückte sich seine Mütze zurecht; »also doch.«

»Ruhig mal –!« Paul hörte einen Augenblick auf, mit den Zähnen zu klappern.

Aber wir vernahmen es schon: da kamen heimtückisch tappende Schritte aus dem Nebensaal näher.

»Schnell!« flüsterte Vater. »Verteilt euch im Raum! Tut, als gehörtet ihr zum Inventar!«

Ich konnte in der Mumienreihe vor mir gerade noch schwach Pauls Kapitänsmütze aufleuchten sehen, dann hatte ich mich hinter ein Standbild geduckt.

Es war jetzt einen Augenblick lang ganz ruhig, und man konnte auf dem Weihnachtsmarkt draußen deutlich die Karussellorgeln hören. Dann waren die Schritte wieder da, und jetzt war auch Edes Atem zu hören. Es schien Ede selber nicht ganz geheuer zu sein; er hielt dauernd die Luft an, um besser lauschen zu können.

»Herodes –!« ertönte da plötzlich eine unirdisch hallende Stimme, an der wirklich nur ein Kenner Vater wiedererkannte.

»Herodes –!« echote Echnaton vom anderen Saalende

her fast ebenso dumpf; und: »Herodes –!« riefen wir anderen jetzt gespensterhaft durcheinander.

Ede sauste im sanft schimmernden Schneelicht des Fensters ein paarmal um seine eigene Achse, als schwirrte ein unsichtbarer Bienenschwarm um ihn herum; er ächzte.

Doch wir schwiegen jetzt wieder.

Nichts bewegte sich; nur Pauls Kapitänskordel glomm wie ein stark abgenutzter Heiligenschein einmal kurz auf. Lange genug jedoch, um Ede vor dieser Erscheinung krachend auf die Knie fallen zu lassen.

»Ich hab' nichts Böses gemacht«, krächzte er, »ich hab' nichts Böses gemacht!«

»Doch«, sagte Vater mit seiner hallenden Geisterstimme (er schien in ein großes Gefäß hineinzusprechen), »du kannst Kinder nicht leiden.«

»Und hast uns«, ließ sich Paul jetzt mit tadellos verstellter Stimme aus seiner Mumienreihe vernehmen, »nicht nur bis an den Jordan, sondern bis nach Ägypten verfolgt!«

»Wo bin ich?!« stöhnte Ede und preßte sich die Fäuste gegen die Schläfen.

»In Ägypten!« rief Echnaton aus seiner Saalecke triumphierend herüber.

»Schluß«, sagte da Vater mit seiner gewöhnlichen Stimme: »Er kniet; das ist Reue genug.« Er knipste sein Feuerzeug an und half Ede hoch.

So komisch es klingt, der konnte Vaters Hilfe gebrauchen. Er zitterte am ganzen Körper, und selbst bei dem flackernden Feuerzeuglicht wirkte sein Gesicht blaß wie das eines Schneemanns. »Ich möcht' raus hier«, sagte er.

Vater gab Echnaton das Feuerzeug zum Halten und geleitete Ede langsam zur Treppe. Ede stolperte unbe-

holfen neben ihm her. »Wir haben ein wenig übertrieben«, sagte Vater freundlich zu ihm; »da draußen fließt
nicht der Jordan, sondern die Spree.«

»Josef!« rief da irgendwo angstvoll Frau Fethge im
Dunkeln. »Josef, wo bist du?!«

Paul rannte zurück. »Hier!« rief er und schwenkte die
Mütze. »Maria, kannst du mich sehn?«

Es dauerte eine Weile, bis Frau Fethge sich durch all
die Statuen, Krüge und Steine hindurchgetastet hatte.
»Ist er weg?« fragte sie ängstlich.

»Ja«, sagte Paul. »Otto hat ihn runtergebracht.«

»Ich hätt' heulen können«, sagte Frau Fethge, »wie ich
ihn da so in die Knie gehen sah.«

Paul schneuzte sich umständlich. »Geht mir genauso«,
sagte er heuchlerisch.

Sie hakte sich bei ihm ein, und wir gingen die Treppe
hinunter.

Unten stand Vater; er stritt sich höflich mit dem
Pförtner herum.

»Schön«, sagte der gerade erschöpft, »ihr habt also
gedacht, die Ägyptische Abteilung hätte noch auf.«

»Genauso sieht's aus«, sagte Vater.

»Und wie«, sagte der Pförtner verbittert, »erklärt ihr
euch das hier?«

Er riß die Tür des Anmeldezimmers auf, und auf
seinen vier klumpigen Schneehufen, unter denen sich
bereits beachtliche Tauwetterseen gebildet hatten, stand
da Franz und hob uns erfreut seine eisgraue Duldermiene
entgegen.

»Ein Esel«, sagte Vater ungerührt; »wie lieb von der
Leitung, Ihnen das zu erlauben.«

»Verstellt euch bloß nicht!« rief der Pförtner erregt;
»er lief euch doch nach! Hätt' ich ihn nicht hier reinbug-

siert, der irrte da oben jetzt in der Ägyptischen Abteilung herum.«

»Was Wunder«, sagte Vater; »so ein biblisches Tier, das hat da eben seinen Instinkt.«

Ob Vater sich vielleicht auch noch lustig machen wollte über ihn, sagte der Pförtner.

Vater sagte, er dächte gar nicht daran; im Gegenteil, wenn der Pförtner erlaubte, er wäre gern bereit, ihm die Weihnachtsgeschichte mal in Ruhe auseinanderzusetzen; dann könnte er sich ja selber ein Urteil über die Verläßlichkeit und Klugheit der Esel bilden.

Der Pförtner drehte die Augen zur Decke. »Los«, stöhnte er, »holt euern biblischen Esel da raus und verschwindet.«

»Danke, Herr«, sagte Paul. Er tippte an seine Kapitänsmütze, band Franz von der Heizung los und führte ihn draußen, von Frau Fethge begleitet, vorsichtig die Treppe hinunter und wieder hinein in Franzens natürlichen Rahmen: ins dampfend flirrende Weihnachtsmarktlicht.

»Halt«, sagte da Vater zu mir; »wo ist Echnaton, Bruno?«

»Großer Gott«, sagte ich, »ja –: der ist oben geblieben.«

Der Pförtner lächelte irr. »Fein«, sagte er; »ihr habt auch noch was mitnehmen wollen?«

»Paul!« rief Vater zum Eingang hinaus.

Paul hatte gerade Frau Fethge wieder auf Franzens Rücken gehoben. »Ja, Otto!« rief er. »Was ist?«

Vater legte die Hand um den Mund. »Helft Pagoden-Ede schon ein bißchen bei den Weihnachtsvorbereitungen, ja?«

»Aber wieso denn?!« rief Paul.

Vater verstärkte seine Stimme noch etwas. »Weil wir das Fest mit ihm und seinen Leuten gemeinsam begehen!«

»Amen!« rief Frau Fethge herauf und gab Franz zart ihre Fersen zu spüren.

»Wir holen bloß noch den Echnaton runter!« rief ich ihr nach.

»Seid ihr verrückt?!« schrie der Pförtner; »die Statue von dem wiegt dreieinhalb Zentner!«

Wir versuchten vergeblich, ihm klarzumachen, um wen es sich in Wirklichkeit handelte; er glaubte uns nicht. Schließlich drängten wir uns entschlossen an ihm vorbei und rannten wieder nach oben.

Zum Glück hatte der Pförtner die Gicht und keine rechte Freude am Rennen; es dauerte jedenfalls eine ganze Weile, ehe wir ihn die Treppe hinaufschnaufen hörten. Da hatten wir aber das winzige Licht schon entdeckt.

Es stammte von Vaters Feuerzeug; Echnaton hielt es hoch in der Hand und beleuchtete die Büste des ägyptischen Königs damit.

»Echnaton blickt Echnaton an«, flüsterte Vater verzückt.

Und wirklich: die beiden ähnelten einander unglaublich; denn Echnaton Fethge hatte ja immer noch seine Pappkappe auf, und sein Namensvetter trug die gleiche Kappe aus Stein. Eigentlich unterschied lediglich die Nickelbrille die zwei voneinander; allerdings fiel der Unterschied eindeutig zu Echnaton Fethges Gunsten aus, er wirkte mit seiner Brille sehr viel intelligenter als jener.

Aber das war es nicht allein, was uns so faszinierte. Das Faszinierende an Echnaton Fethge war jetzt sein

Lächeln. Echnaton lächelte; ja, was wir seit Wochen vergeblich zu erreichen versucht hatten, diesem steinernen Standbild war es in Minuten gelungen: Echnaton selbstsicher und fröhlich zu stimmen.

Doch jetzt hatte der Pförtner die oberste Treppenstufe erreicht. »Auch noch offenes Feuer!« ächzte er.

Vater legte Echnaton Fethge die Hand auf die Schulter. »Komm jetzt, mein Junge; wir müssen verduften.«

Echnaton ließ seufzend das Feuerzeug zuschnappen. »Was denn –: auch aus Ägypten –?«

»Auch aus Ägypten«, sagte Vater; »jawohl.«

Er lauschte einen Augenblick auf den fluchend im Dunkeln nach dem Schalter tastenden Pförtner; dann gab er uns flüsternd das Zeichen, und wir rannten mit ihm die Treppe hinab.

THEODOR STORM

Knecht Ruprecht

Von drauß' vom Walde komm ich her;
Ich muß euch sagen, es weihnachtet sehr!
Allüberall auf den Tannenspitzen
Sah ich goldene Lichtlein sitzen;
Und droben aus dem Himmelstor
Sah mit großen Augen das Christkind hervor;
Und wie ich so strolcht' durch den finstern Tann,

Da rief's mich mit heller Stimme an:
»Knecht Ruprecht«, rief es, »alter Gesell,
Hebe die Beine und spute dich schnell!
Die Kerzen fangen zu brennen an,
Das Himmelstor ist aufgetan,
Alt' und Junge sollen nun
Von der Jagd des Lebens einmal ruhn;
Und morgen flieg ich hinab zur Erden,
Denn es soll wieder Weihnachten werden!«
Ich sprach: »O lieber Herre Christ,
Meine Reise fast zu Ende ist;
Ich soll nur noch in diese Stadt,
Wo's eitel gute Kinder hat.«
– »Hast denn das Säcklein auch bei dir?«
Ich sprach: »Das Säcklein, das ist hier:
Denn Äpfel, Nuß und Mandelkern
Fressen fromme Kinder gern.«
– »Hast denn die Rute auch bei dir?«
Ich sprach: »Die Rute, die ist hier;
Doch für die Kinder nur, die schlechten,
Die trifft sie auf den Teil, den rechten.«
Christkindlein sprach: »So ist es recht;
So geh mit Gott, mein treuer Knecht!«
Von drauß' vom Walde komm ich her;
Ich muß euch sagen, es weihnachtet sehr!
Nun sprecht, wie ich's hier innen find!
Sind's gute Kind, sind's böse Kind?

Macht hoch die Tür

1. Macht hoch die Tür, die Tor macht weit; es kommt der Herr der Herrlichkeit, ein König aller Königreich, ein Heiland aller Welt zugleich, der Heil und Leben mit sich bringt; derhalben jauchzt, mit Freuden singt: Gelobet sei mein Gott, mein Schöpfer reich von Rat.

2. Er ist gerecht, ein Helfer wert;
Sanftmütigkeit ist sein Gefährt,
sein Königskron ist Heiligkeit,
sein Zepter ist Barmherzigkeit;
all unsre Not zum End er bringt,
derhalben jauchzt, mit Freuden singt:
Gelobet sei mein Gott,
mein Heiland groß von Tat.

3. O wohl dem Land, o wohl der Stadt,
so diesen König bei sich hat.
Wohl allen Herzen insgemein,
da dieser König ziehet ein.
Er ist die rechte Freudensonn,
bringt mit sich lauter Freud und Wonn.
Gelobet sei mein Gott,
mein Tröster früh und spat.

4. Macht hoch die Tür, die Tor macht weit,
eur Herz zum Tempel zubereit'.
Die Zweiglein der Gottseligkeit
steckt auf mit Andacht, Lust und Freud;
so kommt der König auch zu euch,
ja Heil und Leben mit zugleich.
Gelobet sei mein Gott,
voll Rat, voll Tat, voll Gnad.

5. Komm, o mein Heiland, Jesu Christ,
meins Herzens Tür dir offen ist.
Ach zieh mit deiner Gnaden ein;
dein Freundlichkeit auch uns erschein.
Dein Heilger Geist uns führ und leit
den Weg zur ewgen Seligkeit.
Dem Namen dein, o Herr,
sei ewig Preis und Ehr.

Die heilige Nacht

Als ich fünf Jahre alt war, hatte ich einen großen Kummer. Ich weiß kaum, ob ich seitdem einen größeren gehabt habe. Das war, als meine Großmutter starb. Bis dahin hatte sie jeden Tag auf dem Ecksofa in ihrer Stube gesessen und Märchen erzählt.

Ich weiß es nicht anders, als daß Großmutter dasaß und erzählte, vom Morgen bis zum Abend, und wir Kinder saßen still neben ihr und hörten zu. Das war ein herrliches Leben. Es gab keine Kinder, denen es so gut ging wie uns. Ich erinnere mich nicht an sehr viel von meiner Großmutter. Ich erinnere mich, daß sie schönes, kreideweißes Haar hatte, und daß sie sehr gebückt ging, und daß sie immer dasaß und an einem Strumpf strickte.

Dann erinnere ich mich auch, daß sie, wenn sie ein Märchen erzählt hatte, ihre Hand auf meinen Kopf zu legen pflegte, und dann sagte sie: »Und das alles ist so wahr, wie daß ich dich sehe und du mich siehst.«

Ich entsinne mich auch, daß sie schöne Lieder singen konnte, aber das tat sie nicht alle Tage. Eines dieser Lieder handelte von einem Ritter und einer Meerjungfrau, und es hatte den Kehrreim: »Es weht so kalt, es weht so kalt, wohl über die weite See.«

Dann entsinne ich mich eines kleinen Gebets, das sie mich lehrte, und eines Psalmverses.

Von allen den Geschichten, die sie mir erzählte, habe ich nur eine schwache, unklare Erinnerung. Nur an eine einzige von ihnen erinnere ich mich so gut, daß ich sie erzählen könnte. Es ist eine kleine Geschichte von Jesu Geburt.

Seht, das ist beinah alles, was ich noch von meiner Großmutter weiß, außer dem, woran ich mich am besten erinnere, nämlich dem großen Schmerz, als sie dahinging. Ich erinnere mich an den Morgen, an dem das Ecksofa leer stand und es unmöglich war, zu begreifen, wie die Stunden des Tages zu Ende gehen sollten. Daran erinnere ich mich. Das vergesse ich nie.

Und ich erinnere mich, daß wir Kinder hingeführt wurden, um die Hand der Toten zu küssen. Und wir hatten Angst, es zu tun, aber da sagte uns jemand, daß wir nun zum letztenmal Großmutter für alle die Freude danken könnten, die sie uns gebracht hatte.

Und ich erinnere mich, wie Märchen und Lieder vom Hause wegfuhren, in einen langen, schwarzen Sarg gepackt, und niemals wiederkamen.

Ich erinnere mich, daß etwas aus dem Leben verschwunden war. Es war, als hätte sich die Tür zu einer ganzen schönen, verzauberten Welt geschlossen, in der wir früher frei aus und ein gehen durften. Und nun gab es niemand mehr, der sich darauf verstand, diese Tür zu öffnen.

Ich erinnere mich, daß wir Kinder so allmählich lernten, mit Spielzeug und Puppen zu spielen und zu leben wie andere Kinder auch, und da konnte es ja den Anschein haben, als vermißten wir Großmutter nicht mehr, als erinnerten wir uns nicht mehr an sie.

Aber noch heute, nach vierzig Jahren, wie ich dasitze und die Legenden über Christus sammle, die ich drüben im Morgenland gehört habe, wacht die kleine Geschichte von Jesu Geburt, die meine Großmutter zu erzählen pflegte, in mir auf. Und ich bekomme Lust, sie noch

einmal zu erzählen und sie auch in meine Sammlung mit
aufzunehmen.

Es war an einem Weihnachtstag, alle waren zur Kirche
gefahren, außer Großmutter und mir. Ich glaube, wir
beide waren im ganzen Hause allein. Wir hatten nicht
mitfahren können, weil die eine zu jung und die andere
zu alt war. Und alle beide waren wir betrübt, daß wir
nicht zum Mettegesang fahren und die Weihnachtslichter
sehen konnten. Aber wie wir so in unserer Einsamkeit
saßen, fing Großmutter zu erzählen an.

»Es war einmal ein Mann«, sagte sie, »der in die
dunkle Nacht hinausging, um sich Feuer zu leihen. Er
ging von Haus zu Haus und klopfte an. ›Ihr lieben
Leute, helft mir!‹ sagte er. ›Mein Weib hat eben ein
Kindlein geboren, und ich muß Feuer anzünden, um sie
und den Kleinen zu erwärmen.‹

Aber es war tiefe Nacht, so daß alle Menschen schliefen, und niemand antwortete ihm.

Der Mann ging und ging. Endlich erblickte er in weiter
Ferne einen Feuerschein. Da wanderte er dieser Richtung
zu und sah, daß das Feuer im Freien brannte. Eine
Menge weißer Schafe lagen rings um das Feuer und
schliefen, und ein alter Hirt wachte über der Herde. Als
der Mann, der Feuer leihen wollte, zu den Schafen kam,
sah er, daß drei große Hunde zu Füßen des Hirten
ruhten und schliefen. Sie erwachten alle bei seinem Kommen und sperrten ihre weiten Rachen auf, als ob sie
bellen wollten, aber man vernahm keinen Laut. Der
Mann sah, daß sich die Haare auf ihrem Rücken sträub-
ten, er sah, wie ihre scharfen Zähne funkelnd weiß im
Feuerschein leuchteten, und wie sie auf ihn losstürzten.
Er fühlte, daß einer von ihnen nach seinen Beinen

schnappte und einer nach seiner Hand, und daß einer sich an seine Kehle hängte. Aber die Kinnladen und die Zähne, mit denen die Hunde beißen wollten, gehorchten ihnen nicht, und der Mann litt nicht den kleinsten Schaden.

Nun wollte der Mann weitergehen, um das zu finden, was er brauchte. Aber die Schafe lagen so dicht nebeneinander, Rücken an Rücken, daß er nicht vorwärts kommen konnte. Da stieg der Mann auf die Rücken der Tiere und wanderte über sie hin dem Feuer zu. Und keins von den Tieren wachte auf oder regte sich.«

So weit hatte Großmutter ungestört erzählen können, aber nun konnte ich es nicht lassen, sie zu unterbrechen. »Warum regten sie sich nicht, Großmutter?« fragte ich. »Das wirst du nach einem Weilchen schon erfahren«, sagte Großmutter und fuhr mit ihrer Geschichte fort.

»Als der Mann fast beim Feuer angelangt war, sah der Hirt auf. Es war ein alter, mürrischer Mann, der unwirsch und hart gegen alle Menschen war. Und als er einen Fremden kommen sah, griff er nach seinem langen, spitzigen Stabe, den er in der Hand zu halten pflegte, wenn er seine Herde hütete, und warf ihn nach ihm. Und der Stab fuhr zischend gerade auf den Mann los, aber ehe er ihn traf, wich er zur Seite und sauste, an ihm vorbei, weit über das Feld.«

Als Großmutter so weit gekommen war, unterbrach ich sie abermals. »Großmutter, warum wollte der Stock den Mann nicht schlagen?« Aber Großmutter ließ es sich nicht einfallen, mir zu antworten, sondern fuhr mit ihrer Erzählung fort.

»Nun kam der Mann zu dem Hirten und sagte zu ihm: ›Guter Freund, hilf mir, und leih mir ein wenig Feuer. Mein Weib hat eben ein Kindlein geboren, und ich muß

Feuer machen, um sie und den Kleinen zu erwärmen.‹ Der Hirt hätte am liebsten nein gesagt, aber als er daran dachte, daß die Hunde dem Mann nicht hatten schaden können, daß die Schafe nicht vor ihm davongelaufen waren und daß sein Stab ihn nicht fällen wollte, da wurde ihm ein wenig bange, und er wagte es nicht, dem Fremden das abzuschlagen, was er begehrte. ›Nimm, soviel du brauchst‹, sagte er zu dem Manne.

Aber das Feuer war beinahe ausgebrannt. Es waren keine Scheite und Zweige mehr übrig, sondern nur ein großer Gluthaufen, und der Fremde hatte weder Schaufel noch Eimer, worin er die roten Kohlen hätte tragen können.

Als der Hirt dies sah, sagte er abermals: ›Nimm, soviel du brauchst!‹ Und er freute sich, daß der Mann kein Feuer wegtragen konnte. Aber der Mann beugte sich hinunter, holte die Kohlen mit bloßen Händen aus der Asche und legte sie in seinen Mantel. Und weder versengten die Kohlen seine Hände, als er sie berührte, noch versengten sie seinen Mantel, sondern der Mann trug sie fort, als wenn es Nüsse oder Äpfel gewesen wären.«

Aber hier wurde die Märchenerzählerin zum drittenmal unterbrochen. »Großmutter, warum wollte die Kohle den Mann nicht brennen?«

»Das wirst du schon hören«, sagte Großmutter, und dann erzählte sie weiter.

»Als dieser Hirt, der ein so böser, mürrischer Mann war, dies alles sah, begann er sich bei sich selbst zu wundern: ›Was kann dies für eine Nacht sein, wo die Hunde nicht beißen, die Schafe nicht erschrecken, die Lanze nicht tötet und das Feuer nicht brennt?‹ Er rief den Fremden zurück und sagte zu ihm: ›Was ist dies für eine Nacht? Und woher kommt es, daß alle Dinge dir Barmherzigkeit zeigen?‹

Da sagte der Mann: ›Ich kann es dir nicht sagen, wenn du selber es nicht siehst.‹ Und er wollte seiner Wege gehen, um bald ein Feuer anzünden und Weib und Kind wärmen zu können.

Aber da dachte der Hirt, er wolle den Mann nicht ganz aus dem Gesicht verlieren, bevor er erfahren hätte, was dies alles bedeute. Er stand auf und ging ihm nach, bis er dorthin kam, wo der Fremde daheim war.

Da sah der Hirt, daß der Mann nicht einmal eine Hütte hatte, um darin zu wohnen, sondern er hatte sein Weib und sein Kind in einer Berggrotte liegen, wo es nichts gab als nackte, kalte Steinwände.

Aber der Hirt dachte, daß das arme unschuldige Kindlein vielleicht dort in der Grotte erfrieren würde, und obgleich er ein harter Mann war, wurde er davon doch ergriffen und beschloß, dem Kinde zu helfen. Und er löste sein Ränzel von der Schulter und nahm daraus ein weiches, weißes Schaffell hervor. Das gab er dem fremden Manne und sagte, er möge das Kind darauf betten.

Aber in demselben Augenblick, in dem er zeigte, daß auch er barmherzig sein konnte, wurden ihm die Augen geöffnet, und er sah, was er vorher nicht hatte sehen, und hörte, was er vorher nicht hatte hören können.

Er sah, daß rund um ihn ein dichter Kreis von kleinen, silberbeflügelten Englein stand. Und jedes von ihnen hielt ein Saitenspiel in der Hand, und alle sangen sie mit lauter Stimme, daß in dieser Nacht der Heiland geboren wäre, der die Welt von ihren Sünden erlösen solle.

Da begriff er, warum in dieser Nacht alle Dinge so froh waren, daß sie niemand etwas zuleide tun wollten. Und nicht nur rings um den Hirten waren Engel, sondern er sah sie überall. Sie saßen in der Grotte, und sie saßen auf dem Berge, und sie flogen unter dem Himmel. Sie kamen in großen Scharen über den Weg gegangen, und wie sie vorbeikamen, blieben sie stehen und warfen einen Blick auf das Kind.

Es herrschte eitel Jubel und Freude und Singen und Spiel, und das alles sah er in der dunklen Nacht, in der er früher nichts zu gewahren vermocht hatte. Und er wurde so froh, daß seine Augen geöffnet waren, daß er auf die Knie fiel und Gott dankte.«

Aber als Großmutter soweit gekommen war, seufzte sie und sagte: »Aber was der Hirte sah, das könnten wir auch sehen, denn die Engel fliegen in jeder Weihnachtszeit unter dem Himmel, wenn wir sie nur zu gewahren vermögen.«

Und dann legte Großmutter ihre Hand auf meinen Kopf und sagte: »Dies sollst du dir merken, denn es ist so wahr, wie daß ich dich sehe und du mich siehst. Nicht auf Lichter und Lampen kommt es an, und es liegt nicht an Mond und Sonne, sondern was not tut, ist, daß wir Augen haben, die Gottes Herrlichkeit sehen können.«

JOSEPH VON EICHENDORFF

Weihnachten

Markt und Straßen stehn verlassen,
Still erleuchtet jedes Haus,
Sinnend geh ich durch die Gassen,
Alles sieht so festlich aus.

An den Fenstern haben Frauen
Buntes Spielzeug fromm geschmückt,
Tausend Kindlein stehn und schauen,
Sind so wunderstill beglückt.

Und ich wandre aus den Mauern
Bis hinaus ins freie Feld,
Hehres Glänzen, heilges Schauern!
Wie so weit und still die Welt!

Sterne hoch die Kreise schlingen,
Aus des Schnees Einsamkeit
Steigts wie wunderbares Singen –
O du gnadenreiche Zeit!

KURT MARTI

Für eine Welt ohne Angst

»Und das Wort ward Fleisch und wohnte unter uns, und wir schauten seine Herrlichkeit, eine Herrlichkeit, wie sie der einzige Sohn von seinem Vater hat, voll Gnade und Wahrheit.« (Joh. 1,14) Der Umstand, daß dieses Bibelwort häufig in Zusammenhang mit Weihnachten zitiert wird, läßt oft vergessen, daß es sich keineswegs auf die Geburt im bethlehemitischen Stall und auf das Kind in der Krippe bezieht. Angesprochen ist hier vielmehr der *erwachsene* Jesus, jener Mann also, der mit ungefähr dreißig Jahren eines Tages seine Familie verlassen, seinen Beruf an den Nagel gehängt hat, um ein neues Leben zu beginnen, zusammen mit Jüngern und Jüngerinnen. Bald schon ist dieser Mann zu einer umstrittenen Figur des öffentlichen Lebens geworden, so umstritten sogar, daß er schon nach relativ kurzer Zeit – entweder nach einem Jahr oder (höchstens) nach drei Jahren – in Jerusalem vor Gericht gestellt und zum Tode verurteilt worden ist.

Von diesem umstrittenen, schließlich hingerichteten Mann bekennt der Evangelist, daß er das Fleisch gewordene Wort Gottes sei, daß in ihm Gottes Herrlichkeit sich gezeigt habe. Diese johanneischen Formulierungen verweisen meines Erachtens nicht auf mirakulöse, überirdische Vorgänge im Zusammenhang mit der Geburt Jesu, denn von dieser Geburt ist bei Johannes überhaupt nicht die Rede. Gemeint ist vielmehr: das Leben, das Wirken Jesu insgesamt ist Wort Gottes, ist also eine *Aussage*.

Doch was für eine Aussage? Ich habe mir lange den

Kopf darüber zerbrochen, wie die Aussage des Lebens Jesu in *einen* Satz gefaßt werden könnte. Schließlich bin ich auf die Formulierung gekommen: *Jesus hat gelebt und gewirkt für eine Welt ohne Angst.*

Weiter hinten im Johannes-Evangelium sagt Jesus: »In der (jetzigen) Welt habt ihr Angst, aber fasset Mut, ich habe diese Welt (der Angst) besiegt.« (Joh. 16,33) Das Licht dieser angstfreien Welt leuchtet bereits bei der Geburt im Stall auf: in der Krippe liegt dort das Kind – mitten in einer Welt der Angst ein kleines Geschöpf, das niemandem Angst macht, auf das die Anzeige gemünzt ist: »Euch ist heute der Befreier geboren, der Messias und Herr.« (Lk. 2,11)

Wer unter solchen Zeichen und Ankündigungen in die Welt eintritt, wird kein Angstmacher werden.

Und tatsächlich ist Jesus kein Angstmacher geworden, er hat auch Gott nicht als den großen Angstmacher verkündet, im Gegenteil, er hat den Geängsteten die Angst genommen. Gerade dadurch ist er in Konflikt geraten mit der traditionellen Religion, die immer auch eine Religion der Angst war und es unter christlichem Vorzeichen stets wieder geworden ist, denn die Herrschenden brauchen zu allen Zeiten einen Angstmacher-Gott, damit die Menschen sich ducken.

Jesus hat Gott als Liebe verkündet und den Geduckten Befreiung gepredigt, sie den »aufrechten Gang« (Ernst Bloch) gelehrt. Das von ihm angesagte Reich Gottes ist vollends eine Welt ohne Angst. Dieser Sieg über die Angst und die Angstmacher ist Gottes *Herrlichkeit*, wie sie »der einzige Sohn von seinem Vater hat«.

So läßt sich sagen: Das Wort Gottes ist in Jesus Fleisch geworden, hat unter uns gewohnt und gewirkt für eine Welt ohne Angst.

Diese Lebens- und Sterbens-Aussage Jesu steht im Widerspruch zu unserer Welt, die eine Angst-Welt ist, immer noch. Gerade in der letzten Zeit ist die Angst der Menschen voreinander und vor dem, was kommen könnte, wieder angewachsen. Es gibt Regierungen, für die ist Angst ein Instrument ihrer Herrschaft. Es gibt die Terroristen, die Angst als Mittel ihrer Strategie und Taktik einsetzen. Es gibt Arbeitgeber, die in der Rezession von der Angst der Arbeitnehmer um ihren Arbeitsplatz bewußt profitieren. Es gibt Eltern, Schulbehörden und Lehrer, die ebenfalls wieder eine Pädagogik der Angst praktizieren. Es gibt Christen und Pfarrer, die jetzt aus Gott erneut einen Götzen der Angst, aus dem Evangelium eine Religion der Angst machen. Die Angstmacher sind also unter uns. Sie verkörpern die Anti-Weihnacht. Wie alle christlichen Feste ist aber auch Weihnachten ein Fest *gegen* die Angst, vergegenwärtigt es doch den Einen, der gelebt und gewirkt hat für eine Welt ohne Angst, für das Reich jenes Gottes, der kein Angstmacher, sondern ein Befreier ist.

Nach dem letzten Weltkrieg hat der englische Dichter Wystan Hugh Auden ein buchlanges Poem geschrieben, dessen Titel zum geflügelten Begriff geworden ist: »Das Zeitalter der Angst«. Gegen Ende dieses Buch-Gedichtes formulierte Auden seine Dennoch-Zuversicht zum befreienden Gott in folgenden Zeilen:

». . . und doch: von keiner
Notwendigkeit zum Leben und, auf dem Schafott
Bespien, zum Erleiden des Todes gebracht,
Umschließt dennoch Sein Leben das menschliche Sein.
In unserer Qual bemühen wir uns,
Ihn zu umgehen und Ihn zu belügen,
Doch Seine Liebe hält
Sein ungeheures Versprechen . . .«

Morgen kommt der Weihnachtsmann

1. Mor-gen kommt der Weih-nachts-mann, kommt mit sei-nen Ga-ben: Trom-mel, Pfei-fen und Ge-wehr, Fahn' und Sä-bel und noch mehr, ja, ein gan-zes Krie-ges-heer möcht ich ger-ne ha-ben!

2. Bring uns, lieber Weihnachtsmann,
bring auch morgen, bringe:
Musketier und Grenadier,
Zottelbär und Panthertier,
Roß und Esel, Schaf und Stier,
lauter schöne Dinge!

3. Doch du weißt ja unsern Wunsch,
kennst ja unsre Herzen!

Kinder, Vater und Mama,
auch sogar der Großpapa,
alle, alle sind wir da,
warten dein mit Schmerzen.

ROBERT GERNHARDT

Die Falle

Da Herr Lemm, der ein reicher Mann war, seinen beiden
Kindern zum Christfest eine besondere Freude machen
wollte, rief er Anfang Dezember beim Studentenwerk an
und erkundigte sich, ob es stimme, daß die Organisation
zum Weihnachtsfest Weihnachtsmänner vermittle. Ja,
das habe seine Richtigkeit. Studenten stünden dafür
bereit, 25 DM koste eine Bescherung, die Kostüme
brächten die Studenten mit, die Geschenke müßte der
Hausherr natürlich selbst stellen. »Versteht sich, versteht
sich«, sagte Herr Lemm, gab die Adresse seiner Villa in
Berlin-Dahlem an und bestellte einen Weihnachtsmann
für den 24. Dezember um 18 Uhr. Seine Kinder seien
noch klein, und da sei es nicht gut, sie allzulange auf die
Bescherung warten zu lassen. Der bestellte Weihnachtsmann kam pünktlich. Er war ein Student mit schwarzem
Vollbart, unter dem Arm trug er ein Paket.

»Wollen Sie so auftreten?« fragte Herr Lemm.

»Nein«, antwortete der Student, »da kommt natürlich
noch ein weißer Bart darüber. Kann ich mich hier
irgendwo umziehen?«

Er wurde in die Küche geschickt. »Da stehen aber leckere Sachen«, sagte er und deutete auf die kalten Platten, die auf dem Küchentisch standen. »Nach der Bescherung, wenn die Kinder im Bett sind, wollen noch Geschäftsfreunde meines Mannes vorbeischauen«, erwiderte die Hausfrau. »Daher eilt es etwas. Könnten Sie bald anfangen?«

Der Student war schnell umgezogen. Er hatte jetzt einen roten Mantel mit roter Kapuze an und band sich einen weißen Bart um. »Und nun zu den Geschenken«, sagte Herr Lemm. »Diese Sachen sind für den Jungen, Thomas«, er zeigte auf ein kleines Fahrrad und andere Spielsachen – »und das bekommt Petra, das Mädchen, ich meine die Puppe und die Sachen da drüben. Die Namen stehen jeweils drauf, da wird wohl nichts schiefgehen. Und hier ist noch ein Zettel, auf dem ein paar Unarten der Kinder notiert sind, reden Sie ihnen mal ins Gewissen, aber verängstigen Sie sie nicht, vielleicht genügt es, etwas mit der Rute zu drohen. Und versuchen Sie, die Sache möglichst rasch zu machen, weil wir noch Besuch erwarten.«

Der Weihnachtsmann nickte und packte die Geschenke in den Sack. »Rufen Sie die Kinder schon ins Weihnachtszimmer, ich komme gleich nach. Und noch eine Frage. Gibt es hier ein Telefon? Ich muß jemanden anrufen.«

»Auf der Diele rechts.«

»Danke.«

Nach einigen Minuten war dann alles soweit. Mit dem Sack über dem Rücken ging der Student auf die angelehnte Tür des Weihnachtszimmers zu. Einen Moment blieb er stehen. Er hörte die Stimme von Herrn Lemm, der gerade sagte: »Wißt ihr, wer jetzt gleich kommen wird? Ja, Petra, der Weihnachtsmann, von dem wir euch schon so viel erzählt haben. Benehmt euch schön brav . . .«

Fröhlich öffnete er die Tür. Blinzelnd blieb er stehen. Er sah den brennenden Baum, die erwartungsvollen Kinder, die feierlichen Eltern. Es hatte geklappt, jetzt fiel die Falle zu. »Guten Tag, liebe Kinder«, sagte er mit tiefer Stimme. »Ihr seid also Thomas und Petra. Und ihr wißt sicher, wer ich bin, oder?«

»Der Weihnachtsmann«, sagte Thomas etwas ängstlich.

»Richtig. Und ich komme zu euch, weil heute Weihnachten ist. Doch bevor ich nachschaue, was ich alles in meinem Sack habe, wollen wir erst einmal ein Lied singen. Kennt ihr ›Stille Nacht, heilige Nacht‹? Ja? Also!«

Er begann mit lauter Stimme zu singen, doch mitten im Lied brach er ab. »Aber, aber, die Eltern singen ja nicht mit! Jetzt fangen wir alle noch mal von vorne an. Oder haben wir den Text etwa nicht gelernt? Wie geht denn das Lied, Herr Lemm?«

Herr Lemm blickte den Weihnachtsmann befremdet an. »Stille Nacht, heilige Nacht, alles schläft, einer wacht . . .«

Der Weihnachtsmann klopfte mit der Rute auf den Tisch: »Einsam wacht! Weiter! Nur das traute . . .«

»Nur das traute, hochheilige Paar«, sagte Frau Lemm betreten, und leise fügte sie hinzu: »Holder Knabe im lockigen Haar.«

»Vorsagen gilt nicht«, sagte der Weihnachtsmann barsch und hob die Rute. »Wie geht es weiter?«

»Holder Knabe im lockigen .·.«

»Im lockigen Was?«

»Ich weiß es nicht«, sagte Herr Lemm. »Aber was soll denn diese Fragerei? Sie sind hier, um . . .«

Seine Frau stieß ihn in die Seite, und als er die erstaunten Blicke seiner Kinder sah, verstummte Herr Lemm.

»Holder Knabe im lockigen Haar«, sagte der Weihnachtsmann, »Schlaf in himmlischer Ruh, schlaf in himmlischer Ruh. Das nächste Mal lernen wir das besser. Und jetzt singen wir noch einmal miteinander: ›Stille Nacht, heilige Nacht‹.«

»Gut, Kinder«, sagte er dann. »Eure Eltern können sich ein Beispiel an euch nehmen. So, jetzt geht es an die Bescherung. Wir wollen doch mal sehen, was wir hier im Sack haben. Aber Moment, hier liegt ja noch ein Zettel!« Er griff nach dem Zettel und las ihn durch.

»Stimmt das, Thomas, daß du in der Schule oft ungehorsam bist und den Lehrern widersprichst?«

»Ja«, sagte Thomas kleinlaut.

»So ist es richtig«, sagte der Weihnachtsmann. »Nur dumme Kinder glauben alles, was ihnen die Lehrer erzählen. Brav, Thomas.«

Herr Lemm sah den Studenten beunruhigt an.

»Aber . . .«, begann er. »Sei doch still«, sagte seine Frau.

»Wollten Sie etwas sagen?« fragte der Weihnachtsmann Herrn Lemm mit tiefer Stimme und strich sich über den Bart.

»Nein.«

»Nein, lieber Weihnachtsmann, heißt das immer noch. Aber jetzt kommen wir zu dir, Petra. Du sollst manchmal bei Tisch reden, wenn du nicht gefragt wirst, ist das wahr?« Petra nickte.

»Gut so«, sagte der Weihnachtsmann. »Wer immer nur redet, wenn er gefragt wird, bringt es in diesem

Leben zu nichts. Und da ihr so brave Kinder seid, sollt ihr nun auch belohnt werden. Aber bevor ich in den Sack greife, hätte ich gerne etwas zu trinken.« Er blickte die Eltern an.

»Wasser?« fragte Frau Lemm.

»Nein, Whisky. Ich habe in der Küche eine Flasche ›Chivas Regal‹ gesehen. Wenn Sie mir davon etwas einschenken würden? Ohne Wasser, bitte, aber mit etwas Eis.«

»Mein Herr!« sagte Herr Lemm, aber seine Frau war schon aus dem Zimmer. Sie kam mit einem Glas zurück, das sie dem Weihnachtsmann anbot. Er leerte es und schwieg.

»Merkt euch eins, Kinder«, sagte er dann. »Nicht alles, was teuer ist, ist auch gut. Dieser Whisky kostet etwa 50 DM pro Flasche. Davon müssen manche Leute einige Tage leben, und eure Eltern trinken das einfach 'runter. Ein Trost bleibt: der Whisky schmeckt nicht besonders.«

Herr Lemm wollte etwas sagen, doch als der Weihnachtsmann die Rute hob, ließ er es.

»So, jetzt geht es an die Bescherung.«

Der Weihnachtsmann packte die Sachen aus und überreichte sie den Kindern. Er machte dabei kleine Scherze, doch es gab keine Zwischenfälle, Herr Lemm atmete leichter, die Kinder schauten respektvoll zum Weihnachtsmann auf, bedankten sich für jedes Geschenk und lachten, wenn er einen Scherz machte. Sie mochten ihn offensichtlich.

»Und hier habe ich noch etwas Schönes für dich, Thomas«, sagte der Weihnachtsmann. »Ein Fahrrad. Steig mal drauf.«

Thomas strampelte, der Weihnachtsmann hielt ihn

fest, gemeinsam drehten sie einige Runden im Zimmer.

»So, jetzt bedankt euch mal beim Weihnachtsmann!« rief Herr Lemm den Kindern zu. »Er muß nämlich noch viele, viele Kinder besuchen, deswegen will er jetzt leider gehen.«

Thomas schaute den Weihnachtsmann enttäuscht an, da klingelte es. »Sind das schon die Gäste?« fragte die Hausfrau. »Wahrscheinlich«, sagte Herr Lemm und sah den Weihnachtsmann eindringlich an. »Öffne doch.«

Die Frau tat das, und ein Mann mit roter Kapuze und rotem Mantel, über den ein langer weißer Bart wallte, trat ein. »Ich bin Knecht Ruprecht«, sagte er mit tiefer Stimme.

Währenddessen hatte Herr Lemm im Weihnachtszimmer noch einmal behauptet, daß der Weihnachtsmann jetzt leider gehen müsse. »Nun bedankt euch mal schön, Kinder«, rief er, als Knecht Ruprecht das Zimmer betrat. Hinter ihm kam Frau Lemm und schaute ihren Mann achselzuckend an.

»Da ist ja mein Freund Knecht Ruprecht«, sagte der Weihnachtsmann fröhlich.

»So ist es«, erwiderte dieser. »Da drauß' vom Walde komm ich her, ich muß euch sagen, es weihnachtet sehr. Und jetzt hätte ich gerne etwas zu essen.«

»Wundert euch nicht«, sagte der Weihnachtsmann zu den Kindern gewandt. »Ein Weihnachtsmann allein könnte nie all die Kinder bescheren, die es auf der Welt gibt. Deswegen habe ich Freunde, die mir dabei helfen: Knecht Ruprecht, den heiligen Nikolaus und noch viele andere . . .«

Es klingelte wieder. Die Hausfrau blickte Herrn Lemm an, der so verwirrt war, daß er mit dem Kopf nickte; sie ging zur Tür und öffnete. Vor der Tür stand ein dritter Weihnachtsmann, der ohne Zögern eintrat. »Puh«, sagte er. »Diese Kälte! Hier ist es beinahe so kalt wie am Nordpol, wo ich zu Hause bin!«

Mit diesen Worten betrat er das Weihnachtszimmer. »Ich bin Sankt Nikolaus«, fügte er hinzu, »und freue mich immer, wenn ich brave Kinder sehe. Das sind sie doch – oder?«

»Sie sind sehr brav«, sagte der Weihnachtsmann. »Nur die Eltern gehorchen nicht immer, denn sonst hätten sie schon längst eine von den kalten Platten und etwas zu trinken gebracht.«

»Verschwinden Sie!« flüsterte Herr Lemm in das Ohr des Studenten.

»Sagen Sie das doch so laut, daß Ihre Kinder es auch hören können«, antwortete der Weihnachtsmann.

»Ihr gehört jetzt ins Bett«, sagte Herr Lemm.

»Nein«, brüllten die Kinder und klammerten sich an den Mantel des Weihnachtsmannes.

»Hunger«, sagte Sankt Nikolaus.

Die Frau holte ein Tablett. Die Weihnachtsmänner begannen zu essen. »In der Küche steht Whisky«, sagte der erste, und als Frau Lemm sich nicht rührte, machte sich Knecht Ruprecht auf den Weg. Herr Lemm lief hinter ihm her. In der Diele stellte er den Knecht Ruprecht, der mit einer Flasche und einigen Gläsern das Weihnachtszimmer betreten wollte.

»Lassen Sie die Hände vom Whisky!«

»Thomas!« rief Knecht Ruprecht laut, und schon kam der Junge auf seinem Fahrrad angestrampelt. Erwartungsvoll blickte er Vater und Weihnachtsmann an.

»Mein Gott, mein Gott«, sagte Herr Lemm, doch er ließ Knecht Ruprecht vorbei.

»Tu was dagegen«, sagte seine Frau. »Das ist ja furchtbar. Tu was!«

»Was soll ich tun?« fragte er, da klingelte es.

»Das werden die Gäste sein!«

»Und wenn sie es nicht sind?«

»Dann hole ich die Polizei!«

Herr Lemm öffnete. Ein junger Mann trat ein. Auch er hatte einen Wattebart im Gesicht, trug jedoch keinen roten Mantel, sondern einen weißen Umhang, an dem er zwei Flügel aus Pappe befestigt hatte.

Der Weihnachtsmann, der auf die Diele getreten war, als er das Klingeln gehört hatte, schwieg wie die anderen. Hinter ihm schauten die Kinder, Knecht Ruprecht und Sankt Nikolaus auf den Gast.

»Grüß Gott, lieber ...«, sagte Knecht Ruprecht schließlich.

»Lieber Engel Gabriel«, ergänzte der Bärtige verlegen. »Ich komme, um hier nachzuschauen, ob auch alle Kinder artig sind. Ich bin nämlich einer von den Engeln auf dem Felde, die den Hirten damals die Geburt des Jesuskindes angekündigt haben. Ihr kennt doch die Geschichte, oder?«

Die Kinder nickten, und der Engel ging etwas befangen ins Weihnachtszimmer. Zwei Weihnachtsmänner folgten ihm, den dritten, es war jener, der als erster gekommen war, hielt Herr Lemm fest. »Was soll denn der Unfug?« fragte er mit einer Stimme, die etwas zitterte. Der Weihnachtsmann zuckte mit den Schultern. »Ich begreif' es auch nicht, warum er so antanzt. Ich habe ihm ausdrücklich gesagt, er solle als Weihnachtsmann kommen, aber wahrscheinlich konnte er keinen roten Mantel auftreiben.«

»Sie werden jetzt alle schleunigst hier verschwinden«, sagte Herr Lemm.

»Schmeißen Sie uns doch 'raus«, erwiderte der Weihnachtsmann und zeigte ins Weihnachtszimmer. Dort saß der Engel, aß Schnittchen und erzählte Thomas davon, wie es im Himmel aussah. Die Weihnachtsmänner tranken und brachten Petra ein Lied bei, das mit den Worten begann: »Nun danket alle Gott, die Schule ist bankrott.«

»Wieviel verlangen Sie?« fragte Herr Lemm.

»Wofür?«

»Für Ihr Verschwinden. Ich erwarte bald Gäste, das wissen Sie doch.«

»Ja, das könnte peinlich werden, wenn Ihre Gäste hier hereinplatzen würden. Was ist Ihnen denn die Sache wert?«

»Hundert Mark«, sagte der Hausherr. Der Weihnachtsmann lachte und ging ins Zimmer. »Holt mal eure Eltern«, sagte er zu Petra und Thomas. »Engel Gabriel will uns noch die Weihnachtsgeschichte erzählen.«

Die Kinder liefen auf die Diele. »Kommt«, schrien sie, »Engel Gabriel will uns was erzählen.« Herr Lemm sah seine Frau an.

»Halt mir die Kinder etwas vom Leibe«, flüsterte er, »ich rufe jetzt die Polizei an!« »Tu es nicht«, bat sie, »denk doch daran, was in den Kindern vorgehen muß, wenn Polizisten . . .« »Das ist mir jetzt völlig egal«, unterbrach Herr Lemm. »Ich tu's.«

»Kommt doch«, riefen die Kinder. Herr Lemm hob den Hörer ab und wählte. Die Kinder kamen neugierig näher. »Hier Lemm«, flüsterte er. »Lemm, Berlin-Dahlem. Bitte schicken Sie ein Überfallkommando.« »Sprechen Sie bitte lauter«, sagte der Polizeibeamte. »Ich kann nicht lauter sprechen, wegen der Kinder. Hier, bei mir zu Haus, sind drei Weihnachtsmänner und ein Engel und die gehen nicht weg . . .«

Frau Lemm hatte versucht, die Kinder wegzuscheuchen, es war ihr nicht gelungen. Petra und Thomas standen neben ihrem Vater und schauten ihn an. Herr Lemm verstummte.

»Was ist mit den Weihnachtsmännern?« fragte der Beamte, doch Herr Lemm schwieg weiter.

»Fröhliche Weihnachten«, sagte der Beamte und hängte auf.

Da erst wurde Herrn Lemm klar, wie verzweifelt seine Lage war.

»Komm, Pappi«, riefen die Kinder, »Engel Gabriel will anfangen.« Sie zogen ihn ins Weihnachtszimmer.

»Zweihundertfünfzig«, sagte er leise zum Weihnachtsmann, der auf der Couch saß.

»Pst«, antwortete der und zeigte auf den Engel, der »Es begab sich aber zu der Zeit« sagte und langsam fortfuhr. »Dreihundert.« Als der Engel begann, den Kindern zu erklären, was der Satz »Und die war schwanger« bedeutet, sagte Herr Lemm »Vierhundert« und der Weihnachtsmann nickte.

»Jetzt müssen wir leider gehen, liebe Kinder«, sagte er. »Seid hübsch brav, widersprecht euren Lehrern, wo es geht, haltet die Augen offen und redet, ohne gefragt zu werden. Versprecht ihr mir das?«

Die Kinder versprachen es, und nacheinander verließen der Weihnachtsmann, Knecht Ruprecht, Sankt Nikolaus und der Engel Gabriel das Haus. »Ich fand es nicht richtig, daß du Geld genommen hast«, sagte Knecht Ruprecht auf der Straße. »Das war nicht geplant.«

»Leute, die sich Weihnachtsmänner mieten, sollen auch dafür zahlen«, meinte Engel Gabriel.

»Aber nicht so viel.«

»Wieso nicht? Alles wird heutzutage teurer, auch das Bescheren.«

»Expropriation der Expropriateure«, sagte der Weihnachtsmann.

»Richtig«, sagte Sankt Nikolaus. »Wo steht geschrieben, daß der Weihnachtsmann immer nur etwas bringt? Manchmal holt er auch was.«

»In einer Gesellschaft, deren Losung ›Hastuwasbistuwas‹ heißt, kann auch der Weihnachtsmann nicht sauber bleiben«, sagte Engel Gabriel. »Es ist kalt«, sagte der Weihnachtsmann.

»Vielleicht sollten wir das Geld einem wohltätigen Zweck zur Verfügung stellen«, schlug Knecht Ruprecht vor.

»Erst einmal sollten wir eine Kneipe finden, die noch auf hat«, sagte der Weihnachtsmann. Sie fanden eine, nahmen ihre Bärte ab, setzten sich und spendierten eine Lokalrunde, bevor sie weiter beratschlagten.

Winternacht

Es war einmal eine Glocke,
die machte baum, baum . .
Und es war einmal eine Flocke,
die fiel dazu wie im Traum . .

Die fiel dazu wie im Traum . .
Die sank so leis hernieder,
wie ein Stück Engleingefieder
aus dem silbernen Sternenraum.

Es war einmal eine Glocke,
die machte baum, baum . .
Und dazu fiel eine Flocke,
so leis als wie ein Traum . .

So leis als wie ein Traum . .
Und als vieltausend gefallen leis,
da war die ganze Erde weiß,
als wie von Engleinflaum.

Da war die ganze Erde weiß,
als wie von Engleinflaum.

O Tannenbaum, o Tannenbaum

1. O Tan-nen-baum, o Tan-nen-baum, wie treu sind dei - ne Blät - ter! Du grünst nicht nur zur Som - mers-zeit, nein, auch im Win - ter, wenn es schneit. O Tan - nen-baum, o Tan - nen-baum, wie treu sind dei - ne Blät - ter!

2. O Tannenbaum, o Tannenbaum,
du kannst mir sehr gefallen!
Wie oft hat nicht zur Weihnachtszeit
ein Baum von dir mich hocherfreut!
O Tannenbaum, o Tannenbaum,
du kannst mir sehr gefallen.

3. O Tannenbaum, o Tannenbaum,
dein Kleid will mich was lehren:
Die Hoffnung und Beständigkeit
gibt Mut und Kraft zu jeder Zeit!
O Tannenbaum, o Tannenbaum,
dein Kleid will mich was lehren.

Gesucht wird
ein freundlicher
Polizist, der die Namen
aller Weihnachtsmänner
übernimmt,

so daß
den Kindern
gesagt werden kann: Freut euch,
morgen kommt der
Weihnachtspolizist!

Er packt
seine Geschenke aus, er setzt
die Gefangenen
unter den Tannenbaum, er
lächelt
ganz diebisch,
wie still
ihre Sünden
sich wegstehlen
nach
draußen
und müde werden
im Schnee.

Der Tannenbaum

Draußen im Walde stand ein niedlicher Tannenbaum; er hatte einen guten Platz, die Sonne konnte zu ihm dringen, Luft war genug da, und rundumher wuchsen viele größere Kameraden, Tannen und Fichten. Aber der kleine Tannenbaum wollte nur immer wachsen und wachsen; er dachte nicht an den warmen Sonnenschein und die frische Luft, bekümmerte sich nicht um die Bauernkinder, die dort gingen und plauderten, wenn sie draußen im Walde umherschwärmten, um Erdbeeren und Himbeeren zu sammeln. Oftmals kamen sie mit einem ganzen Topfe voll oder hatten Erdbeeren auf Strohhalme gezogen. Dann setzten sie sich neben das Bäumchen und sagten: »Nein, wie niedlich klein ist der!« Das gefiel dem Baume durchaus nicht.

Im nächsten Jahre war er schon um einen langen Schuß größer, und das Jahr darauf war er wieder noch um einen länger; denn bei einem Tannenbaume kann man, sobald man zählt, wie oft er einen neuen Trieb angesetzt hat, genau die Jahre seines Wachstums berechnen.

»Oh, wäre ich doch ein so großer Baum wie die anderen!« seufzte das Bäumchen, »dann könnte ich meine Zweige weit ausbreiten und mit dem Gipfel in die weite Welt hinausschauen! Dann würden die Vögel ihre Nester zwischen meinen Zweigen bauen, und wenn es stürmte, könnte ich so vornehm nicken wie dort die anderen.« Weder der Sonnenschein noch die Vögel oder die roten Wolken, die morgens und abends über ihn hinsegelten, machten ihm Freude.

War es nun Winter und Schnee lag ringsherum blendend weiß, dann kam oft ein Hase angesprungen und setzte gerade über das Bäumchen fort. Oh, das war empörend! Aber zwei Winter verstrichen, und im dritten war der Baum schon so hoch, daß der Hase um ihn herumlaufen mußte. Oh, wachsen, wachsen, groß und alt werden, das ist doch das einzig Schöne in der Welt! dachte der Baum.

Im Spätherbst erschienen regelmäßig Holzhauer und fällten einige der größten Bäume. Das geschah jedes Jahr und den jungen Tannenbaum, der nun schon tüchtig in die Höhe geschossen war, befiel Zittern und Beben dabei, denn mit Gepolter und Krachen stürzten sie zur Erde, die Zweige wurden ihnen abgehauen, sie sahen nun ganz nackt, lang und schmal aus, sie waren kaum noch wiederzuerkennen. Dann aber wurden sie auf Wagen gelegt, und Pferde zogen sie von dannen zum Walde hinaus.

Wohin sollten sie? Was stand ihnen bevor?

Als im Frühjahr die Schwalbe und der Storch kamen, fragte sie der Baum: »Wißt ihr nicht, wohin sie geführt wurden? Seid ihr ihnen nicht begegnet?«

Die Schwalbe wußte nichts, doch der Storch sah sehr nachdenklich aus, nickte mit dem Kopfe und sagte: »Ja, ich glaube fast; mir begegneten auf meiner Rückreise von Ägypten viele neue Schiffe. Auf denselben standen prächtige Mastbäume; ich darf wohl behaupten, daß sie es waren; sie verbreiteten Tannengeruch. Ich kann vielmals grüßen, sie überragen alles, sie überragen alles!«

»Oh, wäre ich doch auch groß genug, um über das

Meer hinzufliegen! Wie ist es eigentlich, dieses Meer, und wem ähnelt es?«

»Ja, das ist etwas weitläufig zu erklären!« sagte der Storch und ging.

»Freue dich deiner Jugend!« sagten die Sonnenstrahlen, »freue dich deines Wachstums, des jungen Lebens, das dich erfüllt!«

Und der Wind küßte den Baum, und der Tau weinte Tränen über ihn, allein der Tannenbaum verstand es nicht.

In der Weihnachtszeit wurden ganz junge Bäume gefällt, Bäume, die nicht einmal so groß waren, noch in demselben Alter standen wie dieses Tannenbäumchen, das weder Ruh noch Rast hatte, sondern nur immer weiter wollte. Diese jungen Bäume, und es waren gerade die allerschönsten, behielten immer ihre Zweige, sie wurden auf Wagen gelegt, und Pferde zogen sie aus dem Walde.

»Wohin sollen sie?« fragte der Tannenbaum. »Sie sind nicht größer als ich, ja da war sogar einer, der noch weit kleiner war. Weshalb behielten sie alle ihre Zweige? Wo fahren sie hin?«

»Das wissen wir, das wissen wir!« zwitscherten die Sperlinge. »Unten in der Stadt haben wir zu den Fenstern hineingeschaut. Wir wissen, wohin sie fahren! Oh, sie gelangen zur größten Pracht und Herrlichkeit, die sich denken läßt. Wir haben zu den Fenstern hineingeschaut und gesehen, daß sie mitten in die warme Stube hineingepflanzt und mit den herrlichsten Sachen, mit vergoldeten Äpfeln, Honigkuchen, Spielzeug und vielen hundert Lichtern ausgeschmückt wurden!«

»Und dann?« fragte der Tannenbaum und bebte in allen Zweigen. »Und dann? Was geschieht dann?«

»Ja, mehr haben wir nicht gesehen, es war unvergleichlich!«

»Ob auch mir dieses Los zufallen wird, diesen strahlenden Weg zu gehen?« jubelte das Bäumchen. »Das ist noch besser, als über das Meer zu gehen. Wie mich die Sehnsucht verzehrt! Wäre es doch Weihnachten! Jetzt bin ich hoch und erwachsen wie die anderen, welche das letztemal fortgeführt wurden. Oh, wäre ich erst auf dem Wagen! Wäre ich erst in der warmen Stube mit all ihrer Pracht und Herrlichkeit! Und dann? Ja dann kommt noch etwas Besseres, noch Schöneres, weshalb würde man mich sonst so ausschmücken! Da muß noch etwas Größeres, noch etwas Herrlicheres kommen – –! Aber was? Oh, ich leide, mich verzehrt die Sehnsucht; ich weiß selber nicht, wie mir zumute ist!«

»Freue dich meiner!« sagten die Luft und der Sonnenschein; »freue dich deiner frischen Jugend draußen im Freien!«

Aber das Bäumchen freute sich gar nicht; es wuchs und wuchs, Winter und Sommer stand es grün; dunkelgrün stand es da! Die Leute, die es sahen, sagten: »Das ist ein hübscher Baum!«, und zur Weihnachtszeit wurde er zuerst von allen gefällt! Die Axt hieb tief durch das Mark; der Baum fiel mit einem Seufzer zu Boden. Er fühlte einen Schmerz, eine Ohnmacht, er vermochte an gar kein Glück zu denken. Er war betrübt, von der Heimat zu scheiden, von dem Flecke, auf dem er emporgeschossen war. Er wußte ja, daß er nie mehr die lieben, alten Kameraden, die kleinen Büsche und Blumen ringsumher, ja vielleicht nicht einmal die Vögel sehen würde. Die Abreise war durchaus mit keiner Behaglichkeit verbunden.

Der Baum kam erst wieder zu sich, als er im Hofe, mit

den anderen Bäumen abgeladen, einen Mann sagen hörte: »Der ist prächtig! Wir brauchen keinen anderen!«

Nun kamen zwei Diener im vollen Staate und trugen den Tannenbaum in einen großen, prächtigen Saal. Ringsumher an den Wänden hingen Porträts, und neben dem großen Ofen standen chinesische Vasen mit Löwen auf den Deckeln. Da gab es Schaukelstühle, Sofas mit seidenen Überzügen, große Tische, bedeckt mit Bilderbüchern und Spielzeug für hundertmal hundert Taler – wenigstens behaupteten das die Kinder. Der Tannenbaum wurde in ein großes, mit Sand gefülltes Gefäß gestellt, doch konnte niemand bemerken, daß es ein Gefäß war, denn es wurde ringsherum mit grünem Zeug behängt und stand auf einem großen runden Teppiche. Oh, wie der Baum bebte! Was sollte doch nun geschehen? Sowohl die Diener als auch die Fräulein kamen und putzten ihn aus. Über die Zweige hängten sie kleine, aus buntem Papier ausgeschnittene Netze; jedes Netz war mit Zuckerwerk gefüllt. Vergoldete Äpfel und Walnüsse hingen wie festgewachsen herab, und über hundert rote, blaue und weiße Lichterchen wurden an den Zweigen befestigt. Puppen, die wie leibhaftige Menschen aussahen – der Baum hatte solche nie zuvor gesehen –, schwebten im Grünen, und ganz oben auf der Spitze strahlte ein Stern von Flittergold. Es war prächtig, ganz unvergleichlich prächtig!

»Heute abend«, sagten alle, »heute abend wird er strahlen!«

Oh! dachte der Baum, wäre es doch erst Abend! Würden doch nur die Lichter bald angezündet! Und was mag dann geschehen? Ob wohl die Bäume aus dem Walde kommen und mich anschauen? Ob die Sperlinge gegen die Fensterscheiben fliegen? Ob ich hier festwach-

sen und Winter und Sommer geschmückt dastehen
werde?

Er wußte wirklich gut Bescheid! Aber er hatte aus
lauter Sehnsucht förmlich Borkenweh, und Borkenweh
ist für einen Baum ebenso schlimm wie Kopfweh für uns
andere.

Nun wurden die Lichter angezündet. Welcher Glanz!
Welche Pracht! Der Baum bebte in allen Zweigen dabei,
so daß einige Nadeln an einem der Lichter Feuer fingen.
Es sengte ordentlich.

»Gott bewahre uns!« schrien die Fräulein und löschten
es schnell aus.

Nun durfte der Baum nicht einmal beben. Oh, das war
ein Graus! Er war so besorgt, etwas von all seinem Staate
zu verlieren; er war von all dem Glanze wie betäubt. –
Und nun öffneten sich die beiden Flügeltüren, und eine
Menge Kinder stürzten herein, als ob sie den ganzen
Baum umrennen wollten. Die älteren Leute kamen
bedächtig hinterher; die Kleinen standen ganz stumm,
aber nur einen kurzen Augenblick, dann jubelten sie
wieder so, daß es widerhallte. Sie tanzten um den Baum,
und ein Geschenk nach dem anderen wurde abgepflückt.

Was haben sie nur vor? dachte der Baum. Was soll da
geschehen? Die Lichter brannten bis auf die Zweige
herunter, und darauf löschte man sie aus, und die Kinder
erhielten Erlaubnis, den Baum zu plündern. Oh, die
stürzten auf ihn los, daß es in allen Zweigen krachte.
Wäre er nicht mit der Spitze und dem goldenen Stern an
der Decke befestigt gewesen, so hätten sie ihn sicher
umgeworfen.

Die Kinder tanzten nun mit ihrem prächtigen Spiel-
zeuge umher. Niemand beachtete den Baum, mit Ausnahme der alten Kinderfrau, die aufmerksam zwischen

die Zweige blickte, aber sie wollte nur nachsehen, ob nicht noch eine Feige oder ein Apfel vergessen war.

»Eine Geschichte, eine Geschichte!« riefen die Kinder und zerrten einen kleinen, dicken Mann nach dem Baume hin. Er setzte sich gerade unter denselben hin, »denn so«, meinte er, »sind wir im Grünen, und der Baum kann sich besonders eine Lehre daraus ziehen, wenn er gut aufmerkt. Aber ich erzähle nur eine Geschichte. Wollt ihr die von Ivede-Avede hören oder die von Klumpe-Dumpe, der die Treppe hinabfiel und sich doch auf den Thron schwang und die Prinzessin erhielt?«

»Ivede-Avede!« schrien einige, »Klumpe-Dumpe!« schrien andere. Was war das für ein Rufen und Durcheinanderschreien! Nur der Tannenbaum schwieg still und dachte: Soll ich nicht mitraten, will ich auch nicht mittaten! Seine Rolle war vorüber, er hatte ja seine Schuldigkeit getan!

Der Mann erzählte von Klumpe-Dumpe, der die Treppe hinabfiel und sich doch auf den Thron schwang und die Prinzessin erhielt. Und die Kinder klatschten in die Hände und riefen: »Erzähle, erzähle!« Sie wollten auch noch die Geschichte von Ivede-Avede hören, mußten sich aber mit Klumpe-Dumpe begnügen. Der Tannenbaum stand ganz still und gedankenvoll, nie hatten die Vögel draußen im Walde dergleichen erzählt. Klumpe-Dumpe fiel die Treppe hinab und bekam doch die Prinzessin! Ja, ja, so geht es in der Welt zu! dachte der Tannenbaum und hielt es für Wahrheit, weil der Erzähler ein so netter Mann war. Ja, ja, wer kann wissen, vielleicht falle ich auch die Treppe hinab und bekomme eine Prinzessin! Und er freute sich darauf, den nächsten Tag wieder mit Lichtern und Spielzeug, mit Gold und Früchten bekleidet zu werden.

Morgen werde ich nicht zittern! dachte er. Ich werde eine recht herzliche Freude über alle meine Herrlichkeit empfinden. Morgen werde ich wieder die Geschichte von Klumpe-Dumpe hören und vielleicht auch die von Ivede-Avede. Und der Baum stand die ganze Nacht still und gedankenvoll da.

Am folgenden Morgen traten die Diener und Mägde herein.

Nun beginnt der Staat von neuem! dachte der Baum, aber sie schleppten ihn zum Zimmer hinaus, die Treppe hinauf bis auf den Boden, und dort stellten sie ihn in einen dunklen Winkel, wohin kein Tageslicht fiel. Was hat denn das zu bedeuten? dachte der Baum. Was habe ich denn hier zu tun? Was mag ich denn hier hören sollen? Er lehnte sich gegen die Mauer und stand da und sann und sann. Und Zeit hatte er genug dazu, denn es verstrichen Tage und Nächte. Niemand kam herauf, und als endlich jemand kam, geschah es nur zu dem Zwecke, einige große Kasten in den Winkel zu stellen. Der Baum stand so versteckt, daß man hätte meinen können, er wäre rein in Vergessenheit geraten.

Nun ist draußen Winter! dachte der Baum. Die Erde ist hart und mit Schnee bedeckt, die Menschen können mich nicht pflanzen; deshalb soll ich wahrscheinlich bis zum Frühling hier im Schutze stehen! Wie fürsorglich das doch ist! Wie gut die Menschen doch sind! Wäre es hier nur nicht so dunkel und so erschrecklich einsam! Nicht einmal ein Häschen ist hier zu finden! Draußen im Walde war es doch lustig, wenn der Schnee lag und der Hase vorübersprang, ja selbst wenn er über mich hinwegsetzte; aber damals gefiel es mir freilich nicht. Hier oben ist es doch entsetzlich einsam!

»Piep, piep!« sagte plötzlich eine kleine Maus und

schlüpfte hervor, und darauf kam noch eine kleine. Sie schnüffelten an dem Tannenbaume und schmiegten sich durch die Zweige desselben.

»Es herrscht eine furchtbare Kälte!« sagten die Mäuschen. »Sonst ist hier ein vortrefflicher Aufenthalt! Nicht wahr, du alter Tannenbaum?«

»Ich bin noch gar nicht alt!« versetzte der Tannenbaum, »es gibt viel ältere als ich bin!«

»Wo kommst du her?« fragten die Mäuse, »und was weißt du?« Sie waren gewaltig neugierig. »Erzähle uns doch von dem herrlichsten Plätzchen auf Erden! Bist du schon dort gewesen? Bist du schon in der Speisekammer gewesen, wo Käse auf den Brettern liegen und Schinken unter der Decke hängen, wo man auf Talglichtern tanzt, mager hineingeht und fett herauskommt?«

»Die kenne ich allerdings nicht«, sagte der Baum, »aber den Wald kenne ich, wo die Sonne scheint und die Vögel singen!« Darauf erzählte er ihnen alle Erlebnisse seiner Jugend, und die Mäuschen hatten dergleichen nie zuvor gehört, lauschten aufmerksam zu und sagten: »Wie viel du doch gesehen hast! Wie glücklich du gewesen bist!«

»Ich!« versetzte der Tannenbaum und dachte nun erst über seine eigene Erzählung nach. »Ja, im Grunde waren es recht lustige Zeiten!« Aber dann erzählte er vom Weihnachtsabend, wo er mit Kuchen und Lichtern aufgeputzt war.

»Oh!« sagten die Mäuschen, »wie glücklich du gewesen bist, du alter Tannenbaum!«

»Ich bin durchaus nicht alt!« erwiderte der Tannenbaum, »erst in diesem Winter bin ich ja aus dem Walde gekommen! Ich stehe in meinem allerbesten Alter, ich bin nur sehr gewachsen!«

»Wie schön du erzählst!« sagten die Mäuschen, und in der nächsten Nacht kamen sie mit vier anderen kleinen Mäusen wieder, die auch den Baum sollten erzählen hören, und je mehr er erzählte, desto lebhafter trat es ihm selbst vor die Augen, und er dachte: Es waren doch wirklich glückliche Zeiten! Aber sie können wiederkommen! sie können wiederkommen! Klumpe-Dumpe fiel die Treppe hinab und bekam doch die Prinzessin, vielleicht kann ich auch eine Prinzessin bekommen! Und dabei fiel dem Tannenbäumchen eine kleine Birke ein, die draußen im Walde wuchs und ihm wie eine leibhaftige schöne Prinzessin erschien.

»Wer ist Klumpe-Dumpe?« fragten die Mäuschen. Nun erzählte der Tannenbaum das ganze Märchen, dessen er sich Wort für Wort entsinnen konnte. Und die Mäuschen wären aus lauter Freude fast in die Spitze des Baumes gesprungen. In der folgenden Nacht versammelten sich noch weit mehr Mäuse, und am Sonntage kamen sogar zwei Ratten. Die behaupteten aber, die Geschichte sei nicht lustig, und das betrübte die Mäuschen, denn sie kam ihnen nun auch weniger schön vor.

»Können Sie nur die eine Geschichte erzählen?« fragten die Ratten.

»Nur die eine!« antwortete der Baum, »ich hörte sie an meinem glücklichsten Abend, aber damals dachte ich nicht daran, wie glücklich ich war!«

»Das ist eine höchst elende Geschichte! Wissen Sie keine von Speck und Talglichtern? Keine Speisekammergeschichten?«

»Nein!« sagte der Baum.

»Nun, dann danken wir dafür!« erwiderten die Ratten und kehrten zu den Ihrigen zurück.

Zuletzt blieben die Mäuschen auch fort, und da seufzte

der Baum: »Es war doch ganz hübsch, als sie um mich saßen, die muntern Mäuschen und auf meine Erzählungen lauschten! Nun ist das gleichfalls vorbei. Aber meine Freude soll von neuem beginnen, wenn ich wieder hervorgeholt werde!«

Aber wann ereignete sich das? – Ja, es war eines Morgens, da kamen Leute herauf und kramten auf dem Boden umher. Die Kasten erhielten einen anderen Platz, und der Baum wurde hervorgezogen. Sie warfen ihn allerdings etwas unsanft auf den Fußboden, aber sofort schleppte ihn ein Hausknecht nach der Treppe hin, wo das Tageslicht schimmerte.

Nun beginnt das Leben wieder! dachte der Baum. Er fühlte die frische Luft, den ersten Sonnenstrahl – und nun war er draußen auf dem Hofe. Alles ging so schnell, daß der Baum völlig vergaß, sich selbst zu betrachten; zu viel Neues war ringsumher anzustaunen. Der Hof stieß an einen Garten, und alles stand darin in voller Blüte. Die Rosen hingen frisch und duftend über den kleinen Staketenzaun hinüber, die Lindenbäume blühten, und die Schwalben flogen umher und zwitscherten: »Quirre virevit, mein Mann ist gekommen!« Aber den Tannenbaum meinten sie damit nicht.

»Nun will ich leben!« jubelte dieser und breitete seine Zweige weit aus. Ach, sie waren alle vertrocknet und gelb, und zwischen Unkraut und Nesseln lag er in einem Winkel da. Der Goldpapierstern saß noch oben auf der Spitze und leuchtete im hellsten Sonnenscheine.

Auf dem Hofe selbst spielten ein paar von den lustigen Kindern, die am Weihnachtsabend um den Baum getanzt hatten und dabei so fröhlich gewesen waren. Eines der kleinsten lief hin und riß den Goldstern ab.

»Sieh, was da noch an dem alten häßlichen Tannenbaume sitzt!« rief er und trat auf die Zweige, daß sie unter seinen Stiefeln knackten.

Und der Baum betrachtete all die Blumenpracht und Frische im Garten, betrachtete dann sich selbst und wünschte, daß er in seinem finstern Winkel auf dem Boden geblieben wäre. Er gedachte seiner frischen Jugend im Walde, des lustigen Weihnachtsabends und der kleinen Mäuse, die so fröhlich der Geschichte von Klumpe-Dumpe zugelauscht hatten.

»Vorbei, vorbei!« seufzte der arme Baum. »Hätte ich mich doch gefreut, als ich es noch konnte! Vorbei, vorbei!«

Der Hausknecht kam und hieb den Baum in kleine Stücke, ein ganzes Bund lag da; hell loderte es auf unter dem großen Braukessel. Er seufzte tief, jeder Seufzer ertönte wie ein kleiner Schuß. Deshalb liefen die Kinder, die draußen spielten, herbei, setzten sich vor das Feuer, schauten hinein und riefen: »Piff, paff!« Aber bei jedem Knalle, der ein tiefer Seufzer war, gedachte der Baum eines Sommertages im Walde, einer Winternacht draußen, wenn die Sterne glänzten. Er gedachte des Weihnachtsabends und des Klumpe-Dumpe, des einzigen Märchens, das er gehört hatte und zu erzählen wußte – und dann war der Baum verbrannt.

Die Knaben spielten im Hofe, und der kleinste hatte auf der Brust den Goldstern, den der Baum an seinem glücklichsten Abend getragen hatte. Nun war dieser vorüber und mit diesem auch der Baum nebst seiner Geschichte. Vorbei, vorbei – und so geht es mit allen Geschichten.

JOHANN WOLFGANG GOETHE

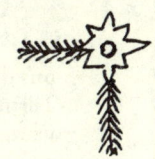

Brief an J. C. Kestner
25. Dezember 1772

Cristtag früh. Es ist noch Nacht lieber Kestner,
ich binn aufgestanden um bey Lichte Morgens
wieder zu schreiben, das mir angenehme Erinnerungen voriger Zeiten zurückruft; ich habe mir
Coffee machen lassen den Festtag zu ehren und
will euch schreiben biss es Tag ist. Der Türner hat
sein Lied schon geblasen ich wachte drüber auf.
Gelobet seyst du Jesu Christ. Ich hab diese Zeit
des Jahrs gar lieb, die Lieder die man singt; und
die Kälte die eingefallen ist macht mich vollends
vergnügt. Ich habe gestern einen herrlichen Tag
gehabt, ich fürchtete für den heutigen, aber der ist
auch gut begonnen und da ist mirs fürs enden
nicht Angst. Gestern Nacht versprach ich schon
meinen lieben zwey Schattengesichtern euch zu
schreiben, sie schweben um mein Bett wie Engel
Gottes. Ich hatte gleich bey meiner Ankunft Lottens Silhouette angesteckt, wie ich in Darmstadt
war stellen sie mein Bett herein und siehe Lottens
Bild steht zu Häupten das freute mich sehr, Lenchen hat jetzt die andere Seite ich danck euch
Kestner für das liebe Bild, es stimmt weit mehr
mit dem überein was ihr mir von ihr schriebt als
alles was ich imaginirt hatte; so ist es nichts mit

uns die wir rathen phantasiren und weissagen. Der Türner hat sich wieder zu mir gekehrt, der Nordwind bringt mir seine Melodie, als blies er vor meinem Fenster. Gestern lieber Kestner war ich mit einigen guten Jungens auf dem Lande, unsre Lustbarkeit war sehr laut, und Geschrey und Gelächter von Anfang zu Ende. Das taugt sonst nichts für die kommende Stunde, doch was können die heiligen Götter nicht wenden wenns Ihnen beliebt, sie gaben mir einen frohen Abend, ich hatte keinen Wein getruncken, mein Aug war ganz unbefangen über die Natur. Ein schöner Abend, als wir zurückgingen es ward Nacht. Nun muss ich dir sagen das ist immer eine Sympatie für meine seele wenn die Sonne lang hinunter ist und die Nacht von Morgen herauf nach Nord und Süd um sich gegriffen hat, und nur noch ein dämmernder Kreis vom abend heraufleuchtet. Seht Kestner wo das Land flach ist ists das herrlichste Schauspiel, ich habe jünger und wärmer Stunden lang so ihr zugesehn hinabdämmern auf meinen Wandrungen. Auf der Brücke hielt ich still. Die düstre Stadt zu beyden Seiten, der Stillleuchtende Horizont, der Widerschein im Fluß machte einen köstlichen Eindruck in meine Seele den ich mit beyden Armen umfasste. Ich lief zu den Gerocks lies mir Bleystifft geben und Papier, und zeichnete zu meiner grossen Freude, das ganze Bild so dämmernd warm als es in meiner Seele stand. Sie hatten alle Freude mit mir darüber empfanden alles was ich gemacht hatte und da war ichs erst gewiss, ich bot ihnen an drum zu würfeln, sie schlugens aus und wollen ich solls Mercken schikken. Nun hängts hier an meiner Wand, und freut mich heute wie gestern. Wir hatten einen schönen Abend zusammen wie Leute denen das Glück ein groses geschenck gemacht hat, und ich schlief ein den heiligen im Himmel danckend, dass sie uns Kinderfreude zum Crist bescheeren wollen. Als ich über den Marckt ging und die vielen Lichter und Spielsachen sah dacht ich an euch und meine Buben wie ihr ihnen kommen würdet, diesen Augenblick ein Himmlischer Bote mit dem blauen Evangelio, und wie aufgerollt sie das Buch erbauen werde. Hätt ich bey euch seyn können ich hätte wollen so ein Fest Wachsstöcke illuminiren, dass es in den kleinen Köpfen ein Wiederschein der Herrlichkeit des Himmels geglänzt hätte. Die Tohrschließer kommen vom Burgemeister, und rasseln mit Schlüsseln. Das erste Grau des Tags kommt mir über des Nachbaars Haus und die Glocken läuten eine Cristliche Gemeinde zusammen. Wohl ich bin erbaut hier oben auf meiner Stube, die ich lang nicht so lieb hatte als ietzt. Sie ist mit den glücklichsten Bildern ausgeziert [die] mir freundlichen guten Morgen sagen. Sieben Köpfe nach Raphael, eingegeben vom lebendigen Geiste, einen davon hab ich nachgezeichnet und binn zufrieden mit ob gleich nicht so froh. Aber meine lieben Mädgen. Lotte ist auch da und Lenchen auch. Sagen Sie Lenchen ich wünschte so sehnlich zu kommen und ihr die Hände zu küssen als der Musier der so herzinnigliche Briefe schreibt. Das ist gar ein armseeliger Herre. Ich wollte meiner Tochter ein Deckbette mit solchen Billetdous füttern und füllen, und sie sollte so

123

ruhig drunter schlafen wie ein Kind. Meine Schwester hat herzlich gelacht, sie hat von ihrer Jugend her auch noch dergleichen. Was ein mädgen ist von gutem Gefühl müssen dergleichen Sachen zuwieder seyn wie ein stinckig Ey. Der Kamm ist vertauscht, nicht so schön an Farb und Gestalt als der erste, hoffe doch brauchbaarer. Lotte hat ein klein Köpfgen, aber es ist ein Köpfgen.

Der Tag kömmt mit Macht, wenn das Glück so schnell im avanziren ist, so machen wir balde Hochzeit. Noch eine Seite muss ich schreiben so lang tuh ich als säh ichs Tageslicht nicht.

Grüst mir Kielmansegg. Er soll mich lieb behalten.

Der Scheiskerl in Giessen der sich um uns bekümmert wie das Mütterlein im Evangelio um den verlohrnen Groschen, und überal nach uns leuchtet und stöbert, dessen Nahme keinen Brief verunzieren müße in dem Lottens Nahme steht und eurer. Der Kerl ärgert sich dass wir nicht nach ihm sehn, und sucht uns zu necken dass wir seyn gedencken. Er hat um meine Baukunst geschrieben und gefragt so hastig, dass man ihm ansah das ist gefunden Fressen für seinen Zahn, hat auch flugs in die Frfurter Zeitung eine Rezension gesudelt von der man mir erzält hat. Als ein wahrer Esel frisst er die Disteln die um meinen Garten wachsen nagt an der Hecke die ihn vor solchen Tieren verzäunt und schreit denn sein Critisches J! a! ob er nicht etwa dem Herrn in seiner Laube bedeuten möchte: ich binn auch da.

Nun Adieu, es ist hell Licht. Gott sey bey euch, wie ich bey euch binn. Der Tag ist festlich angefangen. Leider muß ich nun die schönen Stunden mit Rezensiren verderben ich tuhs aber mit gutem Muth denn es ist fürs letzte Blat. Lebt wohl und denkt an mich das seltsame Mittelding zwischen dem reichen Mann und dem armen Lazarus.

Grüst mir die Lieben alle. Und lasst von euch hören.

Ein Lied
hinterm Ofen zu singen

Der Winter ist ein rechter Mann,
   Kernfest und auf die Dauer;
Sein Fleisch fühlt sich wie Eisen an,
   Und scheut nicht süß noch sauer.

War je ein Mann gesund, ist er's;
   Er krankt und kränkelt nimmer;
Weiß nichts von Nachtschweiß noch Vapeurs
   Und schläft im kalten Zimmer.

Er zieht sein Hemd im Freien an
   Und läßt's vorher nicht wärmen;
Und spottet über Fluß im Zahn
   Und Kolik in Gedärmen.

Aus Blumen und aus Vogelsang
   Weiß er sich nichts zu machen,
Haßt warmen Drang und warmen Klang
   Und alle warmen Sachen.

Doch wenn die Füchse bellen sehr,
   Wenn's Holz im Ofen knittert,
Und um den Ofen Knecht und Herr
   Die Hände reibt und zittert;

Wenn Stein und Bein vor Frost zerbricht,
   Und Teich' und Seen krachen;

Das klingt ihm gut, das haßt er nicht,
Denn will er sich tot lachen. –

Sein Schloß von Eis liegt ganz hinaus
Beim Nordpol an dem Strande;
Doch hat er auch ein Sommerhaus
Im lieben Schweizerlande.

Da ist er denn bald dort, bald hier,
Gut Regiment zu führen.
Und wenn er durchzieht, stehen wir
Und sehn ihn an und frieren.

ROBERT WALSER

Weihnacht

Weihnachten? O! Das wird den schlechtesten Aufsatz
geben; denn über etwas so Süßes kann man nur schlecht
schreiben. – In den Straßen, in den Hausgängen, auf den
Treppen, in den Zimmern roch es nach Orangen. Der
Schnee lag dick draußen. Weihnachten ohne Schnee wäre
unerträglich. Am Nachmittag ließen sich zwei erbärm-
lich dünne Stimmchen vor unserer Haustüre vernehmen.
Ich ging, um zu öffnen. Ich wußte, es waren arme
Kinder. Ich sah sie ziemlich lange und herzlos an. »Was
wollt ihr?« fragte ich sie. Da weinte das kleine Mädchen.

Es tat mir leid, so barsch gewesen zu sein. Die Mutter kam, schickte mich weg und gab den Kindern kleine Geschenke. Als der Abend kam, hieß mich die Mutter ins schöne Zimmer eintreten. Ich tat es mit Zittern. Ich gestehe, ich hatte eine gewisse unerklärliche Angst vor dem Beschenktwerden. Meine Seele fragt Geschenken nichts nach. Ich ging hinein, die Augen schmerzten mich, als ich in das Meer von Licht und Lichtern trat. Ich saß vorher lange im Dunkeln. Der Vater saß da, im ledernen Lehnstuhl, und rauchte. Er stand auf und führte mich artig zu den Geschenken. Es war mir sehr unbehaglich. Es waren die hübschesten Sachen, die ein Auge und ein Herz erfreuen konnten. Ich lächelte und versuchte etwas zu sagen. Ich streckte dem Vater die Hand hin und sah ihn dankbar an. Er fing an zu lachen und mit mir zu plaudern, über die Geschenke, ihre Bedeutung, ihren Wert und über meine Zukunft. Ich ließ mir nicht merken, was mir das für ein Vergnügen machte. Die Mutter kam und setzte sich zu uns. Ich fühlte das Bedürfnis, ihr etwas Liebes zu sagen, brachte es aber nicht über die Lippen. Sie merkte, wo ich hinaus wollte und nahm mich nahe zu sich und küßte mich. Ich war unsäglich glücklich und froh, daß sie mich verstanden hatte. Ich schmiegte mich eng an sie und schaute in ihre Augen, die voll Wasser waren. Ich sprach, aber es hatte keinen Ton. Ich war so glücklich, daß ich auf diese schönere Weise mit meiner Mutter sprechen konnte. Hernach waren wir sehr lustig. Es wurde Wein aus zierlich geschliffenen Gläsern getrunken. Das brachte Fluß und Lachen in die Unterhaltung. Ich erzählte von der Schule und von den Lehrern, indem ich besonders ihre komischen Seiten hervorhob. Man verzieh mir gern meine Ausgelassenheit. Die Mutter ging ans Klavier und spielte ein einfaches Lied.

Sie spielt ungemein zart. Ich rezitierte ein Gedicht. Ich rezitiere ungemein schlecht. Die Magd kam herein und brachte Kuchen und köstliches Backwerk (Rezept der Mutter). Sie machte ein dummes Gesicht, als sie beschenkt wurde. Sie küßte aber artig meiner Mutter die Hand. Mein Bruder hatte nicht kommen können, das bedauerte ich lebhaft. Unser Hausdiener, der alte Fehlmann, bekam ein großes geschlossenes Paket; er lief hinaus, um es zu öffnen. Wir lachten. Weihnachten ging so still vorüber. Wir saßen endlich ganz allein beim Wein und sprachen ganz wenig. Danach verstrich die Zeit rasch. Es war zwölf Uhr, als wir uns erhoben, um ins Bett zu gehen. Am andern Morgen sahen wir alle ziemlich müde aus. Der Weihnachtsbaum ebenfalls. Nicht wahr, das alles ist schlecht geschrieben? Aber ich habe es wenigstens vorausgesagt, und so kann der Vorwurf mich nicht in Erstaunen setzen.

THEODOR FONTANE

Weihnachtsspruch
1861

Sei heiter!
Es ist gescheiter
Als alles Gegrübel; –
Gott hilft weiter,
Zur Himmelsleiter
Werden die Übel.

ARTHUR CONAN DOYLE

Der Blaue Karfunkel

Am Morgen des zweiten Tages nach Weihnachten hatte ich bei meinem Freund Sherlock Holmes in der Absicht vorgesprochen, ihm die besten Wünsche zum Fest zu überbringen. Er lag in einem purpurfarbenen Schlafrock auf dem Sofa hingestreckt, zu seiner Rechten ein Pfeifenständer in Reichweite und ganz in seiner Nähe ein Haufen zerknitterter, offensichtlich erst vor kurzem gelesener Morgenzeitungen. Neben dem Sofa stand ein Holzstuhl, und an dessen Rückenlehne hing ein sehr schäbiger, erbärmlicher harter Filzhut, der an vielen Stellen Risse hatte und viel zu abgetragen war, als daß man ihn noch hätte aufsetzen können. Eine Lupe und eine Pinzette, die auf dem Sitz lagen, deuteten darauf hin, daß der Hut zum Zwecke einer Untersuchung derart aufgehängt worden war.

»Sie sind beschäftigt«, sagte ich. »Womöglich störe ich Sie.« »Nicht im geringsten. Ich bin froh, einen Freund zu haben, mit dem ich meine Ergebnisse besprechen kann. Der Gegenstand ist ganz und gar banal«, er deutete mit dem Daumen in Richtung des alten Hutes, »doch sind mit ihm einige Fragen verbunden, die nicht gänzlich uninteressant und sogar durchaus lehrreich sind.«

Ich setzte mich in seinen Lehnstuhl und wärmte mir die Hände am prasselnden Feuer, denn es hatte scharfer Frost eingesetzt, und die Fenster waren über und über mit Eiskristallen bedeckt. »Ich vermute«, bemerkte ich, »daß dieses Ding, so harmlos es aussieht, mit irgendeiner tödlichen Geschichte verknüpft ist – daß es der Schlüssel ist, der Ihnen den Weg zur Lösung irgendeines Geheimnisses und zur Ahndung irgendeines Verbrechens weist.«

»Nein, nein. Kein Verbrechen«, sagte Sherlock Holmes und lachte. »Lediglich eine jener wunderlichen kleinen Begebenheiten, die sich ereignen, wenn vier Millionen menschlicher Wesen auf einem Raum von vier Quadratmeilen zusammengepfercht leben. Inmitten von Aktionen und Reaktionen in einer solchen Masse von Menschen ist jede mögliche Kombination von Ereignissen denkbar, und es wird sich so manches kleine Problem auftun, das verblüffend und phantastisch sein mag, ohne kriminell zu sein. Wir haben mit dergleichen bereits Erfahrungen gemacht.«

»Und zwar so einschlägige«, bemerkte ich, »daß von den letzten sechs Fällen, die ich meinen Aufzeichnungen hinzugefügt habe, drei nicht das geringste mit irgendeinem Gesetzesverstoß zu tun haben.«

»Sie spielen an auf meine Bemühungen, die Irene-Adler-Papiere wiederzuerlangen, auf den seltsamen Fall der Miss Mary Sutherland und auf das Abenteuer des Mannes mit dem schiefen Mund. Nun, ich habe keinen Zweifel, daß diese unbedeutende Angelegenheit zur selben Kategorie gehören wird. Sie kennen doch Peterson, den Portier?«

»Ja.«

»Ihm gehört diese Trophäe.«

»Dann ist es sein Hut?«

»Nein, nein. Er hat ihn gefunden. Der Besitzer ist nicht bekannt. Ich bitte Sie, den Hut einmal nicht als zerbeulte Melone, sondern als ein intellektuelles Problem zu betrachten. Und hören Sie zuerst, wie er hierherkam. Er traf am Weihnachtsmorgen in Begleitung einer vor-

züglichen, fetten Gans hier ein, die – daran habe ich
keinen Zweifel – in eben diesem Augenblick über Petersons Herdfeuer brät. Die Fakten sind folgende: Etwa um
vier Uhr früh am Weihnachtsmorgen befand sich Peterson, der, wie Sie wissen, ein überaus ehrlicher Bursche
ist, auf dem Heimweg von irgendeiner kleinen Festivität
und ging durch die Tottenham Court Road nach Hause.
Vor sich, im Licht einer Gaslaterne, sah er einen großgewachsenen Mann mit leicht schwankendem Gang, dem
eine weiße Gans von der Schulter baumelte. Als er an der
Ecke Goodge Street anlangte, entspann sich zwischen
diesem Fremden und einer Horde von Raufbolden ein
Streit. Einer von ihnen schlug dem Manne den Hut vom
Kopf, woraufhin dieser, um sich zu verteidigen, seinen
Stock erhob und, als er ihn über dem Kopf schwang, ein
Schaufenster in seinem Rücken zertrümmerte. Peterson
war hinzugeeilt, um den Fremden vor seinen Angreifern
zu schützen. Doch vor Schreck, daß er die Fenster-
scheibe zerbrochen hatte und daß er nun eine amtlich
aussehende Person in Uniform auf sich zulaufen sah, ließ
der Mann seine Gans fallen, gab Fersengeld und verschwand in dem Labyrinth kleiner Gäßchen, das sich
hinter der Tottenham Court Road erstreckt. Die Rauf-
bolde waren bei Petersons Erscheinen ebenfalls geflohen,
so daß ihm das Schlachtfeld und überdies die Siegesbeute
in Gestalt dieses zerbeulten Hutes und einer absolut
untadeligen Weihnachtsgans allein überlassen blieb.«

»Die er zweifellos ihrem Besitzer zurückgab?«

»Mein lieber Freund, genau da liegt das Problem.
Zwar stand tatsächlich ›Für Mrs. Henry Baker‹ auf
einem Kärtchen, das am linken Bein des Vogels befestigt
war; und tatsächlich lassen sich auf dem Futter dieses
Hutes die Initialen ›H. B.‹ entziffern. Doch da es in

dieser unserer Stadt Tausende von Bakers und einige hundert Henry Bakers gibt, ist es nicht so einfach, irgendeinem von ihnen sein verlorenes Eigentum zurückzuerstatten.«

»Was hat Peterson denn dann getan?«

»Er brachte mir sowohl den Hut als auch die Gans am Weihnachtsmorgen vorbei, da er weiß, daß selbst das kleinste Problem für mich von Interesse ist. Da sich trotz des leichten Frostes Anzeichen dafür fanden, daß es ratsam sei, die Gans ohne unnötige Verzögerung zu verspeisen, haben wir sie nur bis zum heutigen Morgen aufbewahrt. Daher hat der Finder sie mitgenommen, um sie der endgültigen Bestimmung einer jeden Gans zuzuführen, während ich noch immer den Hut des unbekannten Herrn aufbewahre, der seines Weihnachtsbratens verlustig ging.«

»Hat er keine Anzeige aufgegeben?«

»Nein.«

»Aber was können Sie denn dann für Hinweise auf seine Identität haben?«

»Nur so viel, wie wir kombinieren können.«

»Aus seinem Hut?«

»Sehr richtig.«

»Aber das ist doch nicht Ihr Ernst. Was können Sie aus diesem abgewetzten alten Filz schon herausbekommen?«

»Hier ist meine Lupe. Sie kennen meine Methoden. Was können Sie selbst denn über die Persönlichkeit des Mannes herausbekommen, der dieses Stück getragen hat?«

Ich nahm das zerlumpte Ding in die Hand und drehte es einigermaßen hilflos hin und her. Es war ein ganz gewöhnlicher schwarzer Hut in der üblichen runden Form, hart und viel zu schäbig, als daß man ihn noch hätte tragen können. Das Futter war aus roter Seide, allerdings schon reichlich ausgeblichen. Der Name des Hutmachers stand nicht darin, doch waren, wie Holmes bemerkt hatte, an einer Seite die Initialen ›H. B.‹ hineingekritzelt. Die Krempe war für eine Hutsicherung durchstochen worden, das dazugehörige Gummiband fehlte jedoch. Ansonsten war er voller Risse, über die Maßen verstaubt und hatte an mehreren Stellen Flecke, obgleich offenbar der eine oder andere Versuch unternommen worden war, die verfärbten Partien zu überdecken. »Ich kann nichts sehen«, sagte ich und gab ihn meinem Freund zurück.

»Im Gegenteil, Watson. Sehen können Sie alles, doch verabsäumen Sie es, Erkenntnisse aus dem zu gewinnen, was Sie sehen. Sie sind zu zaghaft in Ihren Schlußfolgerungen.«

»Dann sagen Sie mir doch bitte, was Sie aus diesem Hut für Schlüsse ziehen können.«

Er nahm ihn in die Hand und betrachtete ihn auf die für ihn typische, ganz besondere, nach innen gekehrte Art. »Er ist vielleicht weniger vielsagend, als er sein könnte«, bemerkte er, »und doch liegen einige Schlußfolgerungen klar auf der Hand und einige andere bergen doch wenigstens ein großes Maß an Wahrscheinlichkeit in sich. Daß der Mann von hoher Intelligenz war, wird natürlich am Äußern des Hutes ersichtlich; ebenso, daß er in den vergangenen drei Jahren recht wohlhabend war, wenn er auch mittlerweile ins Unglück geraten ist. Er war ein vorsichtiger Mensch, ist dies heute jedoch nicht mehr in dem Maße wie früher, was auf eine zunehmende moralische Schwäche hindeutet, die, betrachtet man sie in Verbindung mit der Verschlechterung seiner finanziellen Verhältnisse, darauf hinzuweisen scheint, daß irgend etwas – wahrscheinlich das Trinken – einen schlechten Einfluß auf ihn ausübt. Dies könnte zudem die offenkundige Tatsache erklären, daß seine Frau ihn nicht mehr liebt.«

»Mein lieber Holmes!«

»Doch hat er sich einen gewissen Grad an Selbstachtung erhalten«, fuhr er, meinen Protest mißachtend, fort. »Er lebt zurückgezogen, geht wenig aus, ist körperlich völlig untrainiert, von mittlerem Alter, und er hat graue Haare, die er sich in den letzten Tagen hat schneiden lassen und die er mit Limonenpomade behandelt. Das sind die eindeutigeren Fakten, die sich aus seinem Hut schlußfolgern lassen. Und – nebenbei bemerkt – es ist ausgesprochen unwahrscheinlich, daß sein Haus an die Gasversorgung angeschlossen ist.«

»Das kann doch wirklich nicht Ihr Ernst sein, Holmes.«

»Aber doch, natürlich. Ist es möglich, daß Sie selbst jetzt, da ich Ihnen diese Ergebnisse präsentiere, nicht fähig sind, zu erkennen, auf welchem Wege sie zustande kommen?«

»Ich zweifle nicht daran, daß ich überaus begriffsstutzig bin, doch muß ich gestehen, daß ich außerstande bin, Ihnen zu folgen. Wie zum Beispiel kommen Sie zu dem Schluß, daß dieser Mann intelligent war?«

Anstelle einer Antwort stülpte sich Holmes den Hut über den Kopf, der ihm bis über die Stirn reichte und auf seiner Nasenwurzel Halt fand. »Das ist eine Frage des Rauminhaltes«, sagte er. »Ein Mann mit einem so riesigen Kopf muß auch etwas darin haben.«

»Und die Verschlechterung seiner finanziellen Verhältnisse?«

»Dieser Hut ist drei Jahre alt. Solche flachen Krempen

mit aufgebogenem Rand kamen damals gerade in Mode. Es ist ein Hut von allererster Qualität. Schauen Sie sich das Hutband aus geriffelter Seide und das vorzügliche Futter an. Wenn dieser Mann es sich vor drei Jahren leisten konnte, einen derart teuren Hut zu kaufen, und wenn er sich seitdem keinen mehr zugelegt hat, dann hat er mit Sicherheit einmal bessere Tage gesehen.«

»Nun, das ist allerdings wirklich einleuchtend. Aber was ist mit der Vorsicht und der moralischen Schwäche?«

Sherlock Holmes lachte. »Da ist die Vorsicht«, sagte er und legte den Finger auf das Plättchen und die Schlaufe der Hutsicherung. »Die werden nie zusammen mit den Hüten verkauft. Wenn dieser Mann eine bestellt hat, so ist das ein Zeichen für ein gewisses Maß an Vorsicht, da er sich die Mühe gemacht hat, diese Vorkehrung gegen den Wind zu treffen. Doch da wir sehen, daß er das Gummiband zerrissen und nichts unternommen hat, um es zu ersetzen, ist es offensichtlich, daß er mittlerweile weniger vorsichtig ist als früher – ein untrüglicher Beweis für einen Verlust an Charakterstärke. Andererseits hat er sich bemüht, einige dieser Flecken auf dem Filz zu kaschieren, indem er sie mit Tinte übermalte – ein Zeichen dafür, daß er seine Selbstachtung nicht gänzlich verloren hat.«

»Ihre Beweisführung ist zweifellos überzeugend.«

»Die weiteren Einzelheiten – daß er mittleren Alters ist, daß sein Haar grau ist und erst kürzlich geschnitten wurde, und daß er Limonenpomade verwendet – lassen sich alle aus einer eingehenden Untersuchung der unteren Futterpartie schließen. Die Lupe enthüllt eine große Anzahl exakt mit der Friseurschere abgeschnittener Haarspitzen. Sie scheinen alle zu kleben, und es riecht eindeutig nach Limonenpomade. Sie werden bemerken, daß es sich bei diesem Staub nicht um sandig-grauen Straßenstaub, sondern um flockigen, braunen Hausstaub handelt, woraus ersichtlich ist, daß der Hut die meiste Zeit drinnen gehangen hat. Hingegen sind die Anzeichen von Feuchtigkeit in seinem Innern eindeutige Beweise dafür, daß der Träger des Hutes überaus stark transpiriert hat und daher kaum übertrieben gut durchtrainiert gewesen sein kann.«

»Aber seine Frau – Sie sagten, daß sie ihn nicht mehr liebe.«

»Dieser Hut ist seit Wochen nicht mehr abgebürstet worden. Wenn ich Sie, Watson, mit einer wochenalten Ansammlung von Staub auf dem Hut antreffe und wenn Ihre Frau Ihnen erlaubt, in einem solchen Zustand auszugehen, dann muß ich befürchten, daß auch Sie so unglücklich waren, die Zuneigung Ihrer Frau zu verlieren.«

»Aber er könnte doch Junggeselle sein.«

»Nein, er brachte die Gans als Friedensangebot an seine Frau mit nach Hause. Denken Sie an die Karte am Bein des Vogels.«

»Sie haben auf alles eine Antwort. Aber woraus in aller Welt schließen Sie, daß sein Haus nicht an die Gasversorgung angeschlossen ist?«

»Ein Talgfleck oder sogar zwei können Zufall sein, aber wenn ich nicht weniger als fünf entdecke, dann, glaube ich, kann kaum ein Zweifel darüber bestehen, daß das betreffende Individuum häufig mit brennendem Talg in Berührung kommen muß – wahrscheinlich nachts mit seinem Hut in der einen und einer tropfenden Kerze in der anderen Hand die Treppe hinaufsteigt. Jedenfalls hat er die Wachsflecken nie und nimmer von einer Gasflamme bekommen. Sind Sie damit zufrieden?«

»Nun, es ist geradezu genial«, sagte ich lachend. »Aber da – wie Sie soeben sagten – kein Verbrechen begangen wurde und mit Ausnahme des Verlustes einer Gans kein Schade entstanden ist, scheint all dies eine reichliche Energieverschwendung zu sein.«

Sherlock Holmes hatte eben den Mund geöffnet, um zu antworten, als die Türe aufgerissen wurde und mit hochroten Wangen und der Miene eines Mannes, der vor Überraschung völlig konsterniert ist, Peterson, der Portier, ins Zimmer stürzte.

»Die Gans, Mr. Holmes! Die Gans, Sir!« keuchte er.

»Wie? Was ist denn damit? Ist sie wieder zum Leben erwacht und durchs Küchenfenster entfleucht?« Holmes drehte sich auf dem Sofa herum, um eine ungehinderte Sicht auf das erregte Antlitz des Mannes zu haben.

»Sehn Sie hier, Sir! Sehn Sie, was meine Frau in ihrem Kropf gefunden hat!« Er streckte die Hand aus und ließ in der Mitte seiner Handfläche einen gleißend funkelnden blauen Edelstein sehen, der kaum erbsengroß, doch von solcher Reinheit und solch strahlendem Glanz war, daß er im Dunkel seiner hohlen Hand wie ein elektrischer Funke aufblitzte.

Sherlock Holmes setzte sich auf und stieß einen Pfiff aus. »Bei Jupiter, Peterson«, sagte er, »das ist allerdings ein kostbarer Fund! Ich nehme an, Sie wissen, was Sie da in der Hand haben?«

»Einen Diamanten, Sir! Einen wertvollen Stein! Er schneidet Glas, als wenn's Kitt wäre.«

»Er ist mehr als nur ein wertvoller Stein. Er ist der wertvolle Stein schlechthin.«

»Doch nicht der Blaue Karfunkel der Gräfin von Morcar?« stieß ich hervor.

»Ganz genau der. Ich müßte seine Form und Größe

141

wirklich kennen, wenn man bedenkt, daß ich in der letzten Zeit jeden Tag die Inserate über ihn in der *Times* gelesen habe. Er ist absolut einmalig, und sein Wert läßt sich nur annähernd vermuten. Doch die gebotene Belohnung von eintausend Pfund macht sicherlich nicht einmal ein Zwanzigstel seines Marktpreises aus.«

»Eintausend Pfund! Grundgütiger Gott!« Der Portier ließ sich auf einen Stuhl fallen und starrte uns, einen nach dem anderen, an.

»Das ist die Belohnung, und ich habe guten Grund, anzunehmen, daß insgeheim sentimentale Erwägungen eine Rolle spielen, die die Gräfin veranlassen würden, ihr halbes Vermögen herzugeben, wenn sie nur den Edelstein zurückbekommen könnte.«

»Wenn ich mich recht erinnere, verschwand er im Hotel Cosmopolitan«, bemerkte ich.

»Sehr richtig. Am zweiundzwanzigsten Dezember; genau vor fünf Tagen. John Horner, ein Klempner, wurde angeklagt, ihn aus der Schmuckkassette der Dame entwendet zu haben. Die Beweise gegen ihn waren so erdrückend, daß sein Fall vor das Schwurgericht gebracht wurde. Ich glaube, ich habe hier ein paar Berichte über die Angelegenheit.« Er durchwühlte seine Zeitungen und überflog das jeweilige Datum, bis er schließlich eine glattstrich, sie umschlug und den folgenden Absatz vorlas: »»Juwelenraub im Hotel Cosmopolitan. Gegen den Klempner John Horner, 26, wurde Anklage erhoben, am zweiundzwanzigsten dieses Monats aus der Schmuckkassette der Gräfin von Morcar den als ›Blauer Karfunkel‹ bekannten Edelstein entwendet zu haben. James Ryder, Erster Zimmerkellner in dem Hotel, machte eine Aussage des Inhalts, er habe Horner am Tag des Raubes in das Ankleidezimmer der Gräfin hinaufgeführt, damit dieser die zweite Stange am Kamin-rost löte, die sich gelöst hatte. Er sei kurze Zeit bei Horner geblieben, wurde dann jedoch fortgerufen. Als er zurückkehrte, habe er entdeckt, daß Horner ver-schwunden und der Schreibtisch erbrochen worden war und daß das Saffiankästchen, in dem, wie sich später herausstellte, die Gräfin ihren Diamanten aufzubewah-ren pflegte, leer auf der Frisierkommode lag. Ryder schlug sofort Alarm, und Horner wurde noch am glei-chen Abend verhaftet. Doch der Stein konnte weder bei ihm selbst noch in seiner Wohnung aufgefunden werden. Catherine Cusack, die Zofe der Gräfin, sagte aus, sie habe Ryders Entsetzensschrei bei der Entdeckung des Raubes gehört und sei in das Zimmer gelaufen, wo sie alles so vorgefunden habe, wie es von dem vorigen Zeugen beschrieben worden sei. Inspektor Bradstreet von der Abteilung B gab hinsichtlich der Verhaftung Horners zu Protokoll, daß dieser sich verzweifelt gewehrt und hartnäckig seine Unschuld beteuert habe. Da eine frühere Verurteilung wegen Raubes gegen den Inhaftierten sprach, weigerte sich der Richter, die Straf-tat in einem Schnellverfahren zu behandeln, und verwies sie an das Schwurgericht. Horner, der während der Verhandlung Anzeichen äußerster Erregung zeigte, fiel bei dieser Entscheidung in Ohnmacht und wurde aus dem Gerichtssaal getragen.‹ – Hm! Soviel zum Polizeibe-richt«, sagte Holmes nachdenklich und warf seine Zei-tung beiseite. »Das Problem, das wir jetzt zu lösen haben, besteht darin, die Kette von Ereignissen, die von einem geplünderten Schmuckkästchen am einen Ende bis zum Kropf einer Gans in der Tottenham Court Road am anderen Ende reicht, zu rekonstruieren. Sie sehen, Watson, unsere unscheinbaren Schlußfolgerungen haben mit einem Male eine weitaus bedeutsamere und weniger harmlose Gestalt angenommen. Hier ist der Stein. Der Stein kam aus der Gans, und die Gans kam von Mr. Henry Baker, dem Herrn mit dem schäbigen Hut und all den anderen Eigenarten, mit denen ich Sie gelangweilt habe. Daher müssen wir uns nun sehr ernsthaft daran machen, den Herrn zu finden und festzustellen, welche Rolle er in diesem kleinen Rätsel gespielt hat. Um das zu erreichen, müssen wir es zunächst mit den einfachsten Mitteln versuchen, und die bestehen unzweifelhaft in einer Anzeige in allen Abendzeitungen. Schlägt das fehl, dann werde ich auf andere Methoden zurückgreifen.«

»Was wollen Sie schreiben?«

»Geben Sie mir einen Federhalter und das Stück Papier da. Also: ›Gefunden Ecke Goodge Street – eine Gans und ein schwarzer Filzhut. Mr. Henry Baker erhält das Genannte zurück, wenn er sich heute abend um 18 Uhr 30 in der Baker Street 221 B meldet.‹ Das ist kurz und unmißverständlich.«

»Unbedingt. Aber wird er es auch lesen?«

»Nun, er wird die Zeitungen bestimmt aufmerksam verfolgen, da es für einen armen Mann ein schwerer Verlust war. Ganz offenbar war er durch das Mißgeschick mit der zerbrochenen Scheibe und das Auftauchen Petersons so verstört, daß ihm nichts anderes in den Sinn kam, als zu fliehen. Doch seitdem muß er den Impuls bitter bereut haben, der ihn dazu veranlaßte, seine Gans fallen zu lassen. Und darüber hinaus wird die Erwähnung seines Namens ihn veranlassen, die Anzeige zu lesen, denn jeder, der ihn kennt, wird seine Aufmerksamkeit darauf lenken. Bitte, Peterson, laufen Sie hinunter zum Inseratenbüro und lassen Sie dies in die Abendzeitungen setzen.«

144

»In welche, Sir?«

»Ach, in den *Globe*, den *Star*, *Pall Mall*, *St. James's Gazette*, *Evening News*, *Standard*, *Echo* und alle, die Ihnen sonst noch unterkommen.«

»Gut, Sir. Und dieser Stein?«

»Ach ja, den Stein werde ich hierbehalten. Danke. Und hören Sie, Peterson, kaufen Sie doch auf dem Rückweg eine Gans und lassen Sie sie hier bei mir, denn wir brauchen eine, um sie diesem Herrn anstelle derjenigen zu geben, die Ihre Familie jetzt eben verzehrt.«

Als der Portier gegangen war, nahm Holmes den Stein und hielt ihn gegen das Licht. »Es ist ein hübsches Ding«, sagte er. »Sehen Sie nur, wie er glitzert und funkelt. Natürlich ist er Grund und Ursache von Verbrechen. Wie jeder kostbare Stein. Es sind des Teufels Lieblingsköder. Bei den größeren und älteren Diamanten könnte jede Facette für eine Bluttat stehen. Dieser Stein ist noch nicht einmal zwanzig Jahre alt. Man fand ihn an den Ufern des Amoy Flusses im südlichen China, und das Bemerkenswerte an ihm ist, daß er alle Eigenschaften eines Karfunkelsteins hat, statt einer rubinroten jedoch eine blaue Färbung besitzt. Trotz seiner Jugend hat er bereits eine unheilvolle Geschichte. Zwei Morde, ein Vitriol-Anschlag, ein Selbstmord und zahlreiche Raubüberfälle sind wegen dieser vierzig Gran kristallierter Kohle verübt worden. Wer sollte meinen, daß ein so hübsches Spielzeug der Zulieferer für Galgen und Gefängnis sein könnte? Ich werde ihn jetzt in meinen Tresor einschließen und der Gräfin ein paar Zeilen schreiben, um ihr mitzuteilen, daß er sich in unserem Besitz befindet.«

»Glauben Sie, daß dieser Horner unschuldig ist?«

»Ich kann es nicht sagen.«

»Nun gut, aber könnten Sie sich vorstellen, daß dieser andere Mann, Henry Baker, irgend etwas mit der Sache zu tun hatte?«

»Es ist, glaube ich, sehr viel wahrscheinlicher, daß Henry Baker ein völlig unschuldiger Mensch ist, der keine Ahnung hatte, daß der Vogel, den er bei sich trug, von weitaus größerem Wert war, als wenn er aus purem Gold gewesen wäre. Doch das werde ich durch eine ganz einfache Probe herausfinden, wenn wir auf unsere Anzeige eine Antwort bekommen.«

»Und bis dahin können Sie nichts unternehmen?«

»Nichts.«

»In diesem Falle werde ich meine Hausbesuche fortsetzen. Doch werde ich heute abend um die von Ihnen genannte Zeit zurückkommen, denn die Lösung einer derart vertrackten Angelegenheit würde ich doch gerne miterleben.«

»Erwarte Sie mit dem größten Vergnügen. Ich esse um sieben zu Abend. Ich glaube, es gibt Waldschnepfe. Übrigens – vielleicht sollte ich in Anbetracht der jüngsten Ereignisse Mrs. Hudson bitten, den Kropf zu untersuchen.«

Ich war durch einen Fall aufgehalten worden, und es war kurz nach halb sieben, ehe ich wieder in der Baker Street anlangte. Als ich mich dem Haus näherte, sah ich draußen in einem Halbrund aus hellem Licht, welches durch das Türfenster fiel, einen großgewachsenen Mann mit einer Schottenmütze und einem bis zum Kinn zugeknöpften Mantel stehen. Gerade als ich ankam, öffnete sich die Tür, und wir wurden zusammen in Holmes' Zimmer hinaufgeführt.

»Mr. Henry Baker, nehme ich an«, sagte er, erhob sich aus seinem Lehnstuhl und begrüßte seinen Besucher mit der ungezwungenen Freundlichkeit, die ihm jederzeit zu Gebote stand. »Bitte, nehmen Sie doch diesen Stuhl am Feuer hier, Mr. Baker. Es ist ein kalter Abend, und ich stelle fest, daß Ihr Kreislauf besser für den Sommer als für den Winter geeignet ist. Oh, Watson, Sie sind gerade rechtzeitig gekommen. Ist dies Ihr Hut, Mr. Baker?«

»Ja, Sir, das ist ohne jeden Zweifel mein Hut.«

Er war ein großer Mann mit runden Schultern, einem schweren Kopf und einem offenen, intelligenten Gesicht, das in einen graubraunen Spitzbart mündete. Ein Hauch von Rot auf Nase und Wangen sowie ein leichtes Zittern seiner ausgestreckten Hand ließen an Holmes' Vermutung über seine Gewohnheiten denken. Sein verschossener schwarzer Gehrock war vorn ganz zugeknöpft, der Kragen hochgeschlagen, und seine schmalen Handgelenke schauten aus den Ärmeln hervor, ohne daß darunter ein Hemd oder Manschetten sichtbar geworden wären. Er sprach mit einem leisen Staccato, wählte seine Worte mit Sorgfalt und machte ganz allgemein den Eindruck eines gebildeten und kultivierten Mannes, dem das Schicksal übel mitgespielt hat.

»Wir haben diese Sachen ein paar Tage aufgehoben«, sagte Holmes, »weil wir eine Suchanzeige mit Ihrer Adresse erwarteten. Ich frage mich jetzt, warum Sie nicht inseriert haben.«

Unser Besucher lachte etwas beschämt. »Ich bin mit Schillingen nicht mehr so reichlich gesegnet wie vor Zeiten«, bemerkte er. »Ich hatte keinen Zweifel, daß die Bande von Raufbolden, die mich überfielen, sowohl meinen Hut als auch die Gans mitgenommen hätten, und wollte für den aussichtslosen Versuch, sie zurückzubekommen, nicht noch mehr Geld ausgeben.«

»Sehr verständlich. Übrigens, was den Vogel angeht –
wir waren gezwungen, ihn zu essen.«

»Ihn zu essen!« Unser Besucher sprang in seiner Erregung fast von seinem Stuhl auf.

»Ja. Es hätte niemandem etwas genützt, wenn wir ihn
nicht gegessen hätten. Aber ich nehme an, daß diese
andere Gans auf dem Buffet, die ungefähr dasselbe
Gewicht hat und absolut frisch ist, für Ihre Zwecke
ähnlich gut geeignet ist.«

»O gewiß doch, gewiß!« antwortete Mr. Baker mit
einem Seufzer der Erleichterung.

»Selbstverständlich haben wir die Federn, die Beine,
den Kropf und so weiter Ihres Vogels noch. Wenn Sie
wünschen –«

Der Mann brach in ein herzhaftes Lachen aus. »Sie
könnten mir vielleicht als Andenken an mein Abenteuer
dienen«, sagte er, »darüber hinaus jedoch kann ich mir
nicht vorstellen, von welchem Nutzen mir die ›disjecta
membra‹ meiner jüngsten Begegnung noch sein könnten.
Nein, Sir, ich glaube, daß ich – mit Ihrer Erlaubnis –
meine Aufmerksamkeit auf den exzellenten Vogel richte,
den ich auf dem Buffet erblicke.«

Sherlock Holmes schaute mit einem leichten Schulter-
zucken vielsagend zu mir herüber.

»Nun, dann ist hier Ihr Hut und hier Ihre Gans«, sagte
er. »Übrigens, würde es Ihnen etwas ausmachen, mir zu
sagen, wo Sie die andere bekommen haben? Ich bin ein
ausgesprochener Geflügelliebhaber, und ich habe selten
eine so gut gewachsene Gans gesehen.«

»Selbstverständlich nicht, Sir«, sagte Baker, der aufgestanden war und sich sein wiedergewonnenes Eigentum
unter den Arm geklemmt hatte. »Wir – ich und ein paar
andere – halten uns des öfteren im ›Alpha Inn‹ in der

Nähe des Museums auf. Tagsüber sind wir im Museum selbst zu finden, verstehen Sie. In diesem Jahr hat unser Wirt namens Windigate einen Gänse-Club gegründet, durch den wir gegen ein Entgelt von ein paar Pennies pro Woche zu Weihnachten eine Gans erhalten sollten. Meine Pennies wurden pünktlich entrichtet, und der Rest ist Ihnen bekannt. Ich bin Ihnen sehr zu Dank verpflichtet, Sir, denn eine solche Schottenmütze verträgt sich weder mit meinen Jahren noch mit meiner Würde.« Mit komischem Pomp verbeugte er sich feierlich vor uns beiden und schritt seines Wegs.

»Soviel zu Mr. Henry Baker«, sagte Holmes, als er die Tür hinter ihm geschlossen hatte. »Es ist ganz klar, daß er nicht das geringste über die Angelegenheit weiß. Sind Sie hungrig, Watson?«

»Nicht besonders.«

»Dann schlage ich vor, daß wir unser Abendessen in ein Nachtmahl verwandeln und diese Spur verfolgen, solange sie noch heiß ist.«

»Auf jeden Fall.«

Es war eine bitterkalte Nacht, deshalb zogen wir unsere Wintermäntel an und legten Schals um den Hals. Draußen glitzerten die Sterne kalt an einem wolkenlosen Himmel, und der Atem der Passanten verwandelte sich in Rauchwolken wie Pulverdampf von Pistolenschüssen. Unsere Schritte klangen hart und laut, als wir durch das Ärzteviertel, die Wimpole Street, die Harley Street und weiter durch die Wigmore Street zur Oxford Street eilten. Eine Viertelstunde später waren wir in Bloomsbury beim ›Alpha Inn‹ angelangt, einem kleinen Wirtshaus an der Ecke zu einer der Straßen, die nach Holborn hinunterführen. Holmes stieß die Tür zum Schankraum auf und bestellte bei dem rotgesichtigen, weißbeschürzten Wirt zwei Glas Bier.

»Wenn Ihr Bier so gut ist wie Ihre Gänse, muß es ausgezeichnet sein«, sagte er.

»Meine Gänse!« Der Mann schien überrascht.

»Ja. Vor eben einer halben Stunde habe ich mit Mr. Henry Baker gesprochen, der Mitglied Ihres Gänse-Clubs war.«

»Ach, ich verstehe. Aber wissen Sie, Sir, das sind nich' unsere Gänse.«

»Tatsächlich? Wessen denn dann?«

»Also, ich hab zwei Dutzend von einem Händler in Covent Garden gekriegt.«

»Tatsächlich? Ich kenne da ein paar. Wer war es denn?«

»Sein Name ist Breckinridge.«

»Ach, den kenne ich nicht. Nun, auf Ihr Wohl, Herr Wirt, und auf das Ihres Hauses. Gute Nacht.«

»Und nun zu Mr. Breckinridge«, fuhr er fort und knöpfte sich den Mantel zu, als wir in die eisige Luft hinaustraten. »Bedenken Sie, Watson, daß wir zwar am einen Ende dieser Kette etwas so Friedliches wie eine Gans haben, am anderen jedoch einen Mann, der mit Sicherheit eine Zuchthausstrafe von sieben Jahren bekommen wird, es sei denn, wir können seine Unschuld beweisen. Es ist möglich, daß unsere Nachforschungen nur seine Schuld bestätigen werden, doch haben wir in jedem Falle eine Spur, die die Polizei übersehen hat und die uns ein einzigartiger Glücksfall in die Hände gespielt hat. Lassen Sie uns diese bis zum bitteren Ende verfolgen. Also Kehrtum gen Süden und Vorwärts Marsch!«

Wir durchquerten Holborn, die Endell Street und gingen weiter durch ein Gewirr von schmutzigen Gassen bis zum Markt von Covent Garden. Einer der größten Stände trug den Namen Breckinridge, und der Eigentümer, ein Mann mit scharfgeschnittenem Gesicht und gezwirbeltem Schnurrbart, dem man den Pferdenarren ansah, half einem Jungen, die Rolläden herunterzulassen.

»Guten Abend. Eine kalte Nacht heute«, sagte Holmes.

Der Händler nickte und warf einen fragenden Blick auf meinen Freund.

»Die Gänse sind aus, wie ich sehe«, fuhr Holmes fort und zeigte auf die leeren Marmortische.

»Morgen können Sie fünfhundert haben.«

»Das nützt mir nicht viel.«

»Also bei dem Stand mit der Gaslaterne, da gibt's noch ein paar.«

»Na ja, aber Sie sind mir empfohlen worden.«

»Von wem?«

»Dem Wirt vom ›Alpha‹.«

»Ach ja, dem hab ich zwei Dutzend geschickt.«

»Und das waren erstklassige Tiere. Woher haben Sie die denn bekommen?«

Zu meiner Überraschung rief die Frage bei dem Händler einen Zornesausbruch hervor.

»Also los, Mister«, sagte er mit erhobenem Haupt, die Arme in die Seiten gestemmt, »worauf wollen Sie hinaus? Machen Sie's doch nicht so kompliziert.«

»Es ist ganz einfach. Ich wüßte gern, wer Ihnen die Gänse verkauft hat, die Sie ans ›Alpha‹ geliefert haben.«

»Na, und ich werd's Ihnen nicht sagen. Klar?«

»Oh, die Sache ist nicht weiter wichtig, aber ich weiß nicht, warum Sie sich über eine solche Kleinigkeit derartig aufregen.«

»Aufregen! Sie würden sich genauso aufregen, wenn

man Sie so belästigen würde wie mich. Wenn ich für 'ne gute Ware gutes Geld zahle, dann hat sich die Sache auch, sollt' man meinen. Aber da heißt's ›Wo sind die Gänse‹ und ›Wem haben Sie die Gänse verkauft‹ und ›Was wollen Sie für die Gänse haben‹. Man könnte denken, es wären die einzigen Gänse auf der Welt, wenn man das Brimborium hört, das man mit ihnen macht.«

»Nun, ich habe mit irgendwelchen anderen Leuten, die Erkundigungen eingezogen haben, nichts zu tun«, sagte Holmes nachlässig. »Wenn Sie es uns nicht sagen, dann wird aus der Wette eben nichts, das ist alles. Aber ich bin immer bereit, auf meine Meinung zu setzen, wenn es um Federvieh geht, und ich habe einen Fünfer investiert, daß der Vogel, den ich gegessen habe, auf dem Land aufgezogen wurde.«

»Tja, dann haben Sie Ihren Fünfer verloren, weil er nämlich in der Stadt aufgezogen ist«, fuhr ihn der Händler an.

»Das ist er nie und nimmer.«

»Und ich sage, das ist er doch.«

»Ich glaube Ihnen nicht.«

»Glauben Sie etwa, Sie wüßten mehr über Federvieh als ich, der damit zu tun hat, seit er 'n Dreikäsehoch war? Ich sag Ihnen, all diese Vögel, die ins ›Alpha‹ gegangen sind, kommen aus der Stadt.«

»Sie werden mich niemals dazu bringen, das zu glauben.«

»Wollen Sie vielleicht wetten?«

»Ich würde Sie bloß um Ihr Geld bringen, denn ich weiß, daß ich recht habe. Aber ich werde einen Sovereign gegen Sie setzen, nur um Sie zu lehren, nicht so aufsässig zu sein.«

Der Händler lachte grimmig in sich hinein. »Bring mir die Bücher, Bill«, sagte er.

Der schmächtige Junge brachte einen kleinen dünnen und einen großen Band mit fettigem Einband herbei und breitete sie zusammen unter der Hängelampe aus.

»Also dann, Mr. Besserwisser«, sagte der Händler, »ich hab gedacht, bei mir gäb's keine Gänse mehr; aber Sie werden sehn, ehe ich mit Ihnen fertig bin, gibt's doch noch eine in meinem Laden. Sehen Sie dies kleine Buch?«

»Ja und?«

»Das ist die Liste der Leute, bei denen ich kaufe. Verstehen Sie? Na gut. Hier auf dieser Seite, das sind die Leute vom Land, und die Zahlen hinter ihrem Namen geben an, wo ihre Konten in dem großen Hauptbuch da stehen. Also weiter! Sehen Sie diese andere Seite mit der roten Tinte drauf? Gut, das ist eine Liste mit meinen Lieferanten aus der Stadt. So, nun sehen Sie sich den dritten Namen da an. Lesen Sie ihn mir mal vor.«

»Mrs. Oakshott, Brixton Road 117–249«, las Holmes.

»Genau. Jetzt schlagen Sie das im Hauptbuch auf.«

Holmes blätterte bis zu der angegebenen Seite. »Da haben wir's: Mrs. Oakshott, Brixton Road 117, Lieferantin für Eier und Geflügel.«

»Na also, und was ist der letzte Eintrag?«

»22. Dezember. Vierundzwanzig Gänse zu sieben Schillingen, sechs Pence.«

»Genau. Da haben Sie's. Und darunter?«

»Verkauft an Mr. Windigate vom ›Alpha‹ für zwölf Schilling.«

»Was sagen Sie nun?«

Sherlock Holmes sah tief enttäuscht aus. Er zog einen Sovereign aus der Tasche, warf ihn auf den Tisch und wandte sich mit einer Miene unaussprechlicher Entrüstung ab. Ein paar Meter weiter stand er unter einer Laterne still und lachte auf die herzliche Art in sich hinein, die ihm eigen war.

»Wenn Sie einen Mann mit einem Backenbart von solchem Schnitt sehen, dem auch noch *Der Jockey* aus der Tasche herausschaut, dann können Sie ihn immer mit einer Wette drankriegen«, sagte er. »Ich wage zu behaupten, daß mir dieser Mann – hätte ich hundert Pfund vor ihn hingelegt – keine so vollständige Auskunft gegeben hätte wie die, welche ihm die Vorstellung entlockt hat, er könnte mich mit einer Wette hereinlegen. Nun, Watson, ich glaube fast, wir nähern uns dem Ende unserer Suche, und die einzige Frage, die uns noch zu entscheiden bleibt, ist die, ob wir heute abend zu dieser Mrs. Oakshott gehen oder ob wir das auf morgen verschieben sollen. Nach dem, was dieser grobe Kerl sagte, ist offensichtlich, daß es außer uns noch andere gibt, die sich über diese Sache Gedanken machen, und ich würde –« Seine Bemerkung wurde plötzlich von einem lauten Tumult unterbrochen, der aus dem Stand hervordrang, den wir soeben verlassen hatten. Als wir uns umwandten, sahen wir einen kleinen Kerl mit einem Rattengesicht in dem gelben Lichtkegel der Hängelampe stehen, während Breckinridge, der Händler, in der Tür seines Verkaufsstandes wütend die Fäuste gegen die unterwürfige Gestalt schüttelte.

»Ich hab genug von euch und euren Gänsen«, brüllte er. »Ich wünschte, ihr wärt alle miteinander beim Teufel. Wenn du noch einmal herkommst und mich mit deinem blöden Geschwätz belästigst, werd ich den Hund auf dich hetzen. Bring Mrs. Oakshott hierher, dann werd ich ihr antworten. Aber was hast du damit zu tun? Hab ich dir vielleicht die Gänse abgekauft?«

»Nein, aber trotzdem hat mir eine davon gehört«, wimmerte der kleine Mann.

»Also gut, dann frag Mrs. Oakshott deswegen.«

»Sie hat mir gesagt, ich soll Sie fragen.«

»Gut, dann kannst du ja meinetwegen den Schah von Persien fragen. Ich hab genug davon. Mach, daß du hier wegkommst!« Er stürzte zornig auf ihn los, und der Frager huschte in die Dunkelheit davon.

»Ha, das könnte uns einen Besuch in der Brixton Road ersparen«, flüsterte Holmes. »Kommen Sie mit, dann werden wir sehen, was von diesem Kerl zu halten ist.« Mein Freund schritt durch die vereinzelten Grüppchen von Menschen, die um die erleuchteten Stände herumlungerten, hatte den kleinen Mann rasch eingeholt und berührte ihn an der Schulter. Er fuhr herum, und ich konnte im Licht der Laterne erkennen, daß jede Spur von Farbe aus seinem Gesicht gewichen war.

»Wer sind Sie? Was wollen Sie?« fragte er mit zitternder Stimme.

»Sie werden entschuldigen«, sagte Holmes höflich, »aber ich habe ungewollt die Fragen mit angehört, die Sie soeben dem Händler gestellt haben. Ich glaube, ich könnte Ihnen behilflich sein.«

»Sie? Wer sind Sie denn? Wie können Sie von dieser Sache wissen?«

»Mein Name ist Sherlock Holmes. Es ist mein Beruf, zu wissen, was andere Leute nicht wissen.«

»Aber darüber können Sie doch gar nichts wissen.«

»Entschuldigen Sie, ich weiß alles darüber. Sie versuchen, ein paar Gänse aufzuspüren, die von Mrs. Oakshott aus der Brixton Road an einen Händler namens Breckinridge und von ihm wiederum an Mr. Windigate vom ›Alpha‹ und von diesem an seinen Club verkauft wurden, dem Mr. Henry Baker angehört.«

»Oh, Sir, Sie sind genau der Mann, den ich sehnlichst zu treffen wünschte«, rief der kleine Kerl mit erhobenen Händen und zitternden Fingern. »Ich kann Ihnen gar nicht erklären, wie sehr ich an dieser Sache interessiert bin.«

Sherlock Holmes winkte eine Kutsche herbei, die eben vorüberfuhr. »In dem Fall sollten wir das lieber in einem gemütlichen Zimmer als auf diesem windgepeitschten Marktplatz besprechen«, sagte er. »Aber ehe wir fortfahren, sagen Sie mir doch bitte, wem ich zu helfen das Vergnügen habe.«

Der Mann zögerte einen Augenblick. »Mein Name ist John Robinson«, antwortete er mit einem Seitenblick.

»Nein, nein, den richtigen Namen«, sagte Holmes freundlich. »Es ist immer unangenehm, mit einem Alias Geschäfte zu machen.

Die Röte schoß in die bleichen Wangen des Fremden. »Also gut«, sagte er, »mein richtiger Name ist James Ryder.«

»Sehr richtig. Erster Zimmerkellner im Hotel Cosmopolitan. Bitte steigen Sie in die Kutsche, dann werde ich bald in der Lage sein, Ihnen alles zu sagen, was Sie wissen möchten.«

Der kleine Mann stand da und schaute mit teils furchtsamen, teils hoffnungsvollen Augen von einem zum anderen wie einer, der nicht sicher ist, ob ihm das große Glück oder eine Katastrophe bevorsteht. Dann stieg er in die Kutsche, und eine halbe Stunde später befanden wir uns wieder im Wohnzimmer in der Baker Street. Während der Fahrt war nichts gesprochen worden, doch der hohe, gepreßte Atem unseres Begleiters und das unruhige Spiel seiner Hände zeugten von der nervösen Spannung in seinem Innern.

»Da sind wir!« sagte Holmes heiter, als wir nacheinander das Zimmer betraten. »Das Feuer scheint mir genau das Richtige bei diesem Wetter zu sein. Sie sehen aus, als sei Ihnen kalt, Mr. Ryder. Bitte nehmen Sie doch den Korbsessel. Ich will mir nur schnell die Hausschuhe anziehen, ehe wir Ihr kleines Problem in Ordnung bringen. So, jetzt kann's losgehen. Sie wollen wissen, was aus den Gänsen geworden ist?«

»Ja, Sir.«

»Oder vermutlich besser: aus der Gans. Ich denke mir, es war ein bestimmter Vogel, für den Sie sich interessiert haben – weiß, mit einem schwarzen Streifen quer über dem Schwanz.«

Ryder bebte vor Erregung. »Oh, Sir«, rief er, »können Sie mir sagen, wo er hingekommen ist?«

»Er kam hierher.«

»Hierher?«

»Ja. Und er erwies sich als höchst bemerkenswerter Vogel. Ich wundere mich gar nicht, daß Sie sich für ihn interessieren. Nach seinem Tode legte er ein Ei – das hübscheste, glitzerndste kleine blaue Ei, das man je sah. Ich habe es hier in meinem Museum.«

Unser Besucher fuhr taumelnd in die Höhe und umklammerte mit der rechten Hand das Kaminsims. Holmes schloß seinen Tresor auf und hielt den Blauen Karfunkel in die Höhe, der mit einem kalten, gleißenden, flirrenden, vielstrahligen Glitzern wie ein Stern aufleuchtete. Ryder stand da mit verzerrtem Gesicht und blickte wild um sich, unsicher, ob er ihn für sich beanspruchen oder ihn verleugnen solle.

»Das Spiel ist aus, Ryder«, sagte Holmes ruhig. »Hal-

ten Sie sich aufrecht, Mann, oder Sie landen im Feuer.
Helfen Sie ihm in seinen Sessel, Watson. Er ist nicht
kaltblütig genug, ungestraft ein Verbrechen zu begehen.
Geben Sie ihm einen Schluck Brandy. So! Jetzt sieht er
ein wenig menschlicher aus. Was ist das nur für ein
Wicht!«

Ryder hatte einen Augenblick geschwankt und wäre
beinahe zu Boden gefallen, doch der Brandy brachte
einen Hauch von Farbe auf seine Wangen, und er saß da
und starrte mit schreckensweiten Augen auf seinen An-
kläger.

»Ich habe fast alle Glieder der Kette und alle Beweise,
die ich eventuell benötigen könnte, in der Hand. Daher
gibt es nur wenig, was Sie mir verraten müssen. Doch
kann auch dies Wenige noch geklärt werden, damit der
Fall abgeschlossen ist. Ryder, Sie hatten von diesem
blauen Stein der Gräfin von Morcar gehört?«

»Catherine Cusack war's, die mir davon erzählt hat«,
sagte er mit heiserer Stimme.

»Ich verstehe, die Zofe Ihrer Ladyschaft. Nun, die
Versuchung, so leicht und so schnell zu Reichtum zu
gelangen, war zuviel für Sie – wie schon für manch
besseren Mann vor Ihnen. Doch waren Sie bei der
Wahl Ihrer Mittel nicht sehr zimperlich. Mir scheint,
Ryder, daß Sie das Zeug zu einem rechten Halunken
haben. Sie wußten, daß dieser Horner, der Klempner,
schon einmal in eine ähnliche Sache verwickelt gewesen
war und daß der Verdacht daher um so eher auf ihn
fallen würde. Was taten Sie also? Sie sorgten für einen
kleinen Schaden in Myladys Zimmer – Sie und Ihre
Komplizin Cusack – und richteten es so ein, daß er der
Mann war, nach dem man schickte. Dann, als er fortgegangen war, plünderten Sie die Schmuckkassette,

schlugen Alarm und ließen diesen unglücklichen Mann
einsperren. Dann –«

Plötzlich warf sich Ryder auf den Kaminvorleger und
umklammerte die Knie meines Freundes. »Um Gottes
willen, haben Sie Mitleid!« kreischte er. »Denken Sie an
meinen Vater! An meine Mutter! Es würde ihnen das
Herz brechen. Ich habe mir noch nie etwas zuschulden
kommen lassen! Ich will es nie wieder tun! Das schwöre
ich. Ich schwör's auf die Bibel. Oh, bringen Sie es nicht
vor Gericht! Um Gottes willen, tun Sie's nicht!«

»Setzen Sie sich wieder in Ihren Sessel«, sagte Holmes
streng. »Jetzt haben Sie gut bitten und betteln; aber um
diesen armen Horner, der wegen eines Verbrechens auf
der Anklagebank sitzt, von dem er überhaupt nichts
wußte, haben Sie sich reichlich wenig gekümmert.«

»Ich werde fliehen, Mr. Holmes. Ich werde das Land
verlassen, Sir. Dann wird die Anklage gegen ihn zusammenbrechen.«

»Hm. Darüber werden wir noch reden. Und nun
lassen Sie uns einen wahrheitsgemäßen Bericht über den
nächsten Akt hören. Wie kam der Stein in die Gans, und
wie kam die Gans auf den freien Markt? Sagen Sie uns die
Wahrheit, denn darin liegt Ihre einzige Hoffnung auf
Rettung.«

Ryder fuhr sich mit der Zunge über die trockenen
Lippen. »Ich will es Ihnen genauso erzählen, wie es
passiert ist, Sir«, sagte er. »Als Horner festgenommen
worden war, schien mir, daß es das Beste für mich wäre,
sofort mit dem Stein zu verschwinden, weil ich nicht
wußte, in welchem Augenblick die Polizei womöglich
auf die Idee kommen würde, mich und mein Zimmer zu
durchsuchen. Im Hotel gab es nicht einen Ort, wo er in
Sicherheit gewesen wäre. Ich ging hinaus, so als hätte ich

einen Auftrag, und machte mich auf den Weg zu meiner Schwester. Sie ist mit einem Mann namens Oakshott verheiratet und wohnt in der Brixton Road, wo sie Geflügel für den Markt mästet. Auf dem ganzen Weg dorthin hielt ich jeden Mann für einen Polizisten oder einen Detektiv. Und obwohl es eine kalte Nacht war, lief mir der Schweiß übers Gesicht, ehe ich noch in der Brixton Road ankam. Meine Schwester fragte mich, was los wäre und warum ich so blaß sei. Aber ich erzählte ihr, daß mich der Juwelenraub im Hotel so aufgeregt hätte. Dann ging ich in den Hinterhof und rauchte eine Pfeife und überlegte, was am besten zu tun sei.

Ich hatte mal einen Freund, Maudsley hieß er, der auf die schiefe Bahn geriet und gerade seine Zeit in Pentonville abgesessen hat. Wir hatten uns eines Tages getroffen, und er brachte die Sprache auf Diebe und ihre Gewohnheiten und wie sie das, was sie gestohlen haben, wieder loswerden können. Ich wußte, daß er zu mir halten würde, weil ich das eine oder andere über ihn wußte. Und so entschloß ich mich, gleich weiter nach Kilburn zu gehen, wo er wohnte, und ihn ins Vertrauen zu ziehen. Er würde mir zeigen, wie sich der Stein zu Geld machen ließe. Aber wie sollte ich heil zu ihm kommen? Ich dachte an die Qualen, die ich ausgestanden hatte, als ich vom Hotel hierhergekommen war. Man konnte mich jeden Augenblick ergreifen und durchsuchen, und dann wäre da der Stein in meiner Westentasche. Die ganze Zeit über stand ich an die Wand gelehnt und schaute den Gänsen zu, die um meine Füße herumwatschelten, und plötzlich kam mir eine Idee, wie ich selbst den besten Detektiv aller Zeiten überlisten könnte.

Meine Schwester hatte mir ein paar Wochen vorher gesagt, daß ich ihre schönste Gans als Weihnachtsgeschenk haben könnte, und ich wußte, daß sie immer gehalten hat, was sie versprach. Ich würde meine Gans jetzt mitnehmen, und in der Gans würde ich meinen Stein nach Kilburn bringen. Im Hof stand ein kleiner Schuppen; hinter den trieb ich eins der Tiere, ein schönes, großes, mit einem Streifen auf dem Schwanz. Ich fing es ein, hielt ihm den Schnabel auf und stopfte ihm den Stein, so tief ich mit dem Finger reichen konnte, in die Kehle hinein. Der Vogel schluckte einmal, und ich fühlte, wie der Stein seinen Schlund hinunter- und in den Kropf hineinglitt. Doch das Biest schlug mit den Flügeln und wehrte sich, und prompt kam meine Schwester heraus, um zu fragen, was los sei. Als ich mich umdrehte, um mit ihr zu sprechen, riß sich das Vieh los und flatterte davon – mitten unter die anderen. ›Was hast du bloß mit der Gans angestellt, Jem?‹ sagte sie.

›Na‹, sagte ich, ›du hast gesagt, du würdest mir zu Weihnachten eine geben, und ich hab nur mal gefühlt, welches die fetteste ist.‹

›Oh‹, sagte sie, ›deine haben wir dir schon ausgesucht. Jems Gans nennen wir sie. Es ist die große weiße da drüben. Sechsundzwanzig sind's insgesamt; das macht eine für dich und eine für uns und zwei Dutzend für den Markt.‹

›Danke, Maggie‹, sagte ich, ›aber wenn's dir nichts ausmacht, dann hätt' ich lieber die, die ich gerade zu fassen hatte.‹

›Die andere ist gut drei Pfund schwerer‹, sagte sie, ›und wir haben sie extra für dich gemästet.‹

›Das macht nichts. Ich möchte die andere haben, und ich werd sie gleich mitnehmen‹, sagte ich.

›Oh, ganz wie du willst‹, sagte sie ein bißchen gekränkt. ›Welche ist es denn, die du haben willst?‹

›Die weiße da, die mit dem Streifen auf dem Schwanz, mitten in der Schar.‹

›Oh, na gut. Schlachte sie und nimm sie mit.‹

Nun, ich habe getan, was sie sagte, Mr. Holmes, und ich habe den Vogel den ganzen Weg bis nach Kilburn geschleppt. Ich hab meinem Kumpel erzählt, was ich getan hatte, weil der nämlich jemand ist, dem man so was gut erzählen kann. Er lachte, bis er fast erstickt wäre, und wir nahmen ein Messer und öffneten die Gans. Mir stockte das Herz, denn von dem Stein war nicht die Spur zu sehen, und ich wußte, daß irgendein schrecklicher Irrtum passiert war. Ich ließ die Gans da, rannte zurück zu meiner Schwester und lief in den Hinterhof. Da war kein Vogel zu sehen.

›Wo sind sie alle, Maggie?‹ schrie ich.

›Weg, beim Händler.‹

›Bei welchem Händler?‹

›Breckinridge vom Covent Garden.‹

›Gab's denn da noch eine mit einem Streifen auf dem Schwanz‹, fragte ich, ›genauso wie die, die ich mir ausgesucht habe?‹

›Ja, Jem, es waren zwei mit einem Streifen auf dem Schwanz, und ich konnte sie nie auseinanderhalten.‹

Na, da war mir natürlich alles klar, und ich rannte, so schnell mich meine Füße trugen, zu diesem Breckinridge. Aber der hatte sie alle sofort wieder verkauft und dachte nicht daran, mir auch nur ein Sterbenswörtchen darüber zu sagen, wo sie abgeblieben waren. Sie haben ihn heute abend ja selber gehört. Sehn Sie, so hat er mir jedesmal geantwortet. Meine Schwester glaubt, daß ich verrückt werde. Manchmal glaube ich das selber. Und jetzt – und jetzt bin ich als Dieb gebrandmarkt, ohne daß ich den Reichtum auch nur berührt hätte, für den ich meine Ehre verkauft habe. Gott helfe mir! Gott helfe mir!« Er vergrub das Gesicht in den Händen und brach in krampfhaftes Schluchzen aus.

Es entstand ein langes Schweigen, das nur durch seinen schweren Atem und durch das gleichmäßige Klopfen unterbrochen wurde, das Sherlock Holmes' Fingerspitzen auf der Tischkante erzeugten. Dann erhob sich mein Freund und riß die Tür auf.

»Verschwinden Sie!« sagte er.

»Wie, Sir! Oh, der Himmel segne Sie!«

»Kein Wort mehr! Verschwinden Sie!«

Und mehr Worte waren auch gar nicht notwendig. Ein Huschen, ein Poltern auf der Treppe, das Schlagen einer Tür und das scharfe Getrappel davoneilender Schritte von der Straße.

»Schließlich, Watson«, sagte Holmes und streckte die Hand nach seiner Tonpfeife aus, »bin ich nicht bei der Polizei angestellt, um ihre Versäumnisse auszubügeln. Es wäre etwas anderes, wenn Horner in Gefahr wäre. Doch dieser Bursche wird nicht gegen ihn aussagen, und die Anklage muß zusammenbrechen. Ich nehme an, daß ich ein Verbrechen begünstige, aber es ist doch immerhin möglich, daß ich eine Seele rette. Dieser Bursche wird nicht mehr auf die schiefe Bahn geraten. Dazu ist er viel zu verängstigt. Wenn man ihn jetzt ins Zuchthaus steckt, dann macht man ihn für immer zum Zuchthäusler. Außerdem ist dies die Zeit der Vergebung. Der Zufall hat uns ein höchst eigenartiges und wundersames Problem über den Weg geführt, dessen Lösung ihren Lohn in sich trägt. Wenn Sie die Güte haben wollen, die Klingel zu ziehen, Doktor, werden wir uns einem anderen Fall widmen, in welchem ebenfalls ein Vogel die Hauptrolle spielen wird.

Kommet, ihr Hirten

1. Kom - met, ihr Hir - ten, ihr Män - ner und Frau'n! Kom - met, das lieb - li - che Kind - lein zu schau'n! Chri - stus, der Herr, ist heu - te ge - bo - ren, den Gott zum Hei - land euch hat er - ko - ren. Fürch - tet euch nicht!

2. Lasset uns sehen in Bethlehems Stall,
was uns verheißen der himmlische Schall!
Was wir dort finden, lasset uns künden,
lasset uns preisen mit frommen Weisen,
Hallelujah!

3. Wahrlich, die Engel verkündigen heut
Bethlehems Hirtenvolk gar große Freud':
Nun soll es werden Friede auf Erden,
den Menschen allen ein Wohlgefallen.
Ehre sei Gott!

FRIEDRICH HEBBEL

Tagebuchnotiz, 25. Dezember 1849

Gestern wurde ich am Weihnachtsabend durch ein allerliebstes Bild überrascht. Wie ich in das erleuchtete Zimmer zu dem prachtvollen Tannenbaum hineingerufen wurde, trappte mir mein Töchterlein in der Gestalt eines Braunschweiger Bauernmädchens, wie sie dort auf den Markt gehen, entgegen. Schwarzes Hütchen, nur den Hinterkopf deckend, mit langen roten Bändern; rotes Kleid, kurz geschürzt; Zwickelstrümpfe nebst Lederschuhen; eine geflochtene Kiepe auf dem Rükken, angefüllt mit Nüssen und Kuchen für mich. Das alles hatte meine liebe Frau an den Abenden gemacht, wenn ich nicht zu Hause und sie nicht auf der Bühne beschäftigt war; ich hatte nicht das geringste davon gemerkt. Das närrische kleine Ding wollte die Kiepe den ganzen Abend nicht wieder ablegen, es saß damit auf dem Stuhl und aß und trank. Des Morgens holt sie immer meine Tasse, wenn ich, noch im Bett liegend, ausgetrunken habe; heute morgen kam sie ebenfalls im Häubchen der Mutter, blieb aber vor dem Baum bewundernd stehen, den ich durch die Glastüre erblickte, küßte das darin hängende Konfekt, rief einmal über das andere: »Schön! schön!«

FRIEDRICH SPEE

Ein kurtzes Poëtisch Christgesang, vom Ochs, vnd Eselein bey der Krippen

1.

Der Wind auff Lären Strassen
    Streckt auß die Flügel sein:
Streicht hinn gar scharpff ohn maassen,
    Zur Bethlems Krippen ein.
Er brummlet hin, vnd wider
    Der Fliegend WinterBott,
Greifft an die Gleich, vnd Glider
    Dem frisch Vermenschten Gott.

2.

Ach, ach, laß ab von brausen,
    Laß ab, du schnöder Wind:
Laß ab von kaltem sausen,
    Vnd schön dem schönen Kind.
Vilmehr du deine Schwingen
    Zerschlag im wilden Meer,
Aldà dich satt magst ringen,
    Kehr nur nitt wider her.

3.

Mitt dir nun muß ich kosen,
    Mitt dir, o Joseph mein,
Das Futter misch mitt Rosen
    Dem Ochs, vnd Eselein.

Mach deinen frommen Thieren
    So lieblichs mischgemüß,
Bald, bald, ohn zeit verlieren,
    Mach ihnn den Athem süß.

4.

Drauff blaset her, ihr beyden,
    Mit süssem Rosen Wind;
Ochs, Esel wol bescheiden,
    Vnd warmets nacket Kind.
Ach blaset her, vnd hauchet,
    Aha, aha, aha.
Fort, fort, euch waidlich brauchet
    Ahà, ahà, ahà.

MARIE LUISE KASCHNITZ

Das Wunder

Die Schwierigkeit, die man im Verkehr mit Don Crescenzo hat, besteht darin, daß er stocktaub ist. Er hört
nicht das geringste und ist zu stolz, den Leuten von den
Lippen zu lesen. Trotzdem kann man ein Gespräch mit
ihm nicht einfach damit anfangen, daß man etwas auf
einen Zettel schreibt. Man muß so tun, als gehöre er
noch zu einem, als sei er noch ein Teil unserer lauten,
geschwätzigen Welt.

Als ich Don Crescenzo fragte, wie das an Weihnachten
gewesen sei, saß er auf einem der Korbstühlchen am
Eingang seines Hotels. Es war sechs Uhr, und der Strom
der Mittagskarawanen hatte sich verlaufen. Es war ganz
still, und ich setzte mich auf das andere Korbstühlchen,
gerade unter das Barometer mit dem Werbebild der
Schiffahrtslinie, einem weißen Schiff im blauen Meer. Ich
wiederholte meine Frage, und Don Crescenzo hob die
Hände gegen seine Ohren und schüttelte bedauernd den
Kopf. Dann zog er ein Blöckchen und einen Bleistift aus
der Tasche, und ich schrieb das Wort Natale und sah ihn
erwartungsvoll an.

Ich werde jetzt gleich anfangen, meine Weihnachtsgeschichte zu erzählen, die eigentlich Don Crescenzos
Geschichte ist. Aber vorher muß ich noch etwas über
diesen Don Crescenzo sagen. Meine Leser müssen wissen, wie arm er einmal war und wie reich er jetzt ist, ein
Herr über hundert Angestellte, ein Besitzer von großen
Wein- und Zitronengärten und von sieben Häusern. Sie

müssen sich sein Gesicht vorstellen, das mit jedem Jahr der Taubheit sanfter wirkt, so als würden Gesichter nur von der beständigen Rede und Gegenrede geformt und bestimmt. Sie müssen ihn vor sich sehen, wie er unter den Gästen seines Hotels umhergeht, aufmerksam und traurig und schrecklich allein. Und dann müssen sie auch erfahren, daß er sehr gern aus seinem Leben erzählt und daß er dabei nicht schreit, sondern mit leiser Stimme spricht.

Oft habe ich ihm zugehört, und natürlich war mir auch die Weihnachtsgeschichte schon bekannt. Ich wußte, daß sie mit der Nacht anfing, in der der Berg kam, ja, so hatten sie geschrien: Der Berg kommt, und sie hatten das Kind aus dem Bett gerissen und den schmalen Felsenweg entlang. Er war damals sieben Jahre alt, und wenn Don Crescenzo davon berichtete, hob er die Hände an die Ohren, um zu verstehen zu geben, daß dieser Nacht gewiß die Schuld an seinem jetzigen Leiden zuzuschreiben sei.

Ich war sieben Jahre alt und hatte das Fieber, sagte Don Crescenzo und hob die Hände gegen die Ohren, auch dieses Mal. Wir waren alle im Nachthemd, und das war es auch, was uns geblieben war, nachdem der Berg unser Haus ins Meer gerissen hatte, das Hemd auf dem Leibe, sonst nichts. Wir wurden von Verwandten aufgenommen, und andere Verwandte haben uns später das Grundstück gegeben, dasselbe, auf dem jetzt das Albergo steht. Meine Eltern haben dort, noch bevor der Winter kam, ein Haus gebaut. Mein Vater hat die Maurerarbeiten gemacht, und meine Mutter hat ihm die Ziegel in Säcken den Abhang hinuntergeschleppt. Sie war klein und schwach, und wenn sie glaubte, daß niemand in der Nähe sei, setzte sie sich einen Augenblick auf die

Treppe und seufzte, und die Tränen liefen ihr über das Gesicht. Gegen Ende des Jahres war das Haus fertig, und wir schliefen auf dem Fußboden, in Decken gewickelt, und froren sehr.

Und dann kam Weihnachten, sagte ich und deutete auf das Wort Natale, das auf dem obersten Zettel stand.

Ja, sagte Don Crescenzo, dann kam Weihnachten, und an diesem Tage war mir so traurig zumute, wie in meinem ganzen Leben nicht. Mein Vater war Arzt, aber einer von denen, die keine Rechnungen schreiben. Er ging hin und behandelte die Leute, und wenn sie fragten, was sie schuldig seien, sagte er, zuerst müßten sie die Arzneien kaufen und dann das Fleisch für die Suppe, und dann wolle er ihnen sagen, wieviel. Aber er sagte es nie. Er kannte die Leute hier sehr gut und wußte, daß sie kein Geld hatten. Er brachte es einfach nicht fertig, sie zu drängen, auch damals nicht, als wir alles verloren hatten und die letzten Ersparnisse durch den Hausbau aufgezehrt waren. Er versuchte es einmal, kurz vor Weihnachten, an dem Tag, an dem wir unser letztes Holz im Herd verbrannten. An diesem Abend brachte meine Mutter einen Stoß weißer Zettel nach Hause und legte sie vor meinen Vater hin, und dann nannte sie ihm eine Reihe von Namen, und mein Vater schrieb die Namen auf die Zettel und jedesmal ein paar Zahlen dazu. Aber als er damit fertig war, stand er auf und warf die Zettel in das Herdfeuer, das gerade am Ausgehen war. Das Feuer flackerte sehr schön, und ich freute mich darüber, aber meine Mutter fuhr zusammen und sah meinen Vater traurig und zornig an.

So kam es, daß wir am vierundzwanzigsten Dezember kein Holz mehr hatten, kein Essen und keine Kleider, die anständig genug gewesen wären, damit in die Kirche zu gehen. Ich glaube nicht, daß meine Eltern sich darüber viel Gedanken machten. Erwachsene, denen so etwas geschieht, sind gewiß der Überzeugung, daß es ihnen schon einmal wieder besser gehen wird und daß sie dann essen und trinken und Gott loben können, wie sie es so oft getan haben im Laufe der Zeit. Aber für ein Kind ist das etwas ganz anderes. Ein Kind sitzt da und wartet auf das Wunder, und wenn das Wunder nicht kommt, ist alles aus und vorbei . . .

Bei diesen Worten beugte sich Don Crescenzo vor und sah auf die Straße hinaus, so als ob dort etwas seine Aufmerksamkeit in Anspruch nähme. Aber in Wirklichkeit versuchte er nur, seine Tränen zu verbergen. Er versuchte, mich nicht merken zu lassen, wie das Gift der Enttäuschung noch heute alle Zellen seines Körpers durchdrang.

Unser Weihnachtsfest, fuhr er nach einer Weile fort, ist gewiß ganz anders als die Weihnachten bei Ihnen zu Hause. Es ist ein sehr lautes, sehr fröhliches Fest. Das Jesuskind wird im Glasschrein in der Prozession getragen, und die Blechmusik spielt. Viele Stunden lang werden Böllerschüsse abgefeuert, und der Hall dieser Schüsse wird von den Felsen zurückgeworfen, so daß es sich anhört wie eine gewaltige Schlacht. Raketen steigen in die Luft, entfalten sich zu gigantischen Palmenbäumen und sinken in einem Regen von Sternen zurück ins Tal. Die Kinder johlen und lärmen, und das Meer mit seinen schwarzen Winterwellen rauscht so laut, als ob es vor Freude schluchze und singe. Das ist unser Christfest, und der ganze Tag vergeht mit Vorbereitungen dazu. Die Knaben richten ihre kleinen Feuerwerkskörper, und die Mädchen binden Kränze und putzen die versilberten Fische, die sie der Madonna umhängen. In allen

Häusern wird gebraten und gebacken und süßer Sirup gerührt.

So war es auch bei uns gewesen, solange ich denken konnte. Aber in der Christnacht, die auf den Bergsturz folgte, war es in unserem Hause furchtbar still. Es brannte kein Feuer, und darum blieb ich so lange wie möglich draußen, weil es dort immer noch ein wenig wärmer war als drinnen. Ich saß auf den Stufen und sah zur Straße hinauf, wo die Leute vorübergingen und wo die Wagen mit ihren schwachen Öllämpchen auftauchten und wieder verschwanden. Es war eine Menge Leute unterwegs, Bauern, die mit ihren Familien in die Kirche fuhren, und andere, die noch etwas zu verkaufen hatten, Eier und lebendige Hühner und Wein. Als ich da saß, konnte ich das Gegacker der Hühner hören und das lustige Schwatzen der Kinder, die einander erzählten, was sie alles erleben würden heute nacht. Ich sah jedem Wagen nach, bis er in dem dunklen Loch des Tunnels verschwand, und dann wandte ich den Kopf wieder und schaute nach einem neuen Fuhrwerk aus; als es auf der Straße stiller wurde, dachte ich, das Fest müsse begonnen haben, und ich würde nun etwas vernehmen von dem Knattern der Raketen und den Schreien der Begeisterung und des Glücks. Aber ich hörte nichts als die Geräusche des Meeres, das gegen die Felsen klatschte, und die Stimme meiner Mutter, die betete und mich aufforderte, einzustimmen in die Litanei. Ich tat es schließlich, aber ganz mechanisch und mit verstocktem Gemüt. Ich war sehr hungrig und wollte mein Essen haben, Fleisch und Süßes und Wein. Aber vorher wollte ich mein Fest haben, mein schönes Fest . . .

Und dann auf einmal veränderte sich alles auf eine unfaßbare Art. Die Schritte auf der Straße gingen nicht mehr vorüber, und die Fahrzeuge hielten an. Im Schein der Lampen sahen wir einen prallen Sack, der in unseren Garten geworfen, und hochgepackte Körbe, die an den Rand der Straße gestellt wurden. Eine Ladung Holz und Reisig rutschte die Stufen herunter, und als ich mich vorsichtig die Treppe hinauftastete, fand ich auf dem niederen Mäuerchen, auf Tellern und Schüsseln, Eier, Hühner und Fisch. Es dauerte eine ganze Weile, bis die geheimnisvollen Geräusche zum Schweigen kamen und wir nachsehen konnten, wie reich wir mit einem Male waren. Da ging meine Mutter in die Küche und machte Feuer an, und ich stand draußen und sog inbrünstig den Duft in mich ein, der bei der Verbindung von heißem Öl, Zwiebeln, gehacktem Hühnerfleisch und Rosmarin entsteht.

Ich wußte in diesem Augenblick nicht, was meine Eltern schon ahnen mochten, nämlich, daß die Patienten meines Vaters, diese alten Schuldner, sich abgesprochen hatten, ihm Freude zu machen auf diese Art. Für mich fiel alles vom Himmel, die Eier und das Fleisch, das Licht der Kerzen, das Herdfeuer und der schöne Kittel, den ich mir aus einem Packen Kleider hervorwühlte und so schnell wie möglich überzog. Lauf, sagte meine Mutter, und ich lief die Straße hinunter und durch den langen, finsteren Tunnel, an dessen Ende es schon glühte und funkelte von buntem Licht. Als ich in die Stadt kam, sah ich schon von weitem den roten und goldenen Baldachin, unter dem der Bischof die steile Treppe hinaufgetragen wurde. Ich hörte die Trommeln und die Pauken und das Evvivageschrei und brüllte aus Leibeskräften mit. Und dann fingen die großen Glocken in ihrem offenen Turm an zu schwingen und zu dröhnen.

Don Crescenzo schwieg und lächelte freudig vor sich

hin. Gewiß hörte er jetzt wieder, mit einem inneren Gehör, alle diese heftigen und wilden Geräusche, die für ihn so lange zum Schweigen gekommen waren und die ihm in seiner Einsamkeit noch viel mehr als jedem anderen Menschen bedeuteten: Menschenliebe, Gottesliebe, Wiedergeburt des Lebens aus dem Dunkel der Nacht.

Ich sah ihn an, und dann nahm ich das Blöckchen zur Hand. Sie sollten schreiben, Don Crescenzo. Ihre Erinnerungen. – Ja, sagte Don Crescenzo, das sollte ich. Einen Augenblick lang richtete er sich hoch auf, und man konnte ihm ansehen, daß er die Geschichte seines Lebens nicht geringer einschätzte als das, was im Alten Testament stand oder in der Odyssee. Aber dann schüttelte er den Kopf. Zuviel zu tun, sagte er.

Und auf einmal wußte ich, was er mit all seinen Umbauten und Neubauten, mit der Bar und den Garagen und dem Aufzug hinunter zum Badeplatz im Sinne hatte. Er wollte seine Kinder schützen vor dem Hunger, den traurigen Weihnachtsabenden und den Erinnerungen an eine Mutter, die Säcke voll Steine schleppt und sich hinsetzt und weint.

Vom Himmel hoch

1. Vom Himmel hoch, da komm ich her, ich bring euch gute neue Mär; der guten Mär bring ich so viel, davon ich singen und sagen will.

2. Euch ist ein Kindlein heut geborn
von einer Jungfrau auserkorn,
ein Kindelein so zart und fein,
das soll eur Freud und Wonne sein.

3. Es ist der Herr Christ, unser Gott,
der will euch führn aus aller Not,
er will eur Heiland selber sein,
von allen Sünden machen rein.

Weihnachtlied

O du mein Mopper, wo willt du hinaus,
Ich kann dir nicht erzählen
Meine güldene Klaus:
Laß klinken, laß klanken,
Laß all herunter schwanken;
Ich weiß nicht, soll ich hüten
Ochs oder Schaf,
Oder soll ich essen
Einen Käs und ein Brod.

Bei Ochsen und bei Schafen
Kann man nicht schlafen,
Da tut es sich eröffnen
Das himmlische Tor,
Da kugeln die Engel
Ganz haufenweis hervor.

FRIEDRICH HÖLDERLIN

Brief an die Mutter
kurz vor Weihnachten 1785

Liebste Mamma!

Wann dißmal mein Brief etwas verworrener ist als sonst, so müssen *Sie* eben denken, mein Kopf sei auch von Weihnachtsgeschäfften eingenommen, wie der Ihrige – doch differiren sie ein wenig: meine sind, ohne das heutige Laxier, Plane auf die Rede, die ich am Johannistage bei der Vesper halte, Tausend Entwürffe zu Gedichten, die ich in denen Cessationen, (vier Wochen, wo man bloß für sich schafft) machen will, und machen muß, (*NB.* auch lateinische) ganze Paquete von Briefen, die ich, ob schon das N.Jahr wenig dazu beiträgt, schreiben muß, z. E. HE. Helffer, HE. Klemm, HE. Bilfinger, nach Altona, und was die Sachen als sind, und die Ihrige sind, – was sie eben sind.

Was die Besuche in den Weinachten betrifft, so bin ich eher so frei, *Sie* hieher einzuladen, weil mich das Geschäfft am Johannistage, wie gesagt, nicht leicht abkommen läßt. Die 1.Geschwisterige werden sich wieder recht freuen; aber, im Vertrauen gesagt, mir ists halb und halb bange, wie sie von mir beschenkt werden sollen. Ich überlasse es *Ihnen, liebste Mamma*, wanns ja so ein wenig

unter uns beim alten bleiben soll, so ziehen *Sies*
mir ab, und schenkens ihnen in meinem Nahmen.
Der l. Frau *Grosmamma* mein Compliment, und
ich wolle Ihr auch ein WeinachtsGeschenk machen – – – ich wolle dem l. Gott mit rechter
Christtags-Freude danken, daß er *Sie* mir auch
dieses beynahe vollendte Jahr wieder so gesund
erhalten habe. Oneracht meines Laxiers bin ich
doch im übrigen recht wohl. Bei mir ists zwar
nicht zu spät, wie bei *Ihnen*, doch weiß ich eben
nichts mehr zu schreiben, als daß ich bin

> *meiner liebsten Mamma*
>
> gehorsamster Sohn
> Hölderlin.

ALEXANDER LERNET-HOLENIA

Die Heiligen Drei Könige von Totenleben

Im November 1647 unternahm der Oberbefehlshaber
der französischen Truppen im Dreißigjährigen Kriege,
der Marschall von Turenne, einen größeren Ritt, um
persönlich gewisse vorgeschobene Postierungen seiner in
der Pfalz liegenden Armee zu besichtigen, und dabei
griffen die Reiter seines Gefolges ihm zwei Leute auf,
die, zu Fuß und in schlechten Kleidern, durch das Land

zogen. Es waren dies ein junger Mann und eine junge, blonde Frau, die aber beide elend aussahen. Die Frau erwartete überdies ein Kind; sie mochte schon im siebenten oder achten Monat sein. Befragt, wohin sie gingen, erklärten die beiden: sie seien ein Ehepaar und hätten den Ort, in dem sie bisher bei den Eltern der Frau gewohnt und wo der Mann auch ein Handwerk getrieben, verlassen müssen, weil da, von Soldaten, alles gänzlich niedergebrannt worden, und nun ständen sie im Begriff, nach der Heimat des Mannes, einem Dorfe am untern Main, Totenleben geheißen, zu wandern, indem sie dort ein Unterkommen und vielleicht auch einen Erwerb zu finden hofften. Denn sie selber besäßen nichts mehr, als was sie auf dem Leibe trügen, und die Hoffnung auf das Kind, dem die Frau entgegensähe.

Der Vicomte von Turenne, der eben einen bestimmten Plan in seinem Innern wälzte, verstand von diesem auf Deutsch geführten Verhör nur wenige Brocken. Immerhin fiel der eigentümliche Name des Dorfes, nach dem die zweie wollten, ihm auf. Er entließ sie und faßte einen sonderbaren Entschluß.

In einer Nacht dieses selben Winters, der entsetzlich kalt war, tauchte er mit einem Reitertrupp in der Gegend des untern Mains auf.

Er und seine Leute waren schwer bewaffnet und in Pelze und Mäntel gehüllt. Der Mond glänzte auf ihren Helmen. Das Land rundum war verwüstet. Auf etwa hundert Schritt vor dem Trupp trabten, mit Karabinern in den Fäusten, zwei Reiter, die hin und wieder vor einem verschneiten Gebüsch oder den Resten eines verbrannten Gehöfts kurz anhielten und schrien: »Qui vive?« Allein es antwortete niemand. Die Gegend lag völlig tot, nur ein paar aufgescheuchte, verwilderte Hunde flohen über die Schneefelder davon und heulten noch lang in der Ferne. Vom Galgen eines Hochgerichts, an dem man vorbeikam, baumelten die Reste einer Mumie. Die Kavalkade trabte stetig weiter. Silberner Frostrauch spann in den vereisten Mulden.

An der Ecke eines Gehölzes hielten die Reiter an. Herr von Turenne saß von seinem Pferde ab, und zwei Diener, auf schon früher erfolgten Befehl offenbar, näherten sich ihm und nahmen ihm den Pelzmantel von den Schultern und den Hut vom Haupt. Das Mondlicht leuchtete auf seinem Panzer auf und auf der goldenen Kette, die er um den Hals trug.

Indessen waren auch mehrere von seinen Offizieren schon abgesessen, hatten sich ihm genähert, und die Diener zogen ihm ein sehr sonderbares Kleid über die Rüstung, ein mit Flittern und goldenen Sternen übersätes weißes Hemd, und über sein Gesicht hängten sie einen schwarzen Schleier.

Das Ganze war ein Dreikönigsgewand, wie die Sternsinger es tragen.

Nun zogen die Diener auch beide Pistolen aus den Halftern seines Sattels und gaben sie ihm in die Hände.

»Ich gehe jetzt«, sagte er zu seinen Offizieren. »Die Herren erwarten mich hier. Sollte ich bis drei Uhr morgens nicht wieder zurück sein, so lassen Sie das Dorf absuchen!«

»Jawohl, Monseigneur«, antworteten die Offiziere, und er ging über das Schneefeld davon.

Er mochte ein paar hundert Schritte weit gekommen sein, als die Umrisse eines Dorfes vor ihm auftauchten.

Am Nordende des Dorfes erschien ein Licht.

Er ging darauf zu.

Es strahlte von einer merkwürdigen Laterne aus Ölpapier aus, die sternförmig war und oben auf einer etwa acht Fuß hohen Stange stand.

Zwei Männer, deren einer die Stange hielt, standen dabei. Auch sie hatten Sternsingergewänder an, jedoch weiße Schleier vor den Gesichtern.

Herr von Turenne, indem er die Pistolen erhob, trat auf sie zu und nannte seinen Namen.

Die beiden andern antworteten: »Wrangel«, und: »Melander.«

Sie waren: der nach Torstensons Abgang neuernannte Oberbefehlshaber der Schweden, und der der kaiserlichen Truppen, ein Reichsgraf Melander von Holzapfel.

Alle drei lüfteten nun die Schleier und sahen einander in die Gesichter, dann ließen sie die Schleier wieder vorfallen. Turenne versorgte die Pistolen in der Seidenschärpe, die er unter dem Dreikönigshemde trug, und sagte:

»Ich habe die Herren in dieser Verkleidung hierher gebeten, damit wir, ungestört und ohne daß unsere Leute etwas davon erfahren, über die Dinge reden können, die uns angehen. Es ist der Dreikönigstag, und man wird uns für Sternsinger halten. Am besten gehn wir jetzt ins Dorf und suchen ein Quartier, in das wir eintreten und in dem wir die Verhandlungen beginnen können.

»Das Dorf ist nicht mehr da«, sagte Melander. »Es ist niedergebrannt. Ihre eigenen Truppen, Graf, dürften das getan haben.«

»Es können«, sagte Turenne, »auch Ihre gewesen sein, Graf.«

»Oder die der Schweden«, sagte Melander.

»Auf jeden Fall«, sagte Wrangel, »sollten wir nachsehen, ob wir nicht doch irgendwo ein Unterkommen finden. Denn hier in dieser Kälte wollen wir ja wohl nicht stehenbleiben.«

Sie setzten sich also mit ihrem Stern in Bewegung.

Längs der Dorfstraße gab es an den Stellen, an denen früher Häuser gestanden hatten, nur mehr Schutthaufen. Aber in der Nähe der niedergebrannten Kirche fanden sie doch noch ein halbwegs erhaltenes Haus, dessen Fensterhöhlen mit Brettern vernagelt waren, und schwaches Licht schimmerte hindurch.

Sie traten vor die Tür und pochten an.

Sie hatten mehrmals zu pochen, bis eine Stimme von innen her fragte, was es denn gäbe.

Man solle öffnen, riefen sie, und daraufhin ging die Tür, die keine Angeln mehr hatte, knirschend ein wenig auf, und ein Mann steckte den Kopf heraus.

»Was wollt ihr?« fragte er.

»Wir sind«, sagte Melander, »Sternsinger. Laß uns eintreten.«

»Sternsinger?« sagte der Mann. »Heute schon?«

»Ja«, sagte Melander. »Laß uns also ins Haus.« Und damit trat er auch schon auf die Schwelle, und die beiden andern, nachdem sie die Stange bei der Laterne abgestellt hatten, folgten ihm.

»Aber es ist ja doch«, sagte der Mann, indem er die Tür hinter ihnen wieder zuzog, »erst Heiliger Abend!«

»Nein«, sagte Wrangel, »es ist Dreikönigstag. Glaubt ihr denn hier, es gelte noch der alte Kalender? Wir haben doch schon den neuen.«

»Was für einen neuen?« fragte der Mann.

»Der Papst«, sagte Melander, »hat doch den Kalender geändert. Der Kalender war ja schon um vierzehn Tage im Rückstand. Er stimmte mit dem Stand der Gestirne nicht mehr überein. Wißt ihr denn das hier nicht, hat denn euer Pfarrer euch das nicht gesagt?«

»Unser Pfarrer ist längst tot«, sagte der Mann. »Die Schweden haben ihn erschlagen. Das Dorf ist verwüstet, die ganze Gegend ist öde. Wie sollen wir wissen, ob der Papst den Kalender geändert hat oder nicht? Wir feiern heute den Heiligen Abend – wenn man das überhaupt noch feiern nennen kann.«

»Nun«, sagte Wrangel, »wie immer dem sei, wir wünschen hier ein wenig zu rasten. Bring uns was zu essen und ein paar Gläser Wein, wir werden dir's in anständigem Geld bezahlen.«

»Ich war einmal der Wirt hier im Ort«, sagte der Mann, »und mein Geschäft ging gut. Jetzt aber habe ich nicht einmal mehr Brot für uns selbst, und wenn wir trinken wollen, so müssen wir den Schnee schmelzen, denn unsere Brunnen sind verschüttet. Setzt euch, ein Sitz ist das einzige, was ich euch anbieten kann. Was seid ihr denn aber überhaupt für Leute, daß ihr glaubt, euch durch Sternsingen Almosen verdienen zu können? Wo seid ihr denn her? Hier im Dorf sind wir die einzigen Menschen, und in der ganzen Gegend gibt es kein Körnchen Getreide mehr und kein einziges Stück Vieh. Alles ist im Krieg zugrunde gegangen. Im Hennebergischen sollen die Leute sogar schon die Leichen Gefallener aufgegessen haben. Wie lange wird dieser Krieg noch dauern?«

Die dreie zuckten die Achseln und sahen sich im Raum um. Es gab da nichts als einen Herd, auf dem ein Feuer einen flackernden Schein verbreitete, und einen Tisch mit ein paar Bänken rundum. Auch war die Stube voll Rauch. Die Frau des Wirts und ein halbwüchsiger Junge, beide erschreckend abgemagert, sahen die Fremden an.

Und dann gab es noch zwei Leute im Zimmer, einen jungen Mann und eine junge, blonde Frau, Turenne erkannte sie wieder. Es waren die beiden, die er auf seinem Erkundungsritt getroffen.

»Wer sind die?« fragte er in seinem schlechten Deutsch.

»Arme Leute«, sagte der Wirt, »die hier zugezogen sind und nirgends ein Unterkommen gefunden haben. Der Mann war von hier, dann ist er fort und hat geheiratet, aber er hat wieder zurück müssen, und nun gewähre ich den beiden ein Quartier im Stall. Die Frau erwartet ein Kind.«

»Was du nicht sagst!« meinte Turenne, und die dreie setzten sich an den Tisch.

Indessen begannen die andern sich damit zu befassen, in der Nähe des Herdes aus Moos und kleinen Holzfiguren eine Weihnachtskrippe aufzubauen. Die Figuren, die der Wirt noch besaß, weil sie es keinem der plündernden Soldaten wert gewesen waren, sie mitzunehmen, waren bunt bemalt und stellten die Heilige Familie, die Engel, die Könige, die Hirten, den Ochsen und den Esel dar.

Die drei Feldherren sahen eine Zeitlang zu, dann begannen sie ihre eigenen Gespräche. Sie sprachen französisch.

»Die Friedensverhandlungen«, sagte Turenne, »die in Münster schon im vorigen Jahr begonnen haben, werden nicht im Sinn der Armee geführt. Käme es wirklich zum Frieden, so wären die Heere überflüssig geworden. Aber der Soldat hat sich daran gewöhnt, davon zu leben, daß er eben Soldat ist, und wir, seine Führer, tragen die Verantwortung für den Soldaten. Und dann ist der Krieg, offen gestanden, ein Geschäft geworden wie jedes andere. Ich weiß nicht, wie die Herren darüber denken, aber ich für meine Person werde alles tun, um zu verhindern, daß er in einer Form ende, bei der wir und unsere Leute unsere prädominierenden Positionen verlieren und von heute auf morgen davongejagt werden können. Um Maßnahmen zu besprechen, die gegen einen übereilten Friedensschluß zu ergreifen sind, habe ich die Herren hierher gebeten. Denn wenngleich wir Feinde sind, so ziehen wir doch alle am selben Strang oder hauen in dieselbe Kerbe, ganz wie Sie es nennen wollen.«

Als die Leute, die die Krippe bauten, die fremde Sprache hörten, blickten sie erstaunt zu den dreien hinüber. Der Wirt hörte eine Zeitlang beunruhigt zu, dann kam er an den Tisch heran.

»Wer seid ihr?« fragte er. »Ihr seid keine gewöhnlichen Sternsinger. Ihr seid Ausländer und wahrscheinlich auch Soldaten. Was sucht ihr hier? Habt ihr euch nicht schon überzeugt, daß das Land, das Dorf, dies Haus verwüstet sind und daß es nichts mehr zu holen gibt? Was wollt ihr von uns? Wir haben euch nichts mehr zu geben. Seid ihr Marodeure? Seid ihr Spione? Kommt ihr vor denen einher, die uns auch noch das Leben nehmen wollen? Es ist das einzige, was ihr von uns noch nehmen könnt.«

»Schweig«, sagte Melander, »wir sind die Heiligen Drei Könige, und damit basta! Stör uns nicht! Wir haben hier was zu reden.« Und er warf ihm ein Goldstück zu.

Der Wirt sah das blitzende Ding an, er hatte schon seit Jahren keines mehr gesehen. Dann nahm er es hastig und prüfte es zwischen den Fingern. Dabei verwandelte sein Wesen sich völlig. Er wollte den dreien ins Gesicht sehen, doch konnte er mit den Blicken die Schleier nicht durchdringen. Auch merkte er nun erst die Stiefel und die Sporen, die unter den Dreikönigshemden der drei hervorsahen, und die Messingschuhe der ledernen Degenscheiden.

»Verzeihen die Herren!« sagte er katzbuckelnd. »Ich wollte nicht um alles ... ich wußte nicht ...«

»Schon gut«, sagte Melander, »scher dich weiter.«

»Dürfen wir«, fragte der Wirt, »den Herren wenigstens das Weihnachtslied vorsingen? Stört es die Herren nicht?«

»Singt meinetwegen«, sagte Melander, »aber bleibt leise. Macht kein Geplärr!«

Der Wirt, rückwärts gehend und immerzu katzbuckelnd, zog sich zurück. Er flüsterte mit seinen Leuten und zeigte ihnen das Goldstück. Die andern sahen herüber, dann kam die Frau des Wirtes heran und küßte Melander die Hand, um ihm zu danken.

»Gut, gut«, sagte Melander und gab gar nicht auf sie acht. Das französische Gespräch ging indessen weiter. Nach einiger Zeit begannen die an der Krippe das Weihnachtslied zu singen. Sie sangen es leise und mit rührenden Stimmen.

Gegen Ende des Liedes hörte die junge Frau zu singen auf, schwankte und hielt sich an der Schulter ihres Mannes fest. Die Wehen hatten sie befallen.

»Was ist denn los?« fragte Wrangel. Aber nun blieb es still. »Wo sind denn die Kerle eigentlich?« fragte er. Er erhob sich, trat zur Tür, die zum Stall führte, und schlug mit einem Pistolenkolben dagegen.

Es wäre wohl die Absicht des Wirtes gewesen, sie, wären die Fremden nicht dagewesen, in der Stube niederkommen zu lassen. Wegen Anwesenheit der Herren aber wagte er das nicht. Die Frau ward in den Stall geführt, wo sie auf einer Streu von Moos und welkem Laub ihr Lager hatte.

Die Feldherren, als das Lied unterbrochen ward, merkten es gar nicht und auch nicht, daß man die Frau fortführte. Sie waren es gewohnt, über andere Menschen hinwegzusehen wie über bloße Spreu. Sie sprachen weiter, und zwischen den französischen Sätzen hörte man die Namen Torstenson, Jan von Werth, Max Emanuel. Aus irgendeinem Grunde schienen die Feldherren plötzlich untereinander uneins geworden zu sein und sprachen nun ziemlich erregt. Gegen die Fortführung des Krieges hatte sich nämlich vor allem Melander ausgesprochen. Er sagte, das Land sei nun schon verwüstet genug, man möge doch sehen, wie bettelhaft arm auch hier die Leute geworden wären; und es sei etwas Wahres an dem, was der Wirt vorhin über Menschenfresserei gesagt: man erzähle sich längst, daß, nach gewissen Kämpfen, Leute nachts auf den Schlachtfeldern aufgetaucht und die Toten zerstückt, gebraten und gegessen hätten. – So stritten sie weiter, bis aus dem Stall ein Schrei zu vernehmen war und dann noch einer, da blickten sie auf.

Es dauerte einige Zeit, bis der Wirt erschien.

»Wer«, fragte Wrangel, »hat da geschrien? Was tut ihr denn eigentlich da draußen?«

»Ach, Herr«, sagte der Wirt, »ach, Herr!«, und er hatte einen ganz sonderbaren Ausdruck im Gesicht.

»Nun?« schrie Wrangel. »Was gibt's?«

»Denkt Euch bloß, Herr«, sagte der Wirt, »während Ihr hier gesessen seid, ist etwas geschehen. Es ist schon so lange her, daß dergleichen nicht mehr geschehen ist. Immer nur sind fremde Soldaten gekommen und haben gemordet, gestochen und gebrannt, immer weniger Leute sind wir geworden. Nun aber sind wir wieder um eines mehr. Die junge Frau hat ein Kind geboren, es ist ein Knabe. Vielleicht kommt doch bald der Friede.

Wollt ihr das Kind nicht anschauen kommen, ihr Herren?«

Die dreie blickten einander an. Im ersten Augenblick mochten sie vielleicht noch im Begriff gewesen sein, den Wirt zu fragen, ob er verrückt geworden sei, daß er sie belästige, und er solle machen, daß er weiterkäme! Dann dachte vielleicht der eine oder der andere doch an die Zeit zurück, zu der, in ihren eigenen Familien, ein Kind geboren worden war, und welche Freude da geherrscht hatte. Oder sie dachten daran, wie sie selber Kinder gewesen waren. Und Turenne dachte vielleicht für einen Moment an das blonde Haar der Frau.

Auch war der Ton des Wirts ein solcher, wie sie schon lange nicht mehr einen Menschen hatten sprechen hören. Das Kind war ein fremdes Kind, es ging ihn nichts an, aber dennoch schien er so ergriffen, als ob es sein eigenes Kind gewesen wäre. Dennoch, in diesem Land, das ausgeplündert war und einer Eiswüste glich, auf der die Toten lagen, hatte ein Kind zu leben begonnen, es war, als wehte irgendein Frühling daher, mitten im Triumph des Todes, den die drei Feldherren täglich anbefahlen, war ein Kind geboren worden, als ob es auch ihnen geboren sei.

Der erste, der auf die Schwelle der Stalltür trat, war Melander, dann folgte Wrangel, schließlich Turenne. Da lag die Frau auf der Streu, sie war schneeweiß im Gesicht, im Licht des Kienspans aber flimmerte ihr Haar wie Goldgespinst, und die andern knieten bei ihr, wickelten das Kind in ein paar Lappen, die sie noch besaßen, und gaben es ihr in den Arm.

Die Feldherren standen schweigend und sahen die Mutter und das Kind lange an. Dann löste Turenne sich die Goldkette, die er unter dem Dreikönigshemd um den

191

Hals hatte, ab und legte sie dem Kinde hin. Melander zog den Handschuh aus und streifte sich einen Ring mit einem Rubin vom Finger, und Wrangel legte einen gefüllten Geldbeutel auf die Streu.

Die Beschenkten glaubten, es sei ein Wunder geschehen, und der junge Mann wollte Danksagungen stammeln, brachte aber kein Wort heraus. Auch wehrten die Feldherren plötzlich fast hochfahrend ab. Überhaupt waren sie auf einmal ein wenig verlegen wegen dessen, was sie da getan hatten, entschuldigten sich aber vor sich selber damit, daß sie meinten, es sei eben nur eine Laune großer Herren gewesen. Auch gingen sie dann, unter Zurücklassung ihrer sonderbaren Laterne, sehr bald. Dem Wirt, der sie begleiten wollte und immerzu schwätzte, lachte und sich die Augen wischte, befahlen sie, zurückzubleiben. Vor dem Dorf, ohne die begonnene Unterredung zu Ende geführt zu haben, grüßten sie einander kurz, dann ging jeder seiner Wege.

In ihren Herzen aber hatten sie den Frieden.

GEORG BRITTING

Könige und Hirten

Im finstern Stall,
Auf Stroh, das welk,
Unterm Wagen
Schläft das Kind.

Stimmen singen im Gebälk
Mit süßem Schall.
So süßen Schall singt nicht der Wind.

Kühe mit den
Schwänzen schlagen,
Muhen brusttief lind.

Eilig reiten,
Lang schon ritten,
Feine Leute,
Ungeduldig, heilig zornig,
Mit Gesinde
Hinter sich und
Goldbehängten
Sattels, silberspornig,
Im gedrängten
Truppe zu dem Kind.

Hirten gingen
Nicht von ihrem Platze vorn
Beim Klingen
Von dem Silbersporn.

Und die Feinen
Leiden es,
Daß die Gemeinen
Schulterbreit vor ihnen sind.

Heben sich nur auf den Zehen,
Sagen ein Bescheidenes,
Daß ihre Gastgeschenke gehen
Still von Hand zu Hand nach vorn,
Zu dem Kind,
Das sie nicht sehen.

So die dunklen Hirten hoben
Königsgold und fremd Gewürz,
Gelber Schalen Lichtgestürz
Vor den weißen Schläfer hin.

Einstimmig loben
Ritter und
Gesind
Und Hirtenmund
Das Kind.

Süß singts mit vom Balken oben.

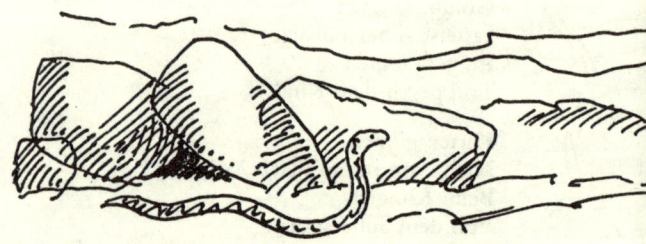

Joseph, lieber Joseph mein

1. Jo-seph, lie-ber Jo-seph mein, hilf mir wiegen mein Kin-de-lein, Gott, der wird dein Loh-ner sein im Him-mel-reich, der Jung-frau Sohn Ma-ri-a.

2. Gerne, liebe Muhme mein,
helf ich dir wiegen dein Kindelein,
daß Gott müsse mein Lohner sein
im Himmelreich, der Jungfrau Sohn Maria.

3. Nun freu dich, christenliche Schar,
der himmlische König klar
nahm die Menschheit offenbar,
den uns gebar die reine Magd Maria.

4. Es soll heut alle Welt fürwahr
mit ganzer Freude kommen dar
zu dem, der vor Abraham war,
den uns gebar die reine Magd Maria.

Friede auf Erden!

Da die Hirten ihre Herde
Ließen und des Engels Worte
Trugen durch die niedre Pforte
Zu der Mutter und dem Kind,
Fuhr das himmlische Gesind
Fort im Sternenraum zu singen,
Fuhr der Himmel fort zu klingen:
»Friede, Friede! auf der Erde!«

Seit die Engel so geraten,
O wie viele blut'ge Taten
Hat der Streit auf wildem Pferde,
Der geharnischte, vollbracht!
In wie mancher heilgen Nacht
Sang der Chor der Geister zagend,
Dringlich flehend, leis verklagend:
»Friede, Friede . . . auf der Erde!«

Doch es ist ein ewger Glaube,
Daß der Schwache nicht zum Raube
Jeder frechen Mordgebärde
Werde fallen allezeit:
Etwas wie Gerechtigkeit
Webt und wirkt in Mord und Grauen
Und ein Reich will sich erbauen,
Das den Frieden sucht der Erde.

Mählich wird es sich gestalten,
Seines heilgen Amtes walten,
Waffen schmieden ohne Fährde,
Flammenschwerter für das Recht,
Und ein königlich Geschlecht
Wird erblühn mit starken Söhnen,
Dessen helle Tuben dröhnen:
Friede, Friede auf der Erde!

MARTIN GREGOR-DELLIN

Joseph – das eigentliche Wunder

Mit Joseph, dem Zimmermann aus Galiläa, hat es eine
seltsame Bewandtnis: Jeder kennt ihn aus der Weihnachtsgeschichte, aber keiner weiß etwas Rechtes von
ihm. Das Lexikon nennt ihn den Nähr- oder Ziehvater
Jesu aus Nazareth, in theologischen Schriften kommt
sein Name kaum vor, die christliche Sage läßt ihn Maria
erst in höherem Alter heiraten, um von der Frage einer
ehelichen Gemeinschaft abzulenken (in der Bibel steht
davon nichts). Joseph gehört zwar zu den Schutzpatro-
nen der katholischen Kirche, aber eine ordentliche Biographie, mit Anfang und Ende, hat er nicht aufzuweisen.
Auf eigentümliche Weise verschwindet er aus der Got-
tesgeschichte: Er wird nicht mehr erwähnt. Es ist anzunehmen, daß er vor Beginn des Lehramts und der Pas-
sion Jesu gestorben ist, denn nach dem zwölften Lebens-

jahr des Nazareners wird nur noch von der Mutter Jesu und den Brüdern gesprochen.

Daß man von Joseph so wenig erzählen kann, nicht einmal, wie alt er wurde, wo er starb und wie er aus der Geschichte abhandenkam, mag noch hingehen. Aber auch in den Künsten, die sich solcher verrätselten Figuren mit Vorliebe annehmen, wird er stiefmütterlich behandelt. Kein Roman, soweit ich sehe, kein Oratorium und keine Kantate über den Zimmermann. Die Lieder, Verse, Sprüche zählen ihn immer als letzten auf oder nehmen ihn nicht ganz für voll: Ach Joseph, lieber Joseph mein. Noch der heiter-verzweifelte Stoßseufzer Jesusmariaundjoseph endet mit ironischem Stirnrunzeln: Was, guter alter Mann, wirst du schon ausrichten! In der bildenden Kunst schneidet er zuweilen ausgesprochen schlecht ab: Er blickt aus seitwärts gestellten Augen auf Maria und das Kind, wenn er nicht geradezu aus dem Kreis der Anbetenden verdrängt wird. Ein Zweifler, ein Ungläubiger? Wird das seiner Rolle gerecht? Bestenfalls taugt er als Statist in lebenden Bildern oder Krippenspielen, eine beliebte Charge, ein Charakterkopf auf den Legendenbildchen der Heiligen Familie im einträchtigen Idyll an der Wiege im Stall, umgeben von Kühen, Schafen und Hunden. Wie denn auch nicht: Da gehört er hin, es ist nichts Besonderes daran, die Feier einer Geburt vereinigt alle in Eintracht. Sein Fehlen wäre undenkbar und würde gar zu übel vermerkt. Denn für einen Augenblick oder zwei hat die Überlieferung ihn sogar zu einer Hauptfigur gemacht. Einmal, wenn er aufbricht aus der Stadt Nazareth, um sich in die Zähllisten eintragen zu lassen mit Maria, seinem angetrauten Weibe. Er wird für die Unterkunft gesorgt haben unterwegs, mit nicht sehr großem Erfolg, wie man weiß. Alles ist überbelegt, die zu Zählenden drängen sich in der Nähe der Hauptstadt, es bleibt in der Herberge nur ein Stall, in dem Maria von der Niederkunft überrascht wird. Da steht Joseph dann seinen Mann, da er nun einmal aus diesem und jenem Grunde in die Geschichte geraten ist. Er ist das fünfte Rad am Wagen der Heilsgeschichte, nicht gerade ungeliebt, doch eher mit skeptischer Reverenz begleitet und zeremoniell verehrt, wenn es denn schon sein muß, als Vaterfigur honoris causa, Joseph der Uneigentliche.

Daß er arm war oder jedenfalls mit irdischen Gütern nicht gesegnet, geht aus der Erzählung des Evangelisten Lukas hervor, wonach Maria und Joseph anstatt eines Lammes, wie damals vorgeschrieben, zwei junge Tauben im Tempel opferten. Das war nur den Armen gestattet. Auch alle übrigen Umstände deuten auf die beschränkten Verhältnisse der Zimmermanns-Familie hin, und wohl nicht von ungefähr macht sich Jesus später zum Anwalt der Armen. Er wird Entbehrungen aus der eigenen Familie gekannt haben. Hatte es Joseph als Handwerker nicht weit gebracht? Wie lebte ein Zimmermann im Lande Galiläa? War das Land verelendet, von Besatzungssoldaten ausgeplündert? War Joseph, dieser große Schweiger der Bibel, von dem kein einziger Ausspruch überliefert ist, ein in sich gekehrter, grüblerischer, tatenarmer Mensch? Sonderbar doch, daß er zu den wenigen bedeutenden Entschlüssen seines Lebens fähig ist. Von seiner zweiten wichtigen Tat – sofern wir das Wichtigere nicht noch in ganz anderen, inneren Vorgängen erblicken werden – muß noch die Rede sein. Als ihm nach der Geburt Jesu, nachts im Traum, Gott oder eine Eingebung befiehlt: Stehe auf, nimm die Mutter und das Kind und fliehe mit ihnen vor den Häschern des Herodes eiligst ins Ägyptenland und bleibe dort so lange, bis ich dich rufen werde – da zögert er keinen Augenblick, bei der Nacht aufzubrechen und die weite Reise nach Ägypten anzutreten, um das Kind zu retten. Beherzt rafft er sich auf, und ebenso schnell und resolut befolgt er den Befehl des Engels, heimzukehren ins Land Israel und sich vor der Stadt Nazareth anzusiedeln. Womit sich seine äußere Biographie auch schon erschöpft. Ein Mann, der nur dem Rufe folgt und dann abzutreten hat. Oder war er mehr als das?

Das Matthäus-Evangelium beginnt sozusagen mit einem genealogischen Paukenschlag. Hier wird Jesu Stammbaum von Abraham über David herabverfolgt, einer zeugt den andern bis zu Joseph, den Mann Marias, »von welcher ist geboren Jesus, der da heißt Christus«. Das ist der Wortlaut. Nicht mehr zeugt Joseph auch Jesus. Zwischen Joseph und Jesus drängt sich die ganze theologische Problematik der unbefleckten Empfängnis, und es scheint, als habe das Bewußtsein dieser Problematik, der Blickwinkel der Gottesherkunft, bereits den Autoren der Evangelien die Feder geführt und Joseph aus dem Neuen Testament eiligst wieder hinausbefördert. Wir wollen vom Glauben keine Beweise fordern, denn der Glaube setzt das Unmögliche voraus. Die Figuren des Neuen Testaments sind jedoch auch Menschen wie unsereins, die Bibel erzählt Menschengeschichte, und daß die Verfasser der Evangelien Joseph in dieser Hinsicht nicht ganz gerecht werden, da sie seinen tiefen menschlichen Konflikt angesichts der Schwangerschaft Marias mit wenigen Worten erledigen und dann nie mehr darauf zurückkommen, als handle es sich um das Selbstverständlichste der Welt, muß im Grunde unbefriedigt lassen. Denn die Situation, in die Joseph gerät und die alle Möglichkeiten schmerzvoller Beunruhigung für ihn bereithält, stellt ihn vor eine moralische Entscheidung, die der näheren Betrachtung wert ist. Eine einzige Stelle des Neuen Testaments gibt darüber Auskunft. Es sind die Verse 18 bis 25 im ersten Kapitel des Matthäus. Sie lauten:

»Als Maria dem Joseph vertrauet war, fand sich's, ehe er sie heimholte, daß sie schwanger war von dem heiligen Geist. Joseph aber, ihr Mann, war fromm und wollte sie nicht in Schande bringen, gedachte aber, sie heimlich zu verlassen. Indem er aber also gedachte, siehe, da erschien ihm ein Engel des Herrn im Traum und sprach: Joseph, du Sohn Davids, fürchte dich nicht, Maria, dein Gemahl, zu dir zu nehmen; denn das in ihr geboren ist, das ist von dem heiligen Geist ... Da nun Joseph vom Schlaf erwachte, tat er, wie ihm des Herrn Engel befohlen hatte, und nahm sein Gemahl zu sich; und er erkannte sie nicht, bis sie ihren ersten Sohn gebar; und hieß seinen Namen Jesus.«

Der Text der Luther-Bibel von 1545, von der sich meine vergleichsweise altertümliche Übersetzung vom Jahr 1915 noch nicht sehr weit entfernt hat, weist einen feinen Unterschied und eine Erläuterung Luthers auf, und zwar an der Stelle: »Joseph aber, ihr Mann, war fromm und wollte sie nicht in Schande bringen.« Da steht im originalen Luther-Text: »Joseph aber jr Man war from und wolt sie nicht rügen.« Und am Rand fügt Martin Luther dem »Rügen« eine Bemerkung hinzu: »Das ist / Er wolt sie nicht zu schanden machen fur den Leuten / als er wol macht hatte nach dem Gesetze. Vnd rhümet also S. Mattheus Joseph frömkeit / Das er sich auch seines Rechten / vmb liebe willen / verzihen hat.« Mit anderen Worten: Joseph entschied, Maria nicht der gesellschaftlichen Ächtung preiszugeben, und damit rettete er ihr und dem Kind das Leben. Nach jüdischem Recht wäre sie vermutlich gesteinigt worden. Luther kann sich nicht versagen, noch einmal ausdrücklich Josephs Güte herauszustreichen, da er nicht dem Gesetz, sondern dem Gebot der Liebe folgte, als er Maria verzieh.

Und zu verzeihen gab es allerdings eine ganze Menge. Der Bibeltext enthält mehr, als Matthäus ausspricht. Die wenigen Verse bergen das größte Skandalon des Neuen Testaments, Jesu unbegreifliche Herkunft, die – zu einem Zeitpunkt, da noch kein Stern erschienen ist und die Engel nicht singen – für Joseph eine Zumutung bedeuten muß und seinen guten Glauben überfordert. Was Maria ihm auch geantwortet haben mag auf seine Fragen, immer vorausgesetzt, er habe überhaupt gefragt und nicht geschwiegen; was sie ihm auch erzählt haben mag von der Stunde ihrer Erwählung oder wovon immer – wer ist Joseph, daß er ihr glauben kann? Hier deutet sich eine Verwicklung an, die sich im griechischen Drama oder in der nordischen Sage gewiß zu blutigen Exzessen ausgewachsen hätte, zu einer Geschichte von Schwur, Treue und Verrat, von Mißtrauen, Rache und Untergang. Auch der biblische Autor läßt zumindest durchblicken, daß über einen so ernsten Konflikt kein Mensch leichten Herzens hinweggehen kann. Das ist ja doch jedermanns Geschichte oder könnte es sein: Ein Mann erwählt sich eine Frau, will sie heimführen, findet sie aber schwanger ohne sein Dazutun. Wie wird er reagieren? Wird er seine Wut an ihr auslassen? Überläßt er die Schwangere ihrem ungewissen Schicksal?

Joseph, heißt es, ist fromm, nämlich guten Herzens. Er liebt das arme Mädchen zu sehr, als daß er sie ins Unglück zu stoßen vermöchte. Aber neben der Untreuen kann er auch nicht leben. Daher will er sich heimlich aus dem Staube machen, die Zeit wird heilen. Dann kommt ihm die Eingebung. Nicht erscheint ihm ein zürnender Gott im Dornbusch, sondern im Traum spricht der Engel zu ihm: Dieser, der geboren werden wird, ist vom Heiligen Geist. Was ja dem guten Mann auch nicht gerade eine sehr eingängige Erklärung gewesen sein wird. Es ist niemals wieder die Rede davon, was er sich dabei gedacht hat. Und niemals, wenn wir den Texten trauen dürfen, verliert er darüber ein einziges Wort.

Was bedeutet das alles? Auch Luther muß, als er sich bei Josephs Konflikt aufhielt, gefühlt haben: Dieser Mann hat Liebe. Er betrachtet das Kind im ganz wörtlichen Sinn als Gottesgeschenk. Mir erscheint das als das eigentliche, noch vorchristliche und vorchristologische Wunder des Neuen Testaments und der christlichen Überlieferung. Joseph vertraut seiner Frau, sie mag zur Welt bringen wen immer, er wird nicht schwankend werden und nicht weichen. Zu Unrecht haftet an ihm der Ruch des Zweiflers. Sein Verhalten nach der Geburt Jesu liefert beredte Beispiele. Joseph schafft eine Liebestatsache. Wenn Friede herrschen soll unter den Menschen, dann beginnt er so: mit Vertrauen. Damit rückt Joseph zu einer zentralen Gestalt nicht nur der Weihnachtsgeschichte, sondern einer Theologie auf, die das Christentum als Liebesreligion begreift.

Das Verhalten der Eltern fordert aber auch dazu heraus, die Folgen für den Sohn zu bedenken und sich sein Vaterbild genauer vorzustellen. Denn einmal fragt jeder Sohn nach seinem Vater. Auch Jesus, so versichert uns die Kirche, ist ja Mensch und nicht gleich der Heilsbringer, der Erlöser, der Religionsstifter oder der König der Juden, sondern ein Kind, ein Halbwüchsiger, der im

Tempel sitzt und den Lehrern lauscht, wobei alle seinen scharfen Verstand bewundern. Wann wird er sich Gedanken über seinen so wortkargen und ausdrucksarmen Vater Joseph gemacht haben? Vor oder nach dessen Tod? Es gibt weder einen Hinweis, daß die Mutter ihn über seine Herkunft aufgeklärt habe, noch bringt Maria selbst von Anfang an allzuviel Verständnis für die Mission des Sohnes auf. Als Jesus in jungen Jahren den Eltern einmal davonläuft und sie ihn in Jerusalem suchen und finden und die Mutter zu ihm spricht: »Mein Sohn, warum hast du uns das angetan? Siehe, dein Vater und ich haben dich mit Schmerzen gesucht«, da antwortet er ihr: »Was ist's, daß ihr mich gesucht habt? Wisset ihr nicht, daß ich sein muß in dem, das meines Vaters ist?« Und der Evangelist Lukas fügt hinzu: »Und sie verstanden das Wort nicht, das er mit ihnen redete.« Hatten sie ein so kurzes Gedächtnis? Oder lebten sie so sehr in Treu und Glauben miteinander, daß sie verdrängt hatten, was sich vor der Geburt des Sohnes abgespielt hatte?

Wenn aber der Sohn den Eltern um so vieles voraus war, könnte er dann nicht die Mutter gefragt haben: Wer ist jener Mann dort, der ein bißchen müde aussieht und als mein Vater ausgegeben wird? Bin ich der Sohn des Zimmermanns? Was kann eine Mutter antworten, außer – aber lassen wir die Antwort noch ein wenig anstehen. Wenn die Frage jedoch niemals laut wurde, was entsteht dann aus einem so verunsicherten Vaterbild? Das sind Überlegungen, die weit hergeholt oder unangebracht erscheinen mögen, die aber von der Theologie gleichwohl nie ganz ausgeschlossen worden sind. Ich meine nicht nur jene kritische Theologie, die die unbefleckte Empfängnis und damit die leibliche Gottessohnschaft Jesu zur Disposition stellt, sondern durchaus auch die streng orthodoxer Überlieferung. Nicht einmal die katholische Theologie knüpft die Gottessohnschaft Jesu im Prinzip an die Voraussetzung, daß es gar keine leibliche Vaterschaft gebe, daß also die Teilnahme Josephs an der uns überkommenen Geschichte Christi geleugnet werden müßte. Betrachten wir aber Jesus als historische Gestalt – was sie nebenbei auch ist – und hinsichtlich der anderen Seite seines Wesens, nämlich als Mensch, so muß auch die Frage nach seinem möglichen Vaterverständnis aufgeworfen werden können.

Es gehört zu den meisten Erlöser-Mythen – Herkules, Siegfried, Jesus –, daß ihre Herkunft im dunkeln bleibt und der Vater ins Rätsel gehüllt ist. Da die Evangelien keine historischen Schriften, sondern Verkündigungsschriften sind, also dem Zwang zur historischen Treue gar nicht unterliegen (wie Hans Küng bemerkt), bedeuten Genealogien so gut wie nichts. Jesus ist »der Sohn«, und der Begriff vermengt messianische und genealogische Herkunft auf vielbedeutende Weise. Befänden wir uns nicht gerade in der Familie des Zimmermanns mit ihren religionsgeschichtlichen Folgen, so würden wir wohl von der Notwendigkeit sprechen, daß sich der Sohn unter solchen Umständen ein Über-Ich erfindet. Im psychologischen Sinn wird die Geschichte der Vater-Verrätselung zur Einsetzung eines Vaters durch den Sohn. Wenn Gott sich nicht nur den Menschen erschaffen hat nach seinem Bilde, sondern auch der Mensch Gott nach dem Bilde des Menschen, so heißt der christliche Gott zu Recht »Vater«.

Wir wissen nicht, ob der Sohn seine Mutter gefragt hat, wer Joseph sei. Und wir wissen auch nicht, ob Maria antwortete, sofern er gefragt hat. Davon steht nichts im Neuen Testament, und es sei uns fern, es mit romanhaften Dialogen auszuschmücken. Wenn aber Maria eine Antwort gewußt hat – und dafür liefert uns das Matthäus-Evangelium nun tatsächlich die Anhaltspunkte –, so könnte sie nur lauten: Siehe, Joseph hat mich geliebt! Das beläßt zwar Joseph in der Ferne des Geheimnisses, aber nicht er ist mehr der Zweifelnde, sondern die andern sind es, die sein Handeln ins Zwielicht ziehen, die nicht glauben, wie er geglaubt hat. Der große Schweiger hat sein Geheimnis mit ins Grab genommen, das keiner kennt. Genug, er hat geliebt, eine friedensstiftende Gestalt von stummer Würde, ein milder Mann, sympathisch, weise und menschlich – das eigentliche Wunder.

Maria

Die Nacht ihrer ersten Geburt war
Kalt gewesen. In späteren Jahren aber
Vergaß sie gänzlich
Den Frost in den Kummerbalken und rauchenden Ofen
Und das Würgen der Nachgeburt gegen Morgen zu.
Aber vor allem vergaß sie die bittere Scham
Nicht allein zu sein
Die dem Armen eigen ist.
Hauptsächlich deshalb
Ward es in späteren Jahren zum Fest, bei dem
Alles dabei war.
Das rohe Geschwätz der Hirten verstummte.
Später wurden aus ihnen Könige in der Geschichte.
Der Wind, der sehr kalt war
Wurde zum Engelsgesang.
Ja, von dem Loch im Dach, das den Frost einließ, blieb nur
Der Stern, der hineinsah.
Alles dies
Kam vom Gesicht ihres Sohnes, der leicht war
Gesang liebte
Arme zu sich lud
Und die Gewohnheit hatte, unter Königen zu leben
Und einen Stern über sich zu sehen zur Nachtzeit.

So ward Abend und Morgen

Erst mittags war er auf den Gedanken gekommen, die
Weihnachtsgeschenke für Anna im Bahnhof am Gepäckschalter abzugeben; er war glücklich über den Einfall,
weil er ihn der Notwendigkeit enthob, gleich nach Hause
zu gehen. Seitdem Anna nicht mehr mit ihm sprach,
fürchtete er sich vor der Heimkehr; ihre Stummheit
wälzte sich über ihn wie ein Grabstein, sobald er die
Wohnung betreten hatte. Früher hatte er sich auf die
Heimkehr gefreut, zwei Jahre lang seit dem Hochzeits-
tag: er liebte es, mit Anna zu essen, mit ihr zu sprechen,
dann ins Bett zu gehen; am meisten aber liebte er die
Stunde zwischen Zu-Bett-Gehen und Einschlafen. Anna
schlief früher ein als er, weil sie jetzt immer müde war –
und er lag im Dunkeln neben ihr, hörte ihren Atem, und
aus der Tiefe der Straße schossen manchmal die Scheinwerfer der Autos Licht über die Zimmerdecke, Licht,
das sich senkte, wenn die Autos die Steigung der Straße
erreicht hatten, Streifen hellen, gelben Lichts, das für
einen Augenblick das Profil seiner schlafenden Frau an
die Wand warf; dann fiel wieder Dunkelheit übers Zimmer, und es blieben nur die zarten Kringel: das Muster
des Vorhangs, vom Gaslicht der Laterne an die Decke
gezeichnet. Diese Stunde liebte er von allen Stunden des
Tages am meisten, weil er spürte, wie der Tag von ihm
abfiel, und er in den Schlaf tauchte wie in ein Bad.
Jetzt schlenderte er zögernd am Gepäckschalter vorbei, sah hinten seinen Karton noch immer zwischen dem

roten Lederkoffer und der Korbflasche stehen. Der offene Aufzug, der vom Bahnsteig herunterkam, war leer, weiß von Schnee: er senkte sich wie ein Blatt Papier in den grauen Beton des Schalterraums, und der Mann, der ihn bedient hatte, kam nach vorn und sagte zu dem Beamten: »Jetzt wird's richtig Weihnachten. Ist doch schön, wenn die Kinder Schnee haben, was?« Der Beamte nickte, spießte stumm Zettel auf seinen Nagel, zählte das Geld in seiner Holzschublade und sah mißtrauisch zu Brenig hinüber, der den Gepäckschein aus der Tasche genommen, ihn aber dann wieder zusammengelegt und eingesteckt hatte. Er war schon zum drittenmal hier, hatte zum drittenmal den Zettel herausgenommen und ihn wieder eingesteckt. Die mißtrauischen Blicke des Beamten störten ihn, und er schlenderte zum Ausgang, blieb dort stehen und sah auf den leeren Vorplatz. Er liebte den Schnee, liebte die Kälte; als Junge hatte er sich daran berauscht, die kalte klare Luft einzuatmen, und er warf jetzt seine Zigarette weg und hielt sein Gesicht in den Wind, der leichte und sehr viele Schneeflocken auf den Bahnhof zutrieb. Brenig hielt die Augen offen, denn er mochte es, wenn sich die Flocken an seinen Wimpern festklebten, immer neue, während die alten schmolzen und in kleinen Tropfen über seine Wangen liefen. Ein Mädchen ging schnell an ihm vorbei, und er sah, wie ihr grüner Hut, während sie über den Vorplatz lief, vom Schnee bedeckt wurde, aber erst als sie an der Straßenbahnstation stand, erkannte er in ihrer Hand den kleinen, roten Lederkoffer, der neben seinem Karton im Gepäckraum gestanden hatte.

Man sollte nicht heiraten, dachte Brenig, sie gratulieren einem, schicken einem Blumen, lassen blöde Telegramme ins Haus bringen, und dann lassen sie einen allein. Sie erkundigen sich, ob man an alles gedacht hat: an das Küchengerät, vom Salzstreuer bis zum Herd, und zuletzt vergewissern sie sich, ob auch die Flasche mit Suppenwürze im Schrank steht. Sie rechnen nach, ob man eine Familie ernähren kann, aber was es bedeutet, eine Familie zu *sein*, das sagt einem keiner. Blumen schicken sie, zwanzig Sträuße, und es riecht wie bei einer Beerdigung, dann zerschmeißen sie Porzellan vor der Haustür und lassen einen allein.

Ein Mann ging an ihm vorbei, und er hörte, daß der Mann betrunken war und sang: »Alle Jahre wieder«, aber Brenig veränderte die Lage seines Kopfes nicht, und so bemerkte er erst spät, daß der Mann eine Korbflasche in der rechten Hand trug, und er wußte, daß der Karton mit den Weihnachtsgeschenken für seine Frau jetzt allein oben auf dem obersten Brett im Gepäckraum stand. Ein Schirm war drin, zwei Bücher und ein großes Piano aus Mokkaschokolade: die weißen Tasten waren aus Marzipan, die dunklen aus reinem Krokant. Das Schokoladenpiano war so groß wie ein Lexikon, und die Verkäuferin hatte gesagt, daß sich die Schokolade ein halbes Jahr hielte. – Vielleicht war ich zu jung zum Heiraten, dachte er, vielleicht hätte ich warten sollen, bis Anna weniger ernst und ich ernster geworden wäre, aber er wußte ja, daß er ernst genug, und Annas Ernst gerade richtig war. Er liebte sie deswegen. Um der Stunde vor dem Einschlafen willen hatte er aufs Kino, aufs Tanzen verzichtet, hatte Verabredungen nicht eingehalten. Abends, wenn er im Bett lag, kam Frömmigkeit über ihn, Frieden, und er wiederholte sich dann oft den Satz, dessen Wortlaut er nicht mehr ganz genau wußte: »Gott schuf die Erde und den Mond, ließ sie über den Tag und die Nacht walten, zwischen Licht und Finsternis scheiden, und Gott sah, daß es gut war. So ward Abend und Morgen.« Er hatte sich vorgenommen, in Annas Bibel den Satz noch einmal genau nachzulesen, aber er vergaß es immer wieder. Daß Gott Tag und Nacht erschaffen hatte, erschien ihm mindestens so großartig wie die Erschaffung der Blumen, der Tiere und des Menschen.

Er liebte diese Stunde vor dem Einschlafen über alles. Aber seitdem Anna nicht mehr mit ihm sprach, lag ihre Stummheit wie ein Gewicht auf ihm. Hätte sie nur gesagt: »Es ist kälter geworden . . .«, oder: »Es wird regnen . . .«, er wäre erlöst gewesen – hätte sie nur »Ja, ja«, oder »Nein, nein« gesagt, irgend etwas viel Dümmeres als das, er wäre glücklich und der Gedanke an die Heimkehr wäre nicht mehr schrecklich gewesen. Aber ihr Gesicht war für Augenblicke wie aus Stein, und in diesen Augenblicken wußte er plötzlich, wie sie als alte Frau aussehen würde; er erschrak, sah sich plötzlich dreißig Jahre weit vorwärtsgeworfen in die Zukunft wie eine steinerne Ebene, sah auch sich alt, mit einem Gesicht, wie manche Männer es hatten, die er kannte: gerillt von Bitternis, krampfig von verschlucktem Schmerz und leise mit Galle durchgefärbt bis in die Nasenflügel hinein: Masken, durch den Alltag gestreut wie Totenköpfe . . .

Manchmal auch, obwohl er sie erst seit drei Jahren kannte, hatte er gewußt, wie sie als kleines Mädchen ausgesehen hatte, er sah sie als Zehnjährige träumend über einem Buch bei Lampenlicht, ernsthaft, dunkel die Augen unter den hellen Wimpern, blinzelnd über dem Gelesenen mit offenem Mund . . . Oft, wenn er ihr beim Essen gegenübersaß, veränderte sich ihr Gesicht wie jene Bilder, die sich durch Schütteln verändern, und er wußte plötzlich, daß sie schon als Kind genauso dagesessen

213

hatte, vorsichtig die Kartoffeln mit der Gabel zerkleinert und die Soße langsam hatte darübertröpfeln lassen ... Der Schnee hatte seine Wimpern fast verklebt, aber er konnte noch die 4 erkennen, die leise über den Schnee heranglitt wie ein Schlitten.

Vielleicht sollte ich sie anrufen, dachte er, sie bei Menders ans Telefon bitten, dann würde sie mit mir sprechen müssen. Gleich nach der 4 würde die 7 kommen, die letzte, die an diesem Abend fuhr, aber ihn fror jetzt, und er ging langsam über den Platz, sah von weitem die hellerleuchtete 7, blieb unentschlossen an der Telefonzelle stehen und sah in ein Schaufenster hinein, wo die Dekorateure Weihnachtsmänner und Engel gegen andere Puppen auswechselten: dekolletierte Damen, deren nackte Schultern mit Konfetti bestreut, deren Handgelenke mit Luftschlangen gefesselt waren. Puppen von Kavalieren mit graumeliertem Haar wurden hastig auf Barhocker gesetzt, Pfropfen von Sektflaschen auf die Erde gestreut, einer Puppe wurden die Flügel und die Locken abgenommen, und Brenig wunderte sich, wie schnell sich ein Engel in einen Mixer verwandeln ließ. Schnurrbart, dunkle Perücke, und fix an die Wand genagelt der Spruch: »Silvester ohne Sekt?«

Weihnachten war hier schon zu Ende, bevor es angefangen hatte. Vielleicht, dachte er, ist auch Anna zu jung, sie war erst einundzwanzig, und während er im Schaufenster sein Spiegelbild betrachtete, sah er, daß der Schnee seine Haare wie eine kleine Krone bedeckte – so hatte er es früher auf Zaunpfählen gesehen –, fiel ihm ein, daß die Alten unrecht hatten, wenn sie von der fröhlichen Jugendzeit sprachen: wenn man jung war, war alles ernst und schwer, und niemand half einem, und er wunderte sich plötzlich, daß er Anna ihrer Stummheit wegen nicht haßte, daß er nicht wünschte, eine andere geheiratet zu haben. Das ganze Vokabular, das einem so zugetragen wurde, galt nicht: Verzeihung, Scheidung, neu anfangen, die Zeit wird helfen – alle diese Worte halfen einem nichts. Man mußte allein damit fertig werden, weil man anders war als die anderen, und weil Anna eine andere Frau war als die Frauen der anderen.

Flink nagelten die Dekorateure Masken an die Wände, reihten Knallbonbons auf eine Schnur; die letzte 7 war längst abgefahren, und der Karton mit den Geschenken für Anna stand allein oben auf dem Regal.

Ich bin fünfundzwanzig, dachte er, und muß für eine Lüge, eine kleine Lüge, eine dumme Lüge, wie sie Millionen Männer jede Woche oder jeden Monat begehen, so hart bestraft werden: mit einem Blick in die steinerne Zukunft, muß Anna als Sphinx vor dieser Steinwüste hocken sehen, mich selbst, gelblich durchfärbt von Bitternis als alten Mann. Ja, immer würde die Flasche mit Suppenwürze im Schrank stehen, der Salzstreuer am rechten Ort, und er würde längst Abteilungsleiter sein und seine Familie gut ernähren können: eine steinerne Sippe, und niemals mehr würde er im Bett liegen und in der Stunde vor dem Einschlafen die Erschaffung des Abends loben, Gott für den großen Feierabend danken, und er würde jungen Leuten zur Hochzeit so dumme Telegramme schicken, wie er sie bekommen hatte . . .

Andere Frauen hätten gelacht über eine so dumme Lüge wegen des Gehalts, andere Frauen wußten, daß alle Männer ihre Frauen belogen: es war vielleicht eine Art naturbedingter Notwehr, gegen die sie ihre eigenen Lügen erfanden, Annas Gesicht aber war zu Stein geworden. Es gab auch Bücher über die Ehe, und er hatte in diesen Büchern nachgelesen, was man tun konnte, wenn etwas in der Ehe schiefging, aber in keinem der Bücher hatte etwas von einer Frau gestanden, die zu Stein geworden war. Es stand in den Büchern, wie man Kinder bekam und wie man keine Kinder bekam, und es waren viele große und schöne Worte, aber die kleinen Worte fehlten.

Die Dekorateure hatten ihre Arbeit beendet: Luftschlangen hingen über Drähten, die außerhalb des Blickwinkels befestigt waren, und er sah im Hintergrund des Ladens einen von den Männern mit zwei Engeln unter dem Arm verschwinden, während der zweite noch eine Tüte Konfetti über die nackten Schultern der Puppe leerte und das Schild »Silvester ohne Sekt?« noch ein wenig zurechtdrückte.

Brenig klopfte sich den Schnee von den Haaren, ging über den Platz zurück in die Bahnhofshalle, und als er den Gepäckschein zum viertenmal herausgenommen und geglättet hatte, lief er schnell, als habe er keine Sekunde mehr zu verlieren. Aber der Gepäckschalter war geschlossen, und es hing ein Schild vor dem Gitter: »Wird 10 Minuten vor Ankunft oder Abfahrt eines Zuges geöffnet.« Brenig lachte, er lachte zum erstenmal seit Mittag und blickte auf seinen Karton, der oben auf dem Regal hinter Gittern wie in einem Gefängnis lag. Die Abfahrttafel hing neben dem Schalter, und er sah, daß der nächste Zug erst in einer Stunde ankam. So lange kann ich nicht warten, dachte er, und nicht einmal Blumen oder eine Tafel Schokolade werde ich um diese Zeit bekommen, nicht ein kleines Buch, und die letzte 7 ist weg. Zum erstenmal in seinem Leben dachte er daran, ein Taxi zu nehmen, und er kam sich sehr erwachsen vor, zugleich ein wenig albern, als er über den Bahnhofsvorplatz zu den Taxis lief.

Er saß hinten im Wagen, hielt sein Geld in der Hand: 10 Mark, sein letztes Geld, das er reserviert hatte, um für Anna noch etwas Besonderes zu kaufen, aber er hatte nichts Besonderes gefunden, und nun saß er da mit seinem Geld in der Hand und beobachtete das Taxameter, das in kurzen Abständen – in sehr kurzen Abständen schien ihm – jedesmal um einen Groschen stieg, und jedesmal, wenn das Taxameter klickte, traf es ihn wie ins Herz, obwohl die Uhr erst bei DM 2,80 stand. Ohne Blumen, ohne Geschenke, hungrig, müde und dumm komme ich nach Hause, und ihm fiel ein, daß er im Wartesaal sicher eine Tafel Schokolade bekommen hätte.

Die Straßen waren leer, das Auto fuhr fast geräuschlos durch den Schnee, und in den Häusern konnte Brenig hinter den erleuchteten Fenstern die Weihnachtsbäume brennen sehen: Weihnachten, das, was er als Kind verstanden und an diesem Tag empfunden hatte, das schien ihm weit weg: was wichtig war und schwer wog, geschah unabhängig vom Kalender, und in der Steinwüste würde Weihnachten wie irgendein Tag im Jahr und Ostern gleich einem regnerischen Novembertag sein: dreißig, vierzig abgerissene Kalender, Blechhalter mit ausgefransten Papierresten, das würde übrigbleiben, wenn man nicht aufpaßte.

Er erschrak, als der Fahrer sagte: »Da sind wir . . .« Dann war er erleichtert, zu sehen, daß das Taxameter auf DM 3,40 stehengeblieben war. Er wartete ungeduldig, bis er auf sein Fünfmarkstück herausbekommen hatte, und es wurde ihm leicht ums Herz, als er oben Licht sah in dem Zimmer, wo Annas Bett neben seinem stand. Er nahm sich vor, nie diesen Augenblick der Erleichterung zu vergessen, und als er den Hausschlüssel herauszog, ihn in die Tür steckte, spürte er wieder dieses dumme

Gefühl, das er beim Besteigen des Taxis gespürt hatte: er kam sich so erwachsen vor, zugleich ein wenig albern.

In der Küche stand der Weihnachtsbaum auf dem Tisch, und es lagen Geschenke für ihn da: Strümpfe, Zigaretten und ein neuer Füllfederhalter und ein hübscher, bunter Kalender, den er sich im Büro würde über den Schreibtisch hängen können. Die Milch stand in der Kasserolle auf dem Herd, er brauchte nur das Gas anzuzünden, und die Brote waren fertig zubereitet auf dem Teller – aber das war jeden Abend so gewesen, auch seitdem Anna nicht mehr mit ihm sprach, und das Aufstellen des Weihnachtsbaumes und das Zurechtlegen der Geschenke war wie das Schmieren der Brote: eine Pflicht, und Anna würde immer ihre Pflicht tun. Er hatte keine Lust auf die Milch, und auch die appetitlichen Brote reizten ihn nicht. Er ging in die kleine Diele und sah sofort, daß Anna das Licht gelöscht hatte. Die Tür zum Schlafzimmer war aber offen, und er rief ohne viel Hoffnung leise in das dunkle Viereck: »Anna, schläfst du?« Er wartete, lang schien ihm, als fiele seine Frage unendlich tief, und das dunkle Schweigen in dem dunklen Viereck der Schlafzimmertür enthielt alles, was in dreißig, vierzig Kalenderjahren noch auf ihn wartete – und als Anna »Nein« sagte, glaubte er, sich verhört zu haben, vielleicht war es eine Täuschung, und er sprach hastig und laut weiter: »Ich habe eine Dummheit gemacht. Ich habe die Geschenke für dich bei der Aufbewahrung am Bahnhof abgegeben, und als ich sie holen wollte, war geschlossen, und ich wollte nicht warten. Ist es schlimm?«

Diesmal war er sicher, ihr »Nein« richtig gehört zu haben, aber er hörte auch, daß dieses »Nein« nicht aus der Ecke des Zimmers kam, wo ihre Betten gestanden

218

hatten. Offenbar hatte Anna ihr Bett ans Fenster gerückt. »Es ist ein Schirm«, sagte er, »zwei Bücher und ein kleines Piano aus Schokolade, es ist so groß wie ein Lexikon, die Tasten sind aus Marzipan und Krokant.« Er sprach nicht weiter, lauschte auf Antwort, aber es kam nichts aus dem dunklen Viereck, aber als er fragte: »Freust du dich?«, kam das »Ja« schneller als die beiden »Nein« vorher ...

Er löschte das Licht in der Küche, zog sich im Dunkeln aus und legte sich in sein Bett: durch die Vorhänge hindurch konnte er die Weihnachtsbäume im Hause gegenüber sehen, und unten im Hause wurde gesungen, er aber hatte seine Stunde wieder, hatte zwei »Nein« und ein »Ja«, und wenn ein Auto die Straße heraufkam, schoß der Scheinwerfer für ihn Annas Profil aus der Dunkelheit heraus ...

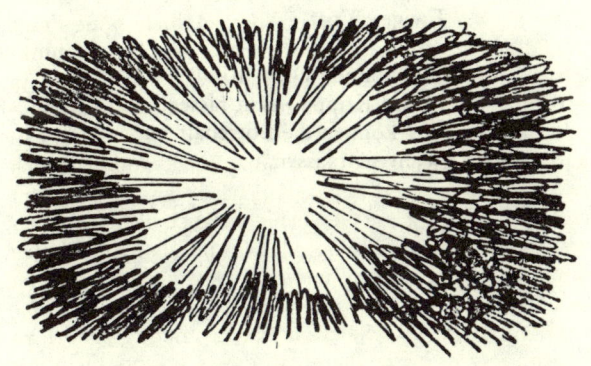

Die Stimmen der Anbetung

Wir suchen dich nicht.
Wir finden dich nicht.
Du suchst und Du findest uns,
Ewiges Licht.

Wir lieben Dich wenig,
Wir dienen Dir schlecht,
Du liebst und Du dienst uns,
Ewiger Knecht.

Wir eifern im Unsern
Am selbstischen Ort,
Du mußt um uns eifern,
Ewiges Wort.

Wir können Dich, Kind,
In der Krippe, nicht fassen.
Wir können die Botschaft nur
Wahr sein lassen.

Maria durch ein'n Dornwald ging

1. Ma - ri - a durch ein'n Dorn-wald ging,
Ky-ri - e - lei - son! Ma - ri - a durch ein'n
Dorn-wald ging, der hat in sie-ben Jahr kein
Laub ge-tra-gen. Je - sus und Ma - ri - a.

2. Was trug Maria unter ihrem Herzen?
Kyrieleison!
Ein kleines Kindlein ohne Schmerzen,
das trug Maria unter ihrem Herzen.
Jesus und Maria.

3. Da haben die Dornen Rosen getragen,
Kyrieleison!
Als das Kindlein durch den Wald getrag'n,
da haben die Dornen Rosen getrag'n.
Jesus und Maria.

ALPHONSE DAUDET

Die drei stillen Messen

I

»Zwei getrüffelte Puten, Garrigou?«

»Ja, Hochwürden, zwei prächtige Puten, vollgestopft mit Trüffeln. Ich kann Euch was erzählen, denn ich war's ja, der geholfen hat, sie zu füllen. Man hätte gemeint, ihre Haut müsse platzen beim Braten, so prall war sie ...«

»Jesus-Maria! wo ich Trüffeln so gerne mag! ... Gib mir schnell mein Chorhemd, Garrigou ... Und außer den Puten, was hast du sonst noch in der Küche gesehen? ...«

»Oh, lauter gute Sachen ... Seit Mittag haben wir nichts anderes getan, als Fasanen gerupft, Wiedehopfe, Haselhühner, Auerhähne. Daß die Federn nur so überall herumflogen ... Dann hat man aus dem Teich Aale gebracht, goldene Karpfen, Forellen und ...«

»Wie dick, die Forellen, Garrigou?«

»So dick, Hochwürden ... über die Maßen! ...«

»O Gott, mir ist, ich sehe sie ... Hast du den Wein in die Meßkännchen gefüllt?«

»Ja, Hochwürden, ich habe den Wein in die Meßkännchen gefüllt ... Aber verflixt! der ist nichts gegen den, den Ihr nachher trinken werdet, wenn Ihr aus der Mitternachtsmesse kommt. Wenn Ihr das gesehen hättet im Speisesaal des Schlosses, all die flammenden Karaffen, mit Wein von jeglicher Farbe gefüllt ... Das Silbergeschirr, die ziselierten Tafelaufsätze, die Blumen, die Kandelaber! ... Ein solches Weihnachtsmahl wird es noch nie gegeben haben. Der Herr Marquis hat alle Edelleute aus der Nachbarschaft geladen. Ihr werdet mindestens vierzig bei Tisch sein, den Amtmann und den Notar nicht mitgezählt ... Ah, Ihr seid glücklich, Hochwürden, dabeizusein! ... Nur davon, daß ich an den schönen Puten geschnuppert habe, verfolgt mich der Duft der Trüffeln überall ... Mmh! ...«

»Komm, komm, mein Sohn, hüten wir uns vor der Sünde der Völlerei, vor allen Dingen in der Heiligen Nacht ... Schnell, geh und zünde die Kerzen an und läute den ersten Glockenschlag zur Messe, denn sieh, es ist schon bald Mitternacht und wir wollen uns nur nicht verspäten ...«

Dies Gespräch fand statt in einer Weihnachtsnacht, im Jahre des Heils sechzehnhundertsoundsoviel, zwischen dem hochwürdigen Dom Balaguère, ehemals Prior der Barnabiten, jetzt besoldeter Schloßkaplan der Herren von Trinquelage, und seinem kleinen Meßdiener Garrigou, oder wenigstens dem, den er für seinen kleinen Meßdiener Garrigou hielt, denn Sie werden sehen, daß an jenem Abend der Teufel das runde Gesicht und die unbestimmten Züge des jungen Kirchendieners angenommen hatte, um den hochwürdigen Vater besser in Versuchung führen zu können und ihn eine furchtbare Sünde der Völlerei begehen zu lassen. Also, während der angebliche Garrigou (hm! hm!) aus vollen Kräften die Glocken der herrschaftlichen Kapelle erschallen ließ, legte Hochwürden in der kleinen Sakristei des Schlosses sein Meßgewand fertig an, und da sein Geist schon getrübt war von all den gastronomischen Beschreibungen, sagte er beim Ankleiden immerzu vor sich hin:

»Gebratene Puten ... goldene Karpfen ... so dicke Forellen! ...«

Draußen blies der Nachtwind, und wie er die Musik der Glocken hierhin und dorthin wehte, so erschienen im Dunkeln Lichter an den Hängen des Mont Ventoux, auf dem sich hoch oben die alten Türme von Trinquelage erhoben. Es waren die Familien der Pächter, die kamen, um im Schloß die Mitternachtsmesse zu hören. Sie stiegen singend in Gruppen zu fünfen oder sechsen den Abhang hinauf, der Vater voran, mit der Laterne in der Hand, die Frauen in ihre großen braunen Umhänge gehüllt, unter die sich die Kinder drängten, um Schutz zu suchen. Trotz der nächtlichen Stunde und der Kälte marschierte das ganze brave Volk munter drauflos, getragen von dem Gedanken, daß nach der Messe für sie, wie in jedem Jahr, der Tisch unten in den Küchen gedeckt sein würde. Von Zeit zu Zeit ließ auf dem holperigen Weg bergan die Karosse eines Edelmannes, vor welcher Fackelträger herliefen, ihre Fenster im Mondlicht spiegeln, oder es trabte eine Mauleselin herauf und schüttelte kräftig ihre Schellen, und im Schein der von Nebel umhüllten Stocklaternen erkannten die Pächter ihren Amtmann und grüßten ihn, wo er vorüberkam:

»Guten Abend, guten Abend, Meister Arnoton!«

»Guten Abend, guten Abend, meine Kinder!«

Die Nacht war klar, die Kälte ließ die Sterne heller funkeln. Der Nordostwind stach, und ein feiner Eisregen, der über die Kleider glitt, ohne sie naß zu machen, sorgte getreulich für die Tradition der schneeweißen Weihnacht. Ganz oben auf der Höhe erschien als Ziel das Schloß mit seiner gewaltigen Masse von Türmen, Zinnen, dem Glockenturm seiner Kapelle, der in den schwarzblauen Himmel ragte, und einer Menge kleiner

Lichter, die blinzelten, kamen, gingen, sich an allen
Fenstern bewegten und auf dem dunklen Hintergrund
des Gebäudes aussahen wie Funken, die durch die Asche
von verbranntem Papier huschen ... Hatte man die
Zugbrücke und das Tor passiert, mußte man, um in die
Kapelle zu gelangen, den ersten Hof überqueren, der
voller Karossen, Diener und Sänften war und ganz hell
von den Flammen der Fackeln und dem lodernden
Schein aus den Küchen. Man hörte das Klirren der
Bratenwender, das Klappern von Töpfen, das Aneinan-
derstoßen von Kristall und Silbergeschirr, mit dem beim
Rüsten eines Mahls hantiert wird; darüber verbreitete
sich ein warmer Dunst, der wunderbar nach allem möglichen gebratenen Fleisch und den kräftigen Kräutern
komplizierter Soßen roch und sowohl die Pächter wie
den Kaplan, wie den Amtmann, wie alle Welt sagen ließ:
»Was für ein köstliches Weihnachtsmahl werden wir
gleich nach der Messe halten.«

II

Klingeling ling! ... Klingeling ling! ...
Da beginnt die Mitternachtsmesse. In der Kapelle des
Schlosses, einer Kathedrale im kleinen, mit zierlichen
Kreuzbögen und Eichentäfelung bis zur vollen Höhe der
Mauern, hat man die Wandteppiche ausgespannt, alle
Kerzen angezündet. Und welche Menschenmenge! Und
welche Roben! Dort zunächst im geschnitzten Gestühl,
das den Chor umgibt, der Herr von Trinquelage in einem
lachsfarbenen Taftgewand, umgeben von all den gelade-
nen adligen Herren. Ganz vorn auf samtgeschmückten
Betstühlen haben die alte verwitwete Marquise in ihrem
feuerfarbenen Brokatgewand und die junge Frau von

Trinquelage mit einer hohen Turmhaube aus Waffelspitzen nach der letzten Mode des französischen Hofes Platz genommen. Weiter unten sieht man, ganz in Schwarz gekleidet, mit großen, spitz zulaufenden Perücken und rasierten Gesichtern den Amtmann Thomas Arnoton und den Notar Meister Ambroy, zwei ernste Töne zwischen den farbenprächtigen Seiden und golddurchwirkten Damasten. Dann kommen die dicken Haushofmeister, die Pagen, die Vorreiter, die Verwalter, Dame Barbe, mit all ihren Schlüsseln an der Seite auf einem Ring aus feinem Silber; hinten auf den Bänken die einfache Dienerschaft, die Mägde, die Pächter mit ihren Familien und endlich, ganz im Hintergrund und an die Tür gelehnt, die sie leise öffnen und wieder schließen, die Herren Küchenjungen, die zwischen zwei Soßen hereinkommen, ein klein wenig Christmettenluft zu atmen, und einen Duft von Weihnachtsmahl in die festliche und von all den brennenden Kerzen warme Kirche bringen.

Ist es der Anblick dieser kleinen, weißen Mützen, der den Offizianten leicht ablenkt? Ist es nicht eher das Glöckchen Garrigous, dieses wütende kleine Glöckchen, das sich am Fuße des Altars mit einer infernalischen Überstürzung rührt und unentwegt zu sagen scheint:

»Beeilen wir uns, beeilen wir uns ... Je eher wir fertig sind, desto eher werden wir bei Tische sein.«

Tatsache ist, daß jedesmal, wenn es klingelt, dieses Satansglöckchen, der Kaplan seine Messe vergißt und nur noch an das Weihnachtsmahl denkt. Er stellt sich die geschäftigen Köche vor, die Herde, in denen ein wahres Schmiedefeuer brennt, den Dunst, der unter den angehobenen Topfdeckeln hervorquillt, und in diesem Dunst zwei prächtige gefüllte Puten, prall, marmoriert von durchschimmernden Trüffeln ...

Oder er sieht auch wohl Reihen von Pagen vorbeidefilieren, die von verführerischen Dämpfen umwallte Schüsseln tragen, und mit ihnen tritt er in den großen Saal, wo schon alles für das Fest bereit ist. O welche Wonnen! da ist die unübersehbare, hochbeladene, schimmernde Tafel, die Pfauen, garniert mit ihren Federn, die Fasanen, die ihre goldbraunen Flügel ausbreiten, die rubinfarbenen Flaschen, die Pyramiden prachtvoller Früchte zwischen grünen Zweigen und diese wundervollen Fische, von denen Garrigou sprach (ah! ja gewiß, Garrigou!), ausgebreitet auf einer Lage von Fenchel, mit perlmuttern schimmernder Schuppenhaut, so als kämen sie gerade aus dem Wasser mit einem Sträußchen duftender Kräuter in ihren Seeungeheuer-Nüstern. So lebendig ist die Vision all dieser Wunder, daß es Dom Balaguère vorkommt, als seien diese ganzen großartigen Gerichte vor ihm auf der Stickerei der Altardecke serviert, und zwei- oder dreimal ertappt er sich, daß er anstelle des »Dominus vobiscum!« das »Benedicite« spricht. Abgesehen von diesen leichten Versehen sagt der würdige Mann seinen Gottesdienst ganz gewissenhaft her, ohne eine Zeile zu überspringen, ohne eine Kniebeuge auszulassen; und alles geht recht gut bis zum Ende der ersten Messe; denn Sie wissen, am Weihnachtstag muß der gleiche Offiziant drei Messen nacheinander zelebrieren.

»Das wäre eine!« sagt der Kaplan bei sich mit einem Seufzer der Erleichterung; dann, ohne eine Minute zu verlieren, macht er seinem Meßdiener, oder dem, den er für seinen Meßdiener hält, ein Zeichen und ...

Klingeling ling! ... Klingeling ling!

Da beginnt die zweite Messe, und mit ihr beginnt auch die Sünde Dom Balaguères.

»Schnell, schnell, beeilen wir uns«, schreit ihm mit ihrer kleinen gellenden Stimme Garrigous Glöckchen zu, und diesmal stürzt sich der unglückliche Priester, ganz dem Dämon der Völlerei hingegeben, auf das Meßbuch und verschlingt die Seiten mit der Gier seines überreizten Appetits. In frenetischer Hast verbeugt er sich, erhebt sich wieder, macht das Kreuzzeichen, die Kniebeugen, kürzt all diese Gesten ab, um schneller fertig zu sein. Kaum, daß er beim Evangelium die Arme ausbreitet, sich beim Confiteor an die Brust schlägt. Zwischen ihm und dem Ministranten geht es um die Wette, wer am schnellsten die Silben verschluckt. Bibelverse und Responsorien übereilen, überstürzen sich. Ohne den Mund aufzumachen, was zuviel Zeit gekostet hätte, halb ausgesprochen enden sie die Wörter mit unverständlichem Gemurmel.

»Oremus ps ... ps ... ps ...«

»Mea culpa ... pa ... pa ...«

Genau wie hastige Winzer in der Kelter die Trauben treten, so platschen die beiden durch das Latein der Messe, daß die Spritzer nach allen Seiten fliegen.

»Dom ... scum! ...«, sagt Balaguère.

»... stutuo! ...«, respondiert Garrigou; und immerzu ist da diese verdammte kleine Glocke, die ihnen in die Ohren gellt, wie jene Schellen, die man den Postpferden umhängt, damit sie zu höchstem Galopp angestachelt werden. Sie können sich vorstellen, daß bei diesem Eiltempo eine stille Messe schnell expediert ist.

»Und das wäre die zweite!« sagt der Kaplan ganz außer Atem; dann, ohne sich die Zeit zum Luftholen zu nehmen, rot und schwitzend, kommt er eiligst die Altarstufen herunter und ...

Klingeling ling! ... Klingeling ling! ...

Da beginnt die dritte Messe. Nicht mehr als ein paar

Schritte sind noch zu tun, um im Speisesaal anzulangen; aber ach! je näher das Weihnachtsmahl heranrückt, fühlt sich der unselige Balaguère von einer wahnsinnigen Ungeduld und Eßlust gepackt. Seine Vorstellung spitzt sich zu, die goldenen Karpfen, die gebratenen Puten sind da, da ... Er berührt sie ... er ... Oh! Gott! ... Die Schüsseln dampfen, die Weine duften: und mit ihrem rasenden Geklingel gellt ihm die kleine Glocke zu:

»Schnell, schnell, noch schneller! ...«

Aber wie hätte er noch schneller machen sollen? Seine Lippen bewegen sich kaum. Er spricht die Wörter gar nicht mehr aus ... Es sei denn, man betröge den lieben Gott vollends und beschummelte ihn um diese Messe ... Und das tut er, der Unglückliche! ... Von einer Versuchung fällt er in die andere, er beginnt damit, einen Vers zu überspringen, dann zwei. Dann ist die Epistel zu lang, er liest sie nicht zu Ende, streift das Evangelium, geht am Credo vorüber, ohne sich damit abzugeben, überspringt das »Pater«, grüßt von fern die Präfation, und mit Sprüngen und mit Schwüngen stürzt er sich so in die ewige Verdammnis, immer gefolgt von dem schändlichen Garrigou (»vade retro Satanas«), der ihm mit einem wunderbaren Einvernehmen sekundiert, ihm das Meßgewand hebt, immer zwei Blätter auf einmal umwendet, die Lesepulte herumstößt, die Meßkännchen umkippt und ununterbrochen die kleine Glocke schüttelt, immer lauter, immer schneller.

Man stelle sich die verstörten Gesichter vor, die alle die Anwesenden machen! Darauf angewiesen, dieser Messe, von der sie kein Wort hören, nach den Gebärden des Priesters zu folgen, erheben sich die einen, während die anderen niederknien, setzen sich, während die anderen stehen; und auf den Bänken mischen sich alle Phasen dieses sonderbaren Gottesdienstes in einem Gewühl der verschiedensten Haltungen. Der Weihnachtsstern, der auf den himmlischen Straßen nach dem kleinen Stall dort unten unterwegs ist, erbleicht vor Entsetzen, als er diese Verwirrung sieht ...

»Der Abbé macht zu schnell ... Man kann gar nicht folgen«, murmelt die verwitwete Marquise und bewegt verstört ihre Haube hin und her.

Meister Arnoton sucht mit seiner großen Stahlbrille auf der Nase in seinem Gebetbuch, wo zum Deibel man wohl ist. Im Grunde aber sind alle diese braven Leute, die ja auch nur ans Weihnachtsmahlhalten denken, nicht böse, daß die Messe so mit der Eilpost geht; und als Dom Balaguère sich mit freudestrahlendem Gesicht nach der Gemeinde umdreht und, so laut er kann, ruft: »Ite missa est«, gibt es nur eine Stimme in der Kapelle, ihm mit einem so fröhlichen, so mitreißenden »Deo gratias« zu antworten, daß man gemeint hätte, man sei schon an der Tafel beim ersten Trinkspruch des Weihnachtsmahls.

III

Fünf Minuten später nahm die Menge der edlen Herren im großen Saal Platz, der Kaplan mitten unter ihnen. Das Schloß, von oben bis unten strahlend hell erleuchtet, hallte wider von Gesang, Rufen, Lachen und geschäftiger Bewegung; und der hochwürdige Dom Balaguère pflanzte seine Gabel in den Flügel eines Haselhuhns und ertränkte die Gewissensbisse über seine Sünde in Fluten vom Wein des Papstes und guter Fleischbrühe. Er trank und aß so viel, der arme heilige Mann, daß er noch in derselben Nacht an einem furchtbaren Schlag starb, ohne auch nur die Zeit gehabt zu haben, zu bereuen; dann, morgens, kam er im Himmel an, noch ganz aufgewühlt von den Festlichkeiten der Nacht, und ich überlasse es Ihnen, sich auszudenken, wie er empfangen wurde.

»Hebe dich weg aus meinen Augen, schlechter Christ!« sagte der höchste Richter, unser aller Herr, zu ihm. »Dein Fehltritt ist schwer genug, ein ganzes Leben der Tugend auszulöschen ... Oh! du hast mir eine Mitternachtsmesse gestohlen ... Nun, du wirst mir mit dreihundert dafür zahlen, und du sollst nicht eher ins Paradies kommen, als bis du diese dreihundert Weihnachtsmessen in deiner eigenen Kapelle in Anwesenheit all derer zelebriert hast, die durch deinen Fehler und mit dir gesündigt haben ...«

... Und das ist die wahre Legende des Dom Balaguère, wie man sie im Land der Oliven erzählt. Das Schloß Trinquelage gibt es nicht mehr, aber seine Kapelle steht noch dort oben auf der Höhe des Mont Ventoux in einem Gebüsch von immergrünen Eichen. Der Wind läßt die schief in den Angeln hängende Tür schlagen, und Gras überwuchert die Schwelle. Vogelnester kleben in den Winkeln des Altars und in den Öffnungen der hohen Fenster, deren bunte Scheiben lange verschwunden sind. Doch scheint es, daß alle Jahre in der Weihnachtsnacht ein überirdisches Licht durch diese Ruinen irrt und daß die Bauern, wenn sie zu den Messen oder zum Weihnachtsessen gehen, dieses Gespenst von einer Kapelle von unsichtbaren Kerzen erleuchtet sehen, die in der zugigen Luft brennen, sogar bei Schnee und bei Wind. Sie mögen darüber lachen, wenn Sie wollen, aber ein Winzer aus dem Ort mit Namen Garrigue, ohne Zweifel ein Nachkomme Garrigous, hat mir versichert, daß er sich an einem Weihnachtsabend, leicht angetrunken, in den Bergen in der Gegend von Trinquelage verirrt hätte;

und da hat er folgendes gesehen ... Bis elf Uhr nichts. Alles war still, erloschen, ohne Leben. Plötzlich, gegen Mitternacht, ertönte hoch vom Turm Glockengeläut, ein altes, uraltes Geläut, das sich anhörte, als käme es zehn Meilen weit her. Bald sah Garrigue auf dem Weg, der heraufführt, Lichter zittern und undeutliche Schatten sich bewegen. In der Vorhalle der Kapelle war ein Gehen und Flüstern:

»Guten Abend, Meister Arnoton!«

»Guten Abend, guten Abend, meine Kinder! ...«

Als alle hineingegangen waren, näherte sich mein Winzer, der sehr beherzt war, vorsichtig, und als er durch die zerbrochene Tür blickte, bot sich ihm ein seltsames Schauspiel. Alle die Leute, die er hatte vorbeigehen sehen, hatten sich in dem zerfallenen Kirchenschiff so um den Chor gereiht, als ob die alten Bänke noch vorhanden seien. Schöne Damen in Brokat, mit Spitzen-hauben, Edelleute, prächtig herausgeputzt von Kopf bis Fuß, Bauern in geblümten Jacken, wie sie unsere Groß-väter hatten. Alle sahen sie alt, verwelkt, verstaubt und müde aus. Von Zeit zu Zeit streiften Nachtvögel, die gewohnten Gäste dieser Kapelle, von all den Lichtern aufgeweckt, rund um die Kerzen, deren Flammen so verschleiert und gerade aufstiegen, als ob sie hinter einem Gazevorhang gebrannt hätten; und was Garrigue ganz besonders erheiterte, war eine gewisse Person mit großer Stahlbrille, die alle Augenblicke ihre hohe, schwarze Perücke schüttelte, über welcher sich einer dieser Vögel, der sich darin verfangen hatte, lautlos mit den Flügeln schlagend, aufrecht zu halten suchte ...

Im Hintergrund bewegte ein kleiner Greis von kindli-cher Gestalt auf den Knien in der Mitte des Chors verzweifelt eine Glocke ohne Klang und Stimme, während ein in Altgold gekleideter Priester vor dem Altar hin- und herging und Gebete rezitierte, von denen man nicht ein Wort vernahm ... Gewiß war es Dom Balaguère, der gerade seine dritte stille Messe las.

THEODOR STORM

Stoßseufzer

Am Weihnachtsonntag kam er zu mir,
In Jack und Schurzfell, und roch nach Bier
Und sprach zwei Stunden zu meiner Qual
Von Zinsen und von Kapital;
Ein Kerl, vor dem mich Gott bewahr!
Hat keinen Festtag im ganzen Jahr.

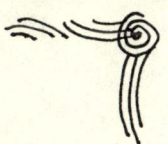

GEORG BÜCHNER

Brief an die Familie
Januar 1833

... Auf Weihnachten ging ich Morgens um vier
Uhr in die Frühmette ins Münster. Das düstere
Gewölbe mit seinen Säulen, die Rose und die
farbigen Scheiben und die knieende Menge waren
nur halb vom Lampenschein erleuchtet. Der Gesang des unsichtbaren Chores schien über dem
Chor und dem Altare zu schweben und den vollen
Tönen der gewaltigen Orgel zu antworten. Ich bin
kein Katholik und kümmerte mich wenig um das
Schellen und Knieen der buntscheckigen Pfaffen,
aber der Gesang allein machte mehr Eindruck auf
mich, als die faden, ewig wiederkehrenden Phra-
sen unserer meisten Geistlichen, die Jahr aus Jahr
ein an jedem Weihnachtstag meist nichts Ge-
scheidteres zu sagen wissen, als, der liebe Herr-
gott sei doch ein gescheidter Mann gewesen, daß
er Christus grade um diese Zeit auf die Welt habe
kommen lassen. –

Weihnachtslied
(unter Benutzung von Kirchenchoral und Modecouplet)

»Stille Nacht, heilige Nacht« –
Haben Sie Dollars, tschechische Kronen?
In den Schaufenstern ballt sich die Pracht:
Würste, Schokladen, Liköre, Melonen,
Pelze, Juwelen, unendliche Fracht,
Nippes und Luxuskinkerlitzchen,
alles schläft, einsam wacht
morgen damit unterm Christbaum zu sitzen
über den Kursen das traute Paar:
Staatskokotte und Kapitalist.
Wir sind die Stützen, wir feiern in bar
den Heiligen Christ!
Des laßt uns alle fröhlich sein
und mit den Hirten gehn hinein
ins Hotel zur Nachtigall
und zum weißen Rinde,
der Dollarstern steht überm Stall
und unsrer Sektpfropfen Geknall
gilt dem schönen Kinde.
(Jazzband): Es ist ein weiter Weg
zum Christ der Armen,
der riecht nach Revolution,
mein Gott ist Privileg
und hält im Warmen
die Führer der Nation! (Echo: Hohn – Hohn – Hohn –)
Für uns wird alles,

wie's kommt, gereichen
zum Besten des Profits,
wir schreien: Dalles!
um über Leichen
zu setzen kühnen Ritts!

»Stille Nacht, heilige Nacht«:
mein Zimmer ist eisig, ich hab keine Kohlen,
am Güterbahnhof hielten sie Wacht,
als ich mir den Abfall wollte holen,
ich hätte die Weihnachtsfreude gemacht
den Meinen mit einer warmen Stube,
nun schlafen wir morgen, wenn alles wacht,
im Kalten – mein Weib und ich und mein Bube,
um vier Uhr wird's dunkel, teuer ist Gas,
aus der Beletage klingt der Choral,
uns orgelt im Bauche der Schwarzbrotfraß,
freut euch Christen allzumal!
Der Sammet und die Seiden dein
das ist grob Heu und Windelein
du zukünftiger Menschensohn
meiner Elendsklasse.
Vater kriegt den Hungerlohn
und der Geldwanst hockt zum Hohn
weiter an der Kasse.   [Zeichen recht,
(Abgesang, von Martin Luther): »So merket nun die
die Krippen, Windelein so schlecht,
da findet ihr das Kind gelegt,
das alle Welt erhält und trägt.«
(Fortsetzung:) Hört *nicht* auf solche Trostschalmein,
dann wird euch Weihnacht schöner sein,
der alle Welt trägt und erhält,
der Stand wird dann der Herr der Welt!

239

Das Geschenk der Weisen

Ein Dollar und siebenundachtzig Cent. Das war alles.
Und sechzig Cent davon bestanden aus Pennies. Pennies,
die man jeweils einzeln oder paarweise dem Krämer und
dem Gemüsehändler und dem Metzger abgehandelt
hatte, bis einem die Wangen brannten wegen des unaus-
gesprochenen Vorwurfs der Knausrigkeit, der bei einer
derartigen Feilscherei unausbleiblich war. Dreimal zählte
Della das Geld nach. Ein Dollar und siebenundachtzig
Cent. Und am folgenden Tag war Weihnachten!

In dieser Lage blieb offensichtlich nichts anderes
übrig, als sich auf die schäbige kleine Couch zu werfen
und zu heulen. Das tat Della denn auch. Was zu der
philosophischen Überlegung reizt, daß das Leben im
Grunde aus Schluchzen, Seufzen und Lächeln besteht,
wobei allerdings das Schluchzen überwiegt.

Während die Frau des Hauses allmählich vom ersten
zum zweiten Stadium übergeht, wollen wir uns das
Heim ein wenig anschauen. Eine möblierte Wohnung für
acht Dollar die Woche. Sie spottet zwar nicht gerade
jeder Beschreibung, aber sie unterscheidet sich auch
gewiß nicht wesentlich von einer Bettlerbehausung.

Unten im Flur befand sich ein Briefkasten, in den nie
ein Brief fiel, und eine elektrische Klingel, der kein
sterblicher Finger einen Ton entlocken konnte. Dazu
gehörte auch noch eine Visitenkarte, die den Namen
›Mr. James Dillingham Young‹ trug.

Dieses ›Dillingham‹ verdankte seine Entstehung einer

früheren Epoche des Wohlstandes, als sein Besitzer noch dreißig Dollar in der Woche verdiente. Doch jetzt, da sein Einkommen auf zwanzig Dollar die Woche zusammengeschrumpft war, wirkten die Buchstaben von ›Dillingham‹ etwas verschwommen, als ob sie ernsthaft daran dächten, sich zu einem bescheidenen und anspruchslosen ›D‹ zusammenzuziehen. Aber jedesmal, wenn Mr. James Dillingham Young heimkam und seine Wohnung oben erreichte, wurde er von Mrs. James Dillingham Young, die Ihnen bereits unter dem Namen Della bekannt ist, »Jim« gerufen und stürmisch umarmt. Soweit war also alles in Ordnung.

Della hörte auf zu weinen und bearbeitete ihre Wangen mit der Puderquaste. Sie stand am Fenster und sah bedrückt einer grauen Katze zu, die auf einem grauen Zaun des grauen Hinterhofes einherspazierte. Morgen war Weihnachten, und sie hatte nur einen Dollar siebenundachtzig, um damit für Jim ein Geschenk zu kaufen. Schon seit Monaten hatte sie jeden entbehrlichen Penny gespart, und das war das Ergebnis. Mit zwanzig Dollar in der Woche kann man keine großen Sprünge machen. Die Ausgaben waren größer gewesen, als sie vorausgesehen hatte. So ist es immer. Nur ein Dollar siebenundachtzig, um ein Geschenk für Jim zu kaufen. Für ihren Jim. Manche glückliche Stunde hatte sie damit zugebracht, sich etwas Schönes für ihn auszudenken. Etwas Schönes und Seltenes und Kostbares – etwas, was in etwa der Ehre würdig wäre, Jim als Besitzer zu haben.

Zwischen den Fenstern des Zimmers hing ein Pfeilerspiegel. Vielleicht haben Sie schon einmal einen solchen Pfeilerspiegel in einer Achtdollarwohnung gesehen. Eine sehr schlanke und sehr flinke Person kann, wenn sie ihr Spiegelbild in einer raschen Folge von Längsstreifen betrachtet, in ihm eine einigermaßen genaue Vorstellung ihrer Erscheinung gewinnen. Die schlanke Della verstand sich auf diese Kunst.

Plötzlich wirbelte sie vom Fenster weg und stand vor dem Spiegel. Ihre Augen leuchteten, aber ihr Gesicht hatte innerhalb von zwanzig Sekunden alle Farbe verloren. Schnell löste sie ihr Haar und ließ es in seiner ganzen Länge herabfallen.

Nun, das Ehepaar James Dillingham Young besaß zwei Dinge, auf die sie beide besonders stolz waren. Das eine war Jims goldene Uhr, die schon sein Vater und Großvater getragen hatten. Das andere war Dellas Haar. Hätte die Königin von Saba in der Wohnung auf der anderen Seite des Lichtschachtes gewohnt, dann hätte Della bestimmt einmal ihr Haar zum Trocknen aus dem Fenster gehängt, nur um die Juwelen und Geschenke Ihrer Majestät zu beschämen. Wenn König Salomon der Hausmeister gewesen wäre und alle seine Schätze im Keller aufgestapelt hätte, dann hätte Jim im Vorbeigehen jedesmal seine Uhr gezückt, nur um zu sehen, wie er sich vor Neid den Bart raufen würde.

So fiel jetzt also Dellas wunderschönes Haar an ihr herab, wallend und schimmernd wie ein brauner Wasserfall. Es reichte ihr bis unter das Knie und hüllte sie fast wie ein Gewand ein. Doch dann steckte sie es nervös und hastig wieder auf. Zwischendurch zögerte sie einen Augenblick und verharrte reglos, während ein paar Tränen auf den abgetretenen roten Teppich fielen.

Schnell zog sie ihre alte braune Jacke an und setzte ihren alten braunen Hut auf. Ihre Röcke wirbelten, und in ihren Augen war noch immer das glitzernde Leuchten, als sie zur Tür hinaus die Treppe hinab und auf die Straße huschte.

242

Sie blieb vor einem Schild stehen, das die Aufschrift trug: »Mme. Sofronie. Haare aller Art«. Della eilte eine Treppe hinauf und suchte sich zu sammeln, noch ganz außer Atem. Madame, groß, allzu bleich, kühl, sah kaum so aus, als könne sie Sofronie heißen.

»Würden Sie mein Haar kaufen?« fragte Della.

»Ich kaufe Haar«, antwortete Madame. »Nehmen Sie den Hut ab und lassen Sie mich einmal sehen.«

Herab wogte der braune Wasserfall.

»Zwanzig Dollar«, sagte Madame, wobei sie die Masse mit geübtem Griff anhob.

»Geben Sie mir schnell das Geld«, sagte Della.

Oh, die beiden nächsten Stunden schritten auf rosigen Schwingen einher. (Verzeihen Sie mir die schiefe Metapher.) Sie durchstöberte die Geschäfte nach einem Geschenk für Jim.

Sie fand es schließlich. Es war gewiß für Jim und niemand anders gemacht. In keinem anderen Laden gab es etwas Gleichwertiges, und sie hatte alle auf den Kopf gestellt. Es war eine schlicht und edel gestaltete Uhrkette aus Platin, deren eigentlicher Wert allein in dem kostbaren Material bestand und nicht in aufdringlichen Verzierungen – wie es bei allen wirklich guten Dingen sein sollte. Sie war sogar *seiner* Uhr würdig. Della hatte sie kaum entdeckt, als sie wußte, daß sie Jim gehören mußte. Sie paßte zu ihm. Ausgeglichenheit und Wert – diese Bezeichnungen trafen auf beide zu. Einundzwanzig Dollar nahm man ihr dafür ab, und sie eilte mit den siebenundachtzig Cent heim. Wenn Jim seine Uhr an dieser Kette trug, konnte er wirklich in jeder Gesellschaft seinem Drang nachgeben, nach der Zeit zu sehen. So herrlich die Uhr auch war, er schaute zuweilen nur verstohlen auf sie, weil sie an einem alten Lederriemen und nicht an einer Kette hing.

Als Della zu Hause ankam, wich ihr Freudenrausch ein wenig der nüchternen Überlegung. Sie holte ihre Brennschere hervor, zündete das Gas an und machte sich daran, die Verheerungen, die Großmut im Verein mit Liebe angerichtet hatte, zu beheben. Und das ist stets eine ungeheure Arbeit, liebe Freunde – eine Mammutarbeit.

Nach vierzig Minuten war ihr Kopf mit winzigen, enganliegenden Löckchen bedeckt, mit denen sie einem schwänzenden Schuljungen erstaunlich ähnlich sah. Sie betrachtete lange, sorgfältig und kritisch ihr Bild im Spiegel.

»Wenn Jim mich nicht umbringt«, sagte sie zu sich selbst, »bevor er mich eines zweiten Blickes würdigt, sagt er bestimmt, daß ich wie ein Ballettmädchen von Coney Island aussehe. Aber was hätte ich machen sollen – oh, was hätte ich machen sollen mit einem Dollar und siebenundachtzig Cent?«

Um sieben Uhr war der Kaffee fertig, und die Pfanne stand hinten auf dem Herd, heiß und bereit, die Koteletts zu braten.

Jim verspätete sich nie. Della legte die Uhrkette in ihrer Hand zusammen und setzte sich auf die Tischkante in der Nähe der Tür, zu der er immer hereinkam. Dann hörte sie von weitem seine Schritte auf den Stufen der untersten Treppe, und sie wurde einen Augenblick lang blaß. Sie hatte die Angewohnheit, bei den unbedeutendsten alltäglichen Anlässen ein kleines Stoßgebet zu sprechen, und so flüsterte sie jetzt: »Bitte, lieber Gott, mach, daß er mich noch immer hübsch findet!«

Die Tür öffnete sich, Jim trat ein und schloß sie

wieder. Er sah schmal und sehr ernst aus. Armer Kerl, er war erst zweiundzwanzig – und hatte schon die Last einer Familie zu tragen! Er brauchte einen neuen Mantel, und er hatte keine Handschuhe.

Jim blieb bei der Tür stehen, unbeweglich wie ein Setter, der eine Wachtel wittert. Seine Augen waren auf Della gerichtet, und in ihnen lag ein Ausdruck, den sie nicht deuten konnte und der sie erschreckte. Es war weder Zorn noch Erstaunen, weder Vorwurf noch Entsetzen oder sonst eine Gemütsbewegung, auf die sie gefaßt war. Er starrte sie nur an mit diesem sonderbaren Gesichtsausdruck.

Della glitt vom Tisch herunter und ging ihm entgegen.

»Jim, Liebling«, rief sie, »schau mich doch nicht so an! Ich habe mir mein Haar abschneiden lassen und es verkauft, weil ich es nicht ertragen hätte, zu Weihnachten kein Geschenk für dich zu haben. Es wächst wieder nach – du bist mir doch deswegen nicht böse, oder? Ich mußte es einfach tun. Mein Haar wächst furchtbar schnell. Sag ›Frohe Weihnachten‹, Jim, und laß uns glücklich sein! Du weißt nicht, was für ein schönes – was für ein herrliches, schönes Geschenk ich für dich habe.«

»Du hast dein Haar abgeschnitten?« fragte Jim mühsam, als habe er auch nach schwerster geistiger Anstrengung diese offensichtliche Tatsache noch nicht erfaßt.

»Abgeschnitten und verkauft«, sagte Della. »Hast du mich nicht trotzdem noch genauso lieb wie früher? Ich bin doch dieselbe auch ohne mein Haar.«

Jim sah sich suchend im Zimmer um.

»Du meinst, daß dein Haar verschwunden ist?« fragte er mit einem fast idiotischen Ausdruck.

»Du brauchst nicht danach zu suchen«, sagte Della. »Es ist verkauft, ich sage es doch – verkauft und verschwunden. Heute ist Heiligabend, mein Junge. Sei lieb zu mir, ich habe es doch deinetwegen getan. Die Haare auf meinem Kopf waren vielleicht gezählt«, fuhr sie plötzlich mit ernsthafter Zärtlichkeit fort, »aber niemand kann meine Liebe zu dir ermessen. Soll ich jetzt die Koteletts aufsetzen, Jim?«

Auf einmal schien Jim aus seinem Trancezustand zu erwachen. Er umarmte seine Della. Wir aber wollen zehn Sekunden lang mit diskreter Aufmerksamkeit einen belanglosen Gegenstand in der entgegengesetzten Richtung betrachten. Acht Dollar in der Woche oder eine Million im Jahr – wo liegt da der Unterschied? Ein Mathematiker oder ein geistreicher Mann würde eine falsche Antwort geben. Die Weisen aus dem Morgenland brachten kostbare Gaben mit, aber die eine war nicht darunter. Diese rätselhafte Behauptung wird sich später aufklären.

Jim zog ein Päckchen aus der Manteltasche und warf es auf den Tisch.

»Schätz mich nicht falsch ein, Dell«, sagte er. »Ich glaube nicht, daß es eine Frisur oder einen Haarschnitt oder ein Haarwaschmittel gibt, weswegen ich mein Mädchen weniger lieben sollte. Aber wenn du das Päckchen da aufmachst, wirst du verstehen, warum ich zuerst so entgeistert war.«

Weiße Finger rissen hastig an der Schnur und an dem Papier. Und dann ein entzückter Freudenschrei, und dann, ach, ein schneller, echt weiblicher Wechsel zu hysterischen Tränen und Klagen, die den sofortigen Einsatz aller tröstenden Kraft des Hausherrn verlangten.

Denn dort lagen *die Kämme* – die Kammgarnitur für die Seite und den Hinterkopf, die Della schon so lange in einem Schaufenster am Broadway bewundert hatte.

Wunderbare Kämme, echt Schildpatt, an den Rändern mit Steinen besetzt – genau in der Farbe, die zu ihrem herrlichen verschwundenen Haar paßte. Es waren teure Kämme, das wußte sie, und ihr Herz hatte sie begehrt und ersehnt, ohne die geringste Hoffnung, sie jemals zu besitzen. Und nun gehörten sie ihr, aber die Zöpfe, die diese begehrenswerten Schmuckstücke hätten zieren sollen, waren verschwunden.

Aber sie drückte die Kämme an die Brust, und schließlich hatte sie sich so weit gefaßt, daß sie mit tränenverschleierten Augen und mit einem Lächeln aufblicken und sagen konnte: »Mein Haar wächst doch so schnell nach, Jim!«

Und dann sprang Della auf wie eine kleine Katze, die sich verbrüht hat, und rief: »Oh, oh!«

Jim hatte ja sein wunderschönes Geschenk noch nicht gesehen. Sie hielt es ihm eifrig auf der Handfläche entgegen. Das mattglänzende kostbare Metall leuchtete gleichsam auf im Widerschein ihrer heiter-erregten Seele.

»Ist sie nicht phantastisch, Jim? Ich habe die ganze Stadt danach abgesucht. Du mußt jetzt bestimmt hundertmal am Tag auf die Uhr schauen. Gib mir deine Uhr. Ich will sehen, wie sie sich daran ausnimmt.

Anstatt zu gehorchen, warf sich Jim auf die Couch, verschränkte die Hände unter dem Kopf und lächelte.

»Dell«, sagte er, »wir wollen unsere Weihnachtsgeschenke wegpacken und sie noch eine Weile aufheben. Sie sind zu schön, um jetzt schon gebraucht zu werden. Ich habe die Uhr verkauft, um das Geld für die Kämme zu bekommen. Und jetzt setzt du wohl am besten die Koteletts auf.«

Die Weisen aus dem Morgenland waren, wie Sie wissen, kluge Männer – ungemein kluge Männer –, die dem

Kind in der Krippe ihre Geschenke brachten. Sie erfanden die Sitte der Weihnachtsgeschenke. Da sie so weise waren, müssen auch ihre Gaben weise gewesen sein, und sie haben wohl auch schon an die Umtauschmöglichkeit für doppelt vorhandene Geschenke gedacht. Und hier habe ich Ihnen nun recht und schlecht die wenig aufregende Geschichte zweier törichter Kinder in einer Mietwohnung erzählt, die höchst unweise die größten Schätze ihres Hauses füreinander geopfert haben. Aber im Hinblick auf die Weisen in unserer Zeit muß abschließend gesagt werden, daß von allen, die einander beschenken, diese beiden die weisesten waren. Von allen, die Geschenke machen und erhalten, sind Leute wie sie die weisesten. Überall sind sie die weisesten. Sie sind die wahren Weisen.

JOCHEN KLEPPER

Weihnachtslied

*Und weil wir solches wissen,
nämlich die Zeit, daß die Stunde
da ist, aufzustehen vom Schlaf
(sintemal unser Heil jetzt näher
ist, denn da wir gläubig wurden; die Nacht ist vorgerückt,
der Tag aber nahe herbeige-
kommen): so lasset uns ablegen
die Werke der Finsternis und
anlegen die Waffen des Lichtes.*
Die Bibel
(Röm. 13,11 f.)

Die Nacht ist vorgedrungen,
der Tag ist nicht mehr fern.
So sei nun Lob gesungen
dem hellen Morgenstern!
Auch wer zur Nacht geweinet,
der stimme froh mit ein.
Der Morgenstern bescheinet
auch deine Angst und Pein.

Dem alle Engel dienen,
wird nun ein Kind und Knecht.
Gott selber ist erschienen
zur Sühne für sein Recht.
Wer schuldig ist auf Erden,
verhüll’ nicht mehr sein Haupt,
er soll errettet werden,
wenn er dem Kinde glaubt.

Die Nacht ist schon im Schwinden,
macht euch zum Stalle auf!
Ihr sollt das Heil dort finden,
das aller Zeiten Lauf
von Anfang an verkündet,
seit eure Schuld geschah.
Nun hat sich euch verbündet,
den Gott selbst ausersah!

Noch manche Nacht wird fallen
auf Menschenleid und -schuld.
Doch wandert nun mit allen
der Stern der Gotteshuld.
Beglänzt von seinem Lichte,
hält euch kein Dunkel mehr.
Von Gottes Angesichte
kam euch die Rettung her.

Gott will im Dunkel wohnen
und hat es doch erhellt!
Als wollte er belohnen,
so richtet er die Welt!
Der sich den Erdkreis baute,
der läßt den Sünder nicht.
Wer hier dem Sohn vertraute,
kommt dort aus dem Gericht!

MATTHIAS CLAUDIUS

Brief an Andres

... Du kannst nicht glauben, *Andres*, was ein Fest es für mich ist, wenn der *Adebär* ein neues Kind bringt, und die Sach' nun glücklich gethan ist, und ich's Kind im Arm habe. Kann sich keine Truthenne mehr freuen, wenn die Küchlein unter ihr aus den Eiern hüpfen. »Da bist du, liebes Kind«, sag' ich denn, »da bist du! sei uns willkommen! – es steht dir nicht an der Stirne geschrieben, was in dieser Welt über dich verhängt ist, und ich weiß nicht, wie es dir gehen wird, aber gottlob, daß du da bist! und für das übrige mag der Vater im Himmel sorgen.« Denn herz' ich's, beseh's hinten und vorn und bring's der Mutter hin, die nicht mehr denket der Angst! und denn die alten Kinder auf die Erde gelegt, und in Gottes Namen oben darüber weg und über Tisch und Bänke. Leb wohl, Andres. Dein

Seindiener etc

Ihr Kinderlein kommet

1. Ihr Kin - der - lein, kom - met, o kom - met doch all, und seht, was in die - ser hoch - hei - li - gen Nacht der Va-ter im Him-mel für Freu-de uns macht.

zur Krip - pe her kom - met in Beth - le - hems Stall

2. O seht in der Krippe im nächtlichen Stall,
seht hier bei des Lichtleins hellglänzendem Strahl
in reinlichen Windeln das himmlische Kind,
viel schöner und holder, als Engel es sind.

3. Da liegt es, ihr Kinder, auf Heu und auf Stroh,
Maria und Joseph betrachten es froh,
die redlichen Hirten knien betend davor,
hoch oben schwebt jubelnd der Engelein Chor.

4. O beugt wie die Hirten anbetend die Knie,
erhebet die Händlein und danket wie sie;
stimmt freudig, ihr Kinder – wer wollt sich nicht
freun? –,
stimmt freudig zum Jubel der Engel mit ein.

5. O betet: Du liebes, du göttliches Kind,
was leidest du alles für unsere Sünd!
Ach hier in der Krippe schon Armut und Not,
am Kreuze dort gar noch den bittern Tod.

Lüttenweihnachten

»Tüchtig neblig heute«, sagte am 20. Dezember der Bauer Gierke ziellos über den Frühstückstisch hin. Es war eigentlich eine ziemlich sinnlose Bemerkung, jeder wußte auch so, daß Nebel war, denn der Leuchtturm von Arkona heulte schon die ganze Nacht mit seinem Nebelhorn wie ein Gespenst, das das Ängsten kriegt.

Wenn der Vater die Bemerkung trotzdem machte, so konnte sie nur eines bedeuten. »Neblig –?« fragte gedehnt sein dreizehnjähriger Sohn Friedrich.

»Verlauf dich bloß nicht auf deinem Schulwege«, sagte Gierke und lachte.

Und nun wußte Friedrich genug, und auf seinem Zimmer steckte er schnell die Schulbücher aus dem Ranzen in die Kommode, lief in den Stellmacherschuppen und »borgte« sich eine kleine Axt und eine Handsäge. Dabei überlegte er: Den Franz von Gäbels nehm' ich nicht mit, der kriegt Angst vor dem Rotvoß. Aber Schöns Alwert und die Frieda Benthin. Also los!

Wenn es für die Menschen Weihnachten gibt, so muß es das Fest auch für die Tiere geben. Wenn für uns ein Baum brennt, warum nicht für Pferde und Kühe, die doch das ganze Jahr unsere Gefährten sind? In Baumgarten jedenfalls feiern die Kinder vor dem Weihnachtsfest Lüttenweihnachten für die Tiere, und daß es ein verbotenes Fest ist, von dem der Lehrer Beckmann nichts wissen darf, erhöht seinen Reiz. Nun hat der Lehrer Beckmann nicht nur körperlich einen Buckel, sondern er kann auch sehr bösartig werden, wenn seine Schüler etwas tun, was sie nicht sollen. Darum ist Vaters Wink mit dem nebligen Tag eine Sicherheit, daß das Schulschwänzen heute jedenfalls von ihm nicht allzu tragisch genommen wird.

Schule aber muß geschwänzt werden, denn wo bekommt man einen Weihnachtsbaum her? Den muß man aus dem Staatsforst an der See oben stehlen, das gehört zu Lüttenweihnachten. Und weil man beim Stehlen erwischt werden kann und weil der Förster Rotvoß ein schlimmer Mann ist, darum muß der Tag neblig sein, sonst ist es zu gefährlich. Wie Rotvoß wirklich heißt, das wissen die Kinder nicht, aber er ist der Förster und hat einen fuchsroten Vollbart, darum heißt er Rotvoß.

Von ihm reden sie, als sie alle drei etwas aufgeregt über die Feldraine der See entgegenlaufen. Schöns Alwert weiß von einem Knecht, den hat Rotvoß an einen Baum gebunden und so lange mit der gestohlenen Fichte geschlagen, bis keine Nadeln mehr daran saßen. Und Frieda weiß bestimmt, daß er zwei Mädchen einen ganzen Tag lang im Holzschauer eingesperrt hat, erst als Heiligenabend vorbei war, ließ er sie wieder laufen.

Sicher ist, sie gehen zu einem großen Abenteuer, und daß der Nebel so dick ist, daß man keine drei Meter weit sehen kann, macht alles noch viel geheimnisvoller. Zuerst ist es ja sehr einfach: die Raine auf der Baumgartener Feldmark kennen sie: das ist Rothspracks Winterweizen, und dies ist die Lehmkuhle, aus der Müller Timm sein Vieh sommers tränkt.

Aber sie laufen weiter, immer weiter, sieben Kilometer sind es gut bis an die See, und nun fragt es sich, ob sie sich auch nicht verlaufen im Nebel. Da ist nun dieser Leuchtturm von Arkona, er heult mit seiner Sirene, daß es ein Grausen ist, aber es ist so seltsam, genau kriegt man nicht weg, von wo er heult. Manchmal bleiben sie stehen und lauschen. Sie beraten lange, und wie sie weitergehen, fassen sie sich an den Händen, die Frieda in der Mitte. Das Land ist so seltsam still, wenn sie dicht an einer Weide vorbeikommen, verliert sie sich nach oben ganz in Rauch. Es tropft sachte von ihren Ästen, tausend Tropfen sitzen überall, nein, die See kann man noch nicht hören. Vielleicht ist sie ganz glatt, man weiß es nicht, heute ist Windstille.

Plötzlich bellt ein Hund in der Nähe, sie stehen still, und als sie dann zehn Schritte weitergehen, stoßen sie an eine Scheunenwand. Wo sie hingeraten sind, machen sie aus, als sie um eine Ecke spähen. Das ist Nagels Hof, sie erkennen ihn an den bunten Glaskugeln im Garten.

Sie sind zu weit rechts, sie laufen direkt auf den Leuchtturm zu, und dahin dürfen sie nicht, da ist kein Wald, da ist nur die steile, kahle Kreideküste. Sie stehen noch eine Weile vor dem Haus, auf dem Hof klappert einer mit Eimern, und ein Knecht pfeift im Stall: es ist so heimlich! Kein Mensch kann sie sehen, das große Haus vor ihnen ist ja nur wie ein Schattenriß.

Sie laufen weiter, immer nach links, denn nun müssen sie auch vermeiden, zum alten Schulhaus zu kommen – das wäre so schlimm! Das alte Schulhaus ist gar kein Schulhaus mehr, was soll hier in der Gegend ein Schulhaus, wo keine Menschen leben – nur die paar weit verstreuten Höfe ... Das Schulhaus besteht nur aus 'runtergebrannten Grundmauern, längst verwachsen, verfallen, aber im Sommer blüht hier herrlicher Flieder. Nur, daß ihn keiner pflückt. Denn dies ist ein böser Platz, der letzte Schullehrer hat das Haus abgebrannt und sich aufgehängt. Friedrich Gierke will es nicht wahrhaben, sein Vater hat gesagt, das ist Quatsch, ein Alten-

teilhaus ist es mal gewesen. Und es ist gar nicht abgebrannt, sondern es hat leergestanden, bis es verfiel. Darüber geraten die Kinder in großen Streit.

Ja, und das nächste, dem sie nun begegnen, ist gerade
dies alte Haus. Mitten in ihrer Streiterei laufen sie gerade
darauf zu! Ein Wunder ist es in diesem Nebel. Die
Jungens können's nicht lassen, drinnen ein bißchen zu
stöbern, sie suchen etwas Verbranntes. Frieda steht
abseits auf dem Feldrain und lockt mit ihrer hellen
Stimme. Ganz nah, wie schräg über ihnen, heult der
Turm, es ist schlimm anzuhören. Es setzt so langsam ein
und schwillt und schwillt, und man denkt, der Ton kann
gar nicht mehr voller werden, aber er nimmt immer mehr
zu, bis das Herz sich ängstigt und der Atem nicht mehr
will –: »Man darf nicht so hinhören . . .«

Jetzt sind es höchstens noch zwanzig Minuten bis zum
Wald. Alwert weiß sogar, was sie hier finden: erst einen
Streifen hoher Kiefern, dann Fichten, große und kleine,
eine ganze Wildnis, gerade, was sie brauchen, und dann
kommen die Dünen, und dann die See. Ja, nun beraten
sie, während sie über einen Sturzacker wandern: erst der
Baum oder erst die See? Klüger ist es, erst an die See,
denn wenn sie mit dem Baum länger umherlaufen, kann
sie Rotvoß doch erwischen, trotz des Nebels. Sind sie
ohne Baum, kann er ihnen nichts sagen, obwohl er zu
fragen fertigbringt, was Friedrich in seinem Ranzen hat.
Also erst See, dann Baum.

Plötzlich sind sie im Wald. Erst dachten sie, es sei nur
ein Grasstreifen hinter dem Sturzacker, und dann waren
sie schon zwischen den Bäumen, und die standen enger
und enger. Richtung? Ja, nun hört man *doch* das Meer, es
donnert nicht gerade, aber gestern ist Wind gewesen, es
wird eine starke Dünung sein, auf die sie zulaufen.

Und nun seht, das ist nun doch der richtige Baum, den sie brauchen, eine Fichte, eben gewachsen, unten breit, ein Ast wie der andere, jedes Ende gesund – und oben so schlank, eine Spitze so hell, in diesem Jahre getrieben. Kein Gedanke, diesen Baum stehenzulassen, so einen finden sie nie wieder. Ach, sie sägen ihn ruchlos ab, sie bekommen ein schönes Lüttenweihnachten, das herrlichste im Dorf, und Posten stellen sie auch nicht aus. Warum soll Rotvoß grade hierherkommen? Der Waldstreifen ist über zwanzig Kilometer lang. Sie binden die Äste schön an den Stamm, und dann essen sie ihr Brot, und dann laden sie den Baum auf, und dann laufen sie weiter zum Meer.

Zum Meer muß man doch, wenn man ein Küstenmensch ist, selbst mit solchem Baum. Anderes Meer haben sie näher am Hof, aber das sind nur Bodden und Wieks. Dies hier ist richtiges Außenmeer, hier kommen die Wellen von weit, weit her, von Finnland oder von Schweden oder auch von Dänemark. Richtige Wellen . . .

Also, sie laufen aus dem Wald über die Dünen.

Und nun stehen sie still.

Nein, das ist nicht mehr die Brandung allein, das ist ein seltsamer Laut, ein wehklagendes Schreien, ein endloses Flehen, tausendstimmig. Was ist es? Sie stehen und lauschen.

»Jung, Manning, das sind Gespenster!«

»Das sind die Ertrunkenen, die man nicht begraben hat.«

»Kommt, schnell nach Haus!«

Und darüber heult die Nebelsirene.

Seht, es sind kleine Menschentiere, Bauernkinder, voll von Spuk und Aberglauben, zu Haus wird noch besprochen, da wird gehext und blau gefärbt. Aber sie sind kleine Menschen, sie laden ihren Baum wieder auf und waten doch durch den Dünensand dem klagenden Geschrei entgegen, bis sie auf der letzten Höhe stehen, und –

Und was sie sehen, ist ein Stück Strand, ein Stück Meer. Hier über dem Wasser weht es ein wenig, der Nebel zieht in Fetzen, schließt sich, öffnet den Ausblick. Und sie sehen die Wellen, grüngrau, wie sie umstürzen, weißschäumend draußen auf der äußersten Sandbank, näher tobend, brausend. Und sie sehen den Strand, mit Blöcken besät, und dazwischen lebt es, dazwischen schreit es, dazwischen watschelt es in Scharen ...

»Die Wildgänse!« sagen die Kinder. »Die Wildgänse –!«

Sie haben nur davon gehört, sie haben es noch nie gesehen, aber nun sehen sie es. Das sind die Gänsescharen, die zum offenen Wasser ziehen, die hier an der Küste Station machen, eine Nacht oder drei, um dann weiterzuziehen, nach Polen oder wer weiß wohin, Vater weiß es auch nicht. Da sind sie, die großen, wilden Vögel, und sie schreien, und das Meer ist da und der Wind und der Nebel, und der Leuchtturm von Arkona heult, und die Kinder stehen da mit ihrem gemausten Tannenbaum und starren und lauschen und trinken es in sich ein –

Und plötzlich sehen sie noch etwas, und magisch verführt, gehen sie dem Wunder näher. Abseits, zwischen den hohen Steinblöcken, da steht ein Baum, eine Fichte wie die ihre, nur viel, viel höher, und sie ist besteckt mit Lichtern, und die Lichter flackern im leichten Windzug ...

»Lüttenweihnachten«, flüstern die Kinder. »Lüttenweihnachten für die Wildgänse . . .«

Immer näher kommen sie, leise gehen sie, auf den
Zehen – oh, dieses Wunder! – und um den Felsblock
biegen sie. Da ist der Baum vor ihnen in all seiner Pracht,
und neben ihm steht ein Mann, die Büchse über der
Schulter, ein roter Vollbart . . .

»Ihr Schweinekerls!«, sagt der Förster, als er die drei
mit der Fichte sieht.

Und dann schweigt er. Und auch die Kinder sagen
nichts. Sie stehen und starren. Es sind kleine Bauernge-
sichter, sommersprossig, selbst jetzt im Winter, mit derben Nasen und einem festen Kinn, es sind Augen, die
was in sich 'reinsehen. Immerhin, denkt der Förster,
haben sie mich auch erwischt beim Lüttenweihnachten.
Und der Pastor sagt, es sind Heidentücken. Aber was
soll man denn machen, wenn die Gänse so schreien und
der Nebel so dick ist, und die Welt so eng und so weit
und Weihnachten vor der Tür . . . Was soll man da
machen . . . ?

Man soll einen Vertrag machen auf ewiges Stillschwei-
gen, und die Kinder wissen ja nun, daß der gefürch-
tete Rotvoß nicht so schlimm ist, wie sich die Leute erzählen . . .

Ja, da stehen sie nun: ein Mann, zwei Jungen, ein
Mädel. Die Kerzen flackern am Baum, und ab und zu
geht auch eine aus. Die Gänse schreien, und das Meer
braust und rauscht. Die Sirene heult. Da stehen sie, es ist
eine Art Versöhnungsfest, sogar auf die Tiere erstreckt,
es ist Lüttenweihnachten. Man kann es feiern, wo man
will, am Strande auch, und die Kinder werden es nachher
in ihres Vaters Stall noch einmal feiern.

Und schließlich kann man hingehen und danach handeln. Die Kinder sind imstande und bringen es fertig, die Tiere nicht unnötig zu quälen und ein bißchen nett zu ihnen zu sein. Zuzutrauen ist ihnen das.

Das Ganze aber heißt Lüttenweihnachten und ist ein verbotenes Fest, der Lehrer Beckmann wird es ihnen morgen schon zeigen!

CLEMENS BRENTANO

Engel, die Gott zugesehn
Sonn' und Mond und Sterne bauen,
Sprachen: Herr, es ist auch schön,
Mit dem Kind ins Nest zu schauen.

Pelle zieht aus

Pelle ist böse. Er ist in einem solchen Grade böse, daß er beschlossen hat, von zu Hause wegzuziehen. Man *kann* einfach nicht weiter bei einer Familie wohnen, wo man in dieser Weise behandelt wird.

Das war morgens, als Papa ins Büro gehen wollte und seinen Füllfederhalter nicht finden konnte.

»Pelle, hast du schon wieder meinen Füllfederhalter genommen?« fragte Papa und packte Pelle hart am Arm.

Pelle hatte schon manchmal Papas Füller ausgeliehen. Aber nicht heute. Heute steckte der Füller in Papas brauner Jacke, die im Schrank hing. Pelle war vollkommen unschuldig. Und Papa, der ihn so hart am Arm gepackt hatte? Und Mama? Sie hielt selbstverständlich zu Papa. Das hört jetzt aber auf! Pelle hatte die Absicht umzuziehen.

Aber wohin? Er kann zur See gehen. Das kann er. Auf das Meer, wo die großen Schiffe und die großen Wellen sind. Dort kann man sterben. Dann können die zu Hause aber jammern. Er kann auch nach Afrika fahren, wo wilde Löwen umherlaufen. Wenn Papa dann aus dem Büro nach Hause kommt und wie immer fragt: »Wo ist mein kleiner Pelle?«, dann weint Mama und sagt: »Pelle ist von einem Löwen aufgefressen worden.«

Ja, ja, so geht es, wenn man ungerecht ist!

Aber Afrika ist so weit fort. Pelle würde gern etwas mehr in der Nähe bleiben, damit er sehen könnte, wie Papa und Mama nach ihm weinen.

Pelle beschließt deshalb, nach »Herzhausen« zu ziehen. Herzhausen – so nennen sie das kleine rote Häuschen unten im Hof mit dem Herz in der Tür. Dort wird er hinziehen. Er fängt sofort an zu packen, seinen Ball, seine Mundharmonika und »Max und Moritz«. Und dann ein Licht. Ja, in zwei Tagen ist doch Weihnachten. Pelle will in Herzhausen Weihnachten feiern. Da will er dann sein kleines Licht anzünden, dort sitzen und »O du fröhliche, o du selige« auf der Mundharmonika spielen. Das wird sehr traurig klingen, und man wird es bis hinauf zu Mama und Papa hören können.

Pelle zieht sich seinen feinen, hellblauen Mantel und die Handschuhe an und setzt die Ledermütze auf. Er nimmt die große Papiertüte mit dem Ball und der Mundharmonika und dem Licht in die eine Hand und »Max und Moritz« in die andere.

Und dann geht er direkt durch die Küche, damit Mama sehen kann, daß er jetzt umzieht.

»Aber Pelle, willst du schon ausgehen?« fragt Mama.

Pelle antwortet nicht. Ausgehen, ha! Sie sollte nur wissen!

Mama sieht, daß Pelle eine tiefe Falte auf der Stirn hat und daß seine Augen so dunkel sind.

»Pelle, Liebling, was hast du, wo willst du hin?«

»Ich ziehe um!«

»Wohin denn?« fragt Mama.

»Nach Herzhausen«, sagt Pelle.

»Pelle, das kann doch nicht dein Ernst sein! Wie lange willst du dort wohnen?«

»Immer«, sagt Pelle und legt die Hand auf den Türgriff. »Dann kann Papa ja jemand anders beschuldigen, wenn sein alter Füllhalter wegkommt.«

»Lieber, guter Pelle«, sagt Mama und schlingt die

Arme um ihn. »Willst du nicht doch bei uns bleiben? Wir tun dir vielleicht manchmal unrecht, aber wir lieben dich doch so sehr – so sehr.«

Pelle zögert. Aber nur einen Augenblick. Er schiebt Mamas Arm beiseite, wirft ihr einen letzten vorwurfsvollen Blick zu und wandert davon. Mama steht am Eßzimmerfenster und sieht, wie eine kleine, hellblaue Gestalt hinter der Tür mit dem Herz verschwindet.

Eine halbe Stunde vergeht. Dann hört Mama einige schwache Mundharmonikatöne, die von Herzhausen herüberklingen. Es ist Pelle, er spielt »Nun ade, du mein lieb Heimatland«.

Herzhausen ist ein richtig gemütlicher Ort, findet Pelle. Für den Anfang jedenfalls. »Max und Moritz« und den Ball und die Mundharmonika hat er so heimelig wie möglich aufgestellt. Und in das Fenster hat er das kleine Licht gesetzt. Wie traurig wird es dort stehen und am Weihnachtsabend leuchten, falls Papa und Mama zu ihm heruntersehen. Aus dem Eßzimmerfenster.

Am Eßzimmerfenster steht immer der Weihnachtsbaum. Der Weihnachtsbaum, ach ja. Und – und – die Weihnachtsgeschenke. Pelle schluckt.

Nein, er hat nicht die Absicht, irgendwelche Weihnachtsgeschenke von Leuten anzunehmen, die behaupten, daß er Füllfederhalter stiehlt.

Noch einmal spielt er »Nun ade, du mein lieb Heimatland«. Lang, sehr lang wird die Zeit in Herzhausen. Was mag Mama jetzt machen? Papa muß inzwischen auch schon nach Hause gekommen sein.

Pelle würde so gern in die Wohnung hinaufgehen und sehen, ob sie sehr weinen. Aber es ist schwer, einen Grund dafür zu finden.

Dann hat er einen Einfall. Er öffnet rasch den Riegel

an der Tür und geht, nein, springt beinahe über den Hof und die Treppen hinauf. Mama ist in der Küche.

»Mama«, sagt Pelle, »wenn für mich vielleicht Weihnachtspostkarten ankommen sollten, willst du dann wohl dem Briefträger sagen, daß ich umgezogen bin?«

Mama verspricht, es zu tun. Pelle geht zögernd wieder zur Tür. Die Füße sind ihm wie Blei.

»Pelle«, sagt Mama mit ihrer weichen Stimme. »Pelle – aber was tun wir mit deinen Weihnachtsgeschenken? Sollen wir die nach Herzhausen hinunterschicken, oder kommst du herauf und holst sie?«

»Ich will keine Weihnachtsgeschenke haben«, sagt Pelle mit harter Stimme.

»Aber Pelle«, sagt Mama. »Das wird ja ein schrecklicher Weihnachtsabend. Kein Pelle, der die Kerzen am Tannenbaum anzündet, kein Pelle, der dem Weihnachtsmann die Tür aufmacht ... Alles, alles ohne Pelle ...«

»Ihr könnt euch ja einen anderen Jungen anschaffen«, sagt Pelle mit zitternder Stimme.

»Nie im Leben!« ruft Mama. »Pelle oder keinen! Es ist immer, immer nur unser Pelle, den wir so liebhaben.«

»Ach so«, sagt Pelle mit noch mehr Zittern in der Stimme.

»Papa und ich, wir werden hier herumsitzen und den ganzen Weihnachtsabend weinen. Wir werden nicht einmal die Lichter anzünden. Wir werden nur weinen.«

Da lehnt Pelle den Kopf an die Küchentür und fängt an zu weinen, weint so herzzerreißend, so laut, so durchdringend – so fürchterlich! Er hat so großes Mitleid mit Papa und Mama. Und als Mama ihre Arme um ihn legt, drückt er sein Gesicht an ihren Hals und weint noch mehr, so sehr, daß Mama ganz naß davon wird.

»Ich verzeihe euch«, sagt Pelle zwischen den Tränen.
»Danke, lieber Pelle«, sagt Mama.

Viele, viele Stunden später kommt Papa aus dem Büro
nach Hause und ruft wie immer bereits in der Diele:
»Wo ist mein kleiner Pelle?«
»Hier!« schreit Pelle und wirft sich ihm in die Arme.

JOACHIM RINGELNATZ

Weihnachten

Liebeläutend zieht durch Kerzenhelle,
Mild, wie Wälderduft, die Weihnachtszeit,
Und ein schlichtes Glück streut auf die Schwelle
Schöne Blumen der Vergangenheit.

Hand schmiegt sich an Hand im engen Kreise,
Und das alte Lied von Gott und Christ
Bebt durch Seelen und verkündet leise,
Daß die kleinste Welt die größte ist.

ANGELUS SILESIUS

Du must zum Kinde werden

Mensch wirstu nicht ein kind / so gehstu nimmer ein /
Wo GOttes Kinder seynd: die Thür ist gar zu klein.

Der Kinder ists Himmelreich

Christ so du kanst ein Kind von gantzem Hertzen
                                                    werden /
So ist das Himmelreich schon deine hier auf Erden.

Die Kindheit und GOttheit

Weil sich die GOttheit hat in Kindheit mir erzeigt /
Bin ich der Kindheit und der Gottheit gleich geneigt.

Kind und GOtt

Kind oder GOtt gilt gleich: hastu mich Kind genennt /
So hastu GOtt in mir / und mich in GOtt bekennt.

Nußknacker
Dezember 1858

Nußknacker, du machst ein grimmig Gesicht –
Ich aber, ich fürchte vor dir mich nicht:
Ich weiß, du meinst es gut mit mir,
Drum bring ich meine Nüsse dir.
Ich weiß, du bist ein Meister im Knacken:
Du kannst mit deinen dicken Backen
Gar hübsch die harten Nüsse packen
Und weißt sie vortrefflich aufzuknacken.
Nußknacker, drum bitt ich dich, bitt ich dich,
Hast bessere Zähn als ich, Zähn als ich.
O knacke nur, knacke nur immerzu!
Ich will dir zu Ehren
Die Kerne verzehren.
O knacke nur, knack knack knack! immerzu!
Ei, welch ein braver Kerl bist du!

Es kommt ein Schiff, geladen

1. Es kommt ein Schiff geladen bis an sein' höchsten Bord, trägt Gottes Sohn voll Gnaden, des Vaters ewigs Wort.

2. Das Schiff geht still im Triebe,
es trägt ein teure Last;
das Segel ist die Liebe,
der Heilig Geist der Mast.

3. Der Anker haft' auf Erden,
da ist das Schiff am Land.
Das Wort tut Fleisch uns werden,
der Sohn ist uns gesandt.

4. Zu Bethlehem geboren
im Stall ein Kindelein,

gibt sich für uns verloren;
gelobet muß es sein.

5. Und wer dies Kind mit Freuden
umfangen, küssen will,
muß vorher mit ihm leiden
groß Pein und Marter viel,

6. danach mit ihm auch sterben
und geistlich auferstehn,
ewigs Leben zu erben,
wie an ihm ist geschehn.

FRIEDRICH NIETZSCHE

Brief an Mutter und Schwester
17. Dezember 1870

Schönsten Gruß zum
Weihnachtsfest,

dies Jahr giebt nicht viel her. Seien wir froh, daß es
balde zu Ende ist: ohne daß es uns selbst *verschlungen* hat. Schließlich ist dies immer noch das
beste Geschenk, was wir uns machen können.

Nehmt fürlieb, mit dem, was ich Euch hier schicke. Die *Berzeliuslampe* soll einem längst gefühlten Bedürfnisse entgegenkommen, außerdem an Euren Baseler Besuch erinnern. Die *bunten Lichter* und die *Chokoladenschachtel* sollen das Allzuhausbackne dieses Lampen-geschenks ein wenig verdecken. Ob mit Erfolg, bezweifle ich.

Dir, liebe Lisbeth, ein Band *Schumannscher* Lieder – es sind viel mehr darin als Du Dir gewünscht hast, was hoffentlich nicht übel vermerkt wird – die obligaten *Handschuh* und ein *Schachbrett*. Wenn Du nicht zufrieden bist, so sag's nur, ich nehm' es diesmal gar nicht übel.

Voila tout! »Siehe hier ist alles« sagt der Deutsche. –

Allgemeines Erstaunen. Man hatte doch *mehr* erwartet. So *ruppig* ist noch kein Weihnachten ausgefallen, Hohn und Gelächter begleiten die Eröffnung des Baseler Weihnachtskistchens.

Ich verschwinde verschämt im Hintergrunde

F N.

Der Weihnachtsabend des Kellners

Aller Welt dreht er den Rücken,
und sein Blick geht zu Protest.
Und dann murmelt er beim Bücken:
»Ach, du liebes Weihnachtsfest!«

Im Lokal sind nur zwei Kunden.
(Fröhlich sehn die auch nicht aus.)
Und der Kellner zählt die Stunden.
Doch er darf noch nicht nach Haus.

Denn vielleicht kommt doch noch einer,
welcher keinen Christbaum hat,
und allein ist wie sonst keiner
in der feierlichen Stadt. –

Dann schon lieber Kellner bleiben
und zur Nacht nach Hause gehn,
als jetzt durch die Straßen treiben
und vor fremden Fenstern stehn!

SEBASTIAN BRANT

Schenken und Bereuen

Der ist ein Narr, der schenket Gut
Und es nicht gibt mit frohem Mut
Und dazu sauer und böse sieht,
Daß keinem Liebes damit geschieht;
Denn der verliert wohl Dank wie Gabe,
Wer so bedauert verschenkte Habe.
So ist auch der, der etwas schenkt,
Dabei an Gottes Willen denkt,
Und doch hat Reu und Leid davon,
Wenn Gott ihm nicht gleich gibt den Lohn.
  Wer will mit Ehren Geschenke machen,
Der tu's als guter Geselle mit Lachen
Und sprech nicht: »Zwar, ich tu's nicht gern!«,
Will er nicht Dank und Lohn entbehrn.
Denn Gott sieht dessen Gab nicht an,
Der nicht mit Freuden schenken kann;
Das Seine mag jeder behalten wohl,
Zum Schenken man niemand zwingen soll;
Allein aus freiem Herzen kommt
Geschenk, das einem jeden frommt.
Der Dank gar selten verlorengeht;
Wenn er zuweilen auch kommt spät,
So pflegt sich alles doch zu schlichten
Und nach der Ordnung einzurichten.
Mag einer keinen Dank auch sagen,
So find't man gegen solch Betragen
Bald einen dankbar weisen Mann,

Der alles wohl vergelten kann.
Doch wer *vorhält* geschenkte Gaben,
Der will den Händedruck nicht haben
Und will nicht *warten* aufs Vergelten;
Geschenk vorrücken muß man schelten.
Den sieht man über die Achseln an,
Wer seine Wohltat vorhalten kann:
Er selbst gewinnt nicht mehr daran.

LEO TOLSTOI

Wo Liebe ist, da ist Gott

In einer Stadt lebte der Schuster Martyn Awdejitsch. Ein
kleines Kellerzimmer, dessen einziges Fenster zu ebener
Erde auf die Straße ging, war ihm Heim und Werkstatt
zugleich. Von seinem Arbeitsplatz aus konnte Awdejitsch die Menschen erblicken, die an seinem Fenster
vorübergingen, und obgleich er nur die Füße zu sehen
bekam, erkannte er doch einen jeden am Schuhwerk.
Schon viele Jahre lebte Awdejitsch in diesem Stadtviertel,
und so gab es kaum ein Paar Schuhe, das er nicht ein-
oder zweimal in seinen Händen gehabt hätte. Kaum
blickte er zum Fenster hinaus, da wußte er es auch
schon: Diese Stiefel hast du neulich besohlt, bei denen
dort mußtest du die Kappe erneuern, und da sind ja auch
die Halbschuhe, denen du einen Flicken draufgesetzt
hast. Arbeit hatte Awdejitsch genug, denn alles, was er

machte, war von Dauer; er nahm nur gutes Leder, verlangte keine übermäßigen Preise und hielt den vereinbarten Tag ein. Konnte er die Arbeit an einem bestimmten Tag abliefern, dann nahm er sie an, konnte er es nicht, sagte er es gleich und machte keine leeren Versprechungen. So kannten alle den Awdejitsch und kamen gern zu ihm.

Immer schon hatte Awdejitsch ein frommes und gottesfürchtiges Leben geführt, und je älter er wurde, desto mehr begann er sich um das Heil seiner Seele zu sorgen und daran zu denken, wie er sich Gott nähern könne. Vor vielen Jahren – er hatte damals noch bei einem Meister gearbeitet – war seine Frau gestorben und hatte ihm einen dreijährigen Knaben hinterlassen. Die älteren Kinder waren schon früher von dieser Welt geschieden. Zuerst dachte Martyn daran, das Kind zu seiner Schwester ins Dorf zu bringen, dann aber tat es ihm um den Knaben leid: »Schwer wird es meinem Kapitoschka fallen, in einem fremden Hause aufzuwachsen, soll er lieber bei mir bleiben.«

So ging Awdejitsch von seinem Meister fort und zog mit seinem Söhnlein in eine eigene Werkstatt. Aber Gott schenkte Awdejitsch kein Glück mit seinen Kindern; kaum war der Knabe herangewachsen und begann seinem Vater zu helfen – eine wahre Freude war das anzusehen –, da wurde er krank, lag eine Woche lang mit hohem Fieber danieder und verschied. Der Vater bettete seinen Sohn zur letzten Ruhe, doch war er vor Schmerz wie von Sinnen, und so groß war sein Leid, daß er an Gottes Gerechtigkeit zu zweifeln begann. Mehr als einmal bat er Gott um seinen Tod und lehnte sich dagegen auf, daß er seinem einzigen, geliebten Sohn das Leben genommen hatte, ihn aber, den alten Mann, weiterleben lasse. Auch in die Kirche ging Awdejitsch nicht mehr.

Eines Tages kam zu Awdejitsch ein Bauer aus seiner Heimat. Das war ein alter Mann, schon acht Jahre lang wanderte er von einer heiligen Stätte zur anderen und kam jetzt vom Troitzki-Kloster. Ihm klagte Awdejitsch seinen Kummer:

»Das ganze Leben macht mir keine Freude mehr, lieber Freund! Nutzlos ist es, wie ich jetzt lebe. Sterben möchte ich, das ist das einzige, worum ich Gott bitte.«

Doch der alte Mann verwies ihm seine Rede und sprach:

»Schlecht ist es, was du daherredest, Martyn, uns steht es nicht zu, über die Taten Gottes zu richten! Nicht mein Verstand regiert die Welt, der Herre Gott das Urteil fällt! Es war Gottes Wille, daß dein Sohn sterben sollte, du aber am Leben bliebest, also ist es gut so. Wenn du aber verzweifelst, dann kommt es nur daher, daß du zu deiner eigenen Freude leben möchtest.«

»Ja, wofür soll ich denn leben?«

»Für Gott, Martyn, für ihn allein! Er hat dir das Leben geschenkt, nun lebe auch für ihn! Tust du es, dann wird die Trauer von dir weichen, und alles wird dir leicht werden.«

Martyn schwieg eine Weile, dann fragte er:

»Was soll ich tun, um für Gott zu leben?«

Der Alte aber sagte:

»Was du zu tun hast, das hat uns Christus gelehrt. Kannst du lesen? Ja? Nun, dann gehe hin, kaufe dir ein Evangelium und lies darin. Dort wirst du erkennen, wie wir für Gott leben sollen.«

Awdejitsch bewegte diese Worte in seinem Herzen und ging noch am gleichen Tage in die Stadt, kaufte sich ein Neues Testament – eines, das mit großen Buchstaben gedruckt war – und begann darin zu lesen.

Zuerst wollte Awdejitsch nur an den Feiertagen in der Heiligen Schrift lesen, doch kaum hatte er damit begonnen, da wurde es ihm so leicht ums Herz, daß er jeden Abend zur Bibel griff. Manchmal las er sich so fest, daß seine Lampe zu erlöschen drohte und er sich doch nicht vom heiligen Buch trennen konnte. So verging denn kein Abend mehr, an dem er nicht im Neuen Testament gelesen hätte, und je mehr er sich darin vertiefte, desto klarer wurde es ihm, was Gott von ihm verlangte und wie er für Gott leben solle. Immer leichter wurde es ihm ums Herz. Früher, ehe er noch begonnen hatte, in der Bibel zu lesen, war die Zeit vor dem Schlafengehen ganz besonders kummervoll für ihn, immerzu mußte er dann an seinen Kapitoschka denken; jetzt aber sprach er: »Preis und Ehre sei dir, o Herr! Es geschehe dein Wille!«

Allgemach änderte sich auch das ganze Leben des Awdejitsch. Früher ging er an manchem Feiertag in die Schenke, trank Tee und versagte sich auch ein Gläschen Branntwein nicht. Dann fand er sich wohl auch mit einem Bekannten zu einer Flasche Schnaps zusammen; zwar war er nachher auf dem Heimweg noch lange nicht betrunken, aber er war doch angeheitert und redete unnützes Zeug, schrie einen Vorübergehenden an oder wiederholte Klatschereien, die ihm zu Ohren gekommen waren. Jetzt kannte er das alles nicht mehr. Sein Leben bekam einen ruhigen und freudevollen Gang. Am frühen Morgen setzte er sich an seine Arbeit und blieb den ganzen Tag dabei; brach der Abend herein, nahm er die Lampe vom Haken und stellte sie auf den Tisch, dann langte er das Buch vom Wandbrett herab, öffnete es und setzte sich nieder, um zu lesen. Je mehr er darin las, desto mehr verstand er, was darin geschrieben war, und desto klarer und friedvoller wurde seine Seele.

Und es begab sich, daß er wieder einmal spät in der Nacht über seiner Bibel saß. Er hatte das Evangelium des Lukas aufgeschlagen und las darin im sechsten Kapitel:

»Und wer dich schläget auf einen Backen, dem biete den anderen auch dar; und wer dir den Mantel nimmt, dem wehre nicht auch den Rock. Wer dich bittet, dem gib, und wer dir das Deine nimmt, da fordere es nicht wieder. Und wie ihr wollt, daß euch die Leute tun sollen, also tut ihnen gleich auch ihr.«

Und als Awdejitsch weiterlas, kam er zu den Worten des Herrn:

»Was heißt ihr mich aber Herr, Herr, und tut nicht, was ich euch sage? Wer zu mir kommt, und höret meine Rede, und tut sie, den will ich euch zeigen, wem er gleich ist. Er ist gleich einem Menschen, der ein Haus bauete, und grub tief, und legte den Grund auf den Fels. Da aber Gewässer kam, da riß der Strom zum Hause zu, und mochte es nicht bewegen; denn es war auf den Fels gegründet. Wer aber höret und nicht tut, der ist gleich einem Menschen, der ein Haus bauete auf die Erde ohne Grund; und der Strom riß zu ihm zu, und es fiel alsbald, und das Haus gewann einen großen Riß.«

Da Awdejitsch dies gelesen hatte, überkam ihn eine große Bewegung. Er nahm die Brille ab und legte sie auf das Buch, dann stützte er sich mit beiden Ellenbogen auf den Tisch und begann, in tiefem Sinnen sein Leben an den Worten der Schrift zu messen.

»Habe ich nun mein Haus auf Fels oder hab' ich es auf weiche Erde gebaut? Es wäre schon gut, wenn es einen festen Grund hätte. Manchmal scheint es mir, als hätte ich alles getan, was Gott befohlen hat, und dann vergesse ich es wieder und sündige von neuem. Doch will ich nicht ablassen im Bemühen, seinen Willen zu erfüllen. Hilf mir, o Herr!«

So bewegte er die Worte Christi in seinem Sinn und wollte sich dann zur Ruhe begeben, doch konnte er vom heiligen Buch nicht loskommen und schlug daher auch noch das siebente Kapitel auf. Er las vom Hauptmann von Kapernaum und seinem Knecht, er las von dem Jüngling zu Nain; er vernahm die Antwort, die Christus den Jüngern Johannes des Täufers gegeben hatte, und kam dann zu der Stelle, da von dem reichen Pharisäer erzählt wird, der unseren Herrn zu Gast geladen hatte. Er las, wie die Sünderin die Füße Christi gesalbt und sie mit Tränen genetzt hatte und wie Christus sie rechtfertigte, und er las auch den vierundvierzigsten Vers und die folgenden, in denen geschrieben steht:

»Und er wandte sich zu dem Weibe, und sprach zu Simon: Siehest du dies Weib? Ich bin kommen in dein Haus, du hast mir nicht Wasser gegeben zu meinen Füßen; diese aber hat meine Füße mit Tränen genetzet und mit den Haaren ihres Haupts getrocknet. Du hast mir keinen Kuß gegeben; diese aber, nachdem sie hereingekommen ist, hat sie nicht abgelassen, meine Füße zu küssen. Du hast mein Haupt nicht mit Öl gesalbet; sie aber hat meine Füße mit Salbe gesalbet.«

Wieder setzte Awdejitsch seine Brille ab und legte sie auf das Buch und dachte darüber nach, was er gelesen hatte: »Da war also der Pharisäer nicht anders, als ich es bin ... Auch ich habe nur für mich selber gesorgt, wie ich zu einem Glas Tee, zu einer warmen Stube komme, daran aber habe ich nicht gedacht, was ich für den Gast tun könne. Für sich selbst hat auch er gesorgt, der Pharisäer, nur für den Gast hat er nichts getan. Wer aber war dieser Gast? Der Herr selbst! Wenn er zu mir gekommen wäre, ich hätte nicht so gehandelt!«

Awdejitsch stützte sich mit beiden Ellenbogen auf den Tisch und merkte nicht, wie ihn der Schlummer befiel.

»Martyn!« klang es plötzlich ganz leise, wie ein leichter Atemhauch, an sein Ohr.

Martyn schreckte auf:

»Wer ist da?«

Er blickte sich um, schaute zur Tür hinüber, keine Menschenseele war im Zimmer. Doch kaum war er wieder eingenickt, da hörte er, jetzt schon ganz deutlich:

»Martyn! Martyn! Schau morgen auf die Straße, ich werde zu dir kommen.«

Von diesen Worten erwacht, sprang Martyn auf und rieb sich die Augen wach. Doch da er nicht wußte, ob er diese Worte geträumt oder in Wirklichkeit gehört habe, löschte er die Lampe und legte sich zur Ruhe.

Am nächsten Morgen stand Awdejitsch noch vor Tagesanbruch auf, sprach sein Morgengebet, heizte den Ofen an und richtete sein Essen – Kohlsuppe und Grütze –, dann kümmerte er sich um den Samowar und machte sich, mit einer Schürze angetan, an seinem gewohnten Fensterplatz über seine Arbeit her. Und er weiß nicht recht, was er vom gestrigen Abend halten solle, ob er geträumt oder ob die Stimme wirklich zu ihm gesprochen habe. ›Sollte das so ganz und gar unmöglich sein?‹ denkt er.

Schlecht arbeitet es sich heute: Kaum zeigen sich im Kellerfenster ein Paar unbekannte Schuhe, schon muß sich Martyn weit vorbeugen, um durch das Fenster auch das Gesicht – nicht nur die Schuhe – zu erblicken. Da ging der Hausknecht in seinen neuen Filzstiefeln vorüber, dann kam der Wasserträger, und nach einer Weile erschienen im Fenster ganz abgetragene und rundum geflickte Filzstiefel; ein alter Soldat, der noch in den Tagen des seligen Nikolaus des Ersten gedient hatte, trug sie an den Füßen und kam jetzt, mit einer Schaufel in den Händen, auf die Straße. Awdejitsch kannte den Alten, er hieß Stepanytsch, ein Kaufmann aus der Nachbarschaft hatte ihn um Christi willen aufgenommen und ihm aufgetragen, seinem Hausknecht zu helfen.

Stepanytsch machte sich daran, den Schnee vor dem Fenster des Awdejitsch wegzuschaufeln. Lange schaute ihm Awdejitsch zu, dann nahm er seine Arbeit wieder auf.

»Was bist du doch auf deine alten Tage blöd geworden!« lachte er sich selber aus. »Der Stepanytsch schaufelt Schnee, ich aber denke, das ist der Herr Christus, der zu mir kommt! Ganz verblödet bist du schon, altes Schafsgesicht!«

Doch kaum ein Dutzend Stiche hatte Awdejitsch gemacht, da zieht es ihn auch schon wieder hin ans Fenster. Wieder schaut er hinaus und sieht: Stepanytsch hat die Schaufel an die Wand gelehnt und wärmt sich, vielleicht ruht er auch von der Arbeit aus.

»Wie alt ist er schon geworden, der Stepanytsch! Und ganz von Kräften ist er gekommen, selbst Schnee schaufeln kann er nicht mehr. Soll ich ihm vielleicht ein Glas Tee geben? Der Samowar kocht ja schon über.«

Awdejitsch steckt die Ahle ein und steht auf, er setzt den Samowar auf den Tisch, brüht den Tee auf, dann klopft er an das Fenster, um dem Stepanytsch zu bedeuten, er möge hereinkommen, und öffnet die Tür.

»Komm nur, komm! Wärme dich auf bei mir«, sagt er. »Arg verfroren siehst du aus!«

»Christus stehe uns bei! Die Knochen tun mir weh!«

gibt Stepanytsch zur Antwort, tritt in den Flur und schüttelt den Schnee ab. Auch die Füße will er sauber reiben, um keinen Schnee hereinzutragen, schwankt aber dabei.

»Ach, laß das nur, bemüh dich nicht, ich werde es schon aufwischen! Komm rasch herein und setz dich! Hier, nimm ein Glas Tee!«

Awdejitsch hatte zwei Gläser Tee eingeschenkt und reichte jetzt eines dem Gast, seinen Tee aber goß er aus dem Glas auf die Untertasse aus und begann auf das dampfende Getränk zu blasen, um es abzukühlen.

Stepanytsch trank sein Glas leer, stellte es mit dem Boden nach oben auf die Untertasse und legte das angenagte Zuckerstückchen obendrauf; dann dankte er. Man sah es ihm aber deutlich an, wie gern er noch ein Glas getrunken hätte.

»Du trinkst doch noch ein Glas?« sagte Awdejitsch und goß sich und dem Gast von neuem ein. Im Trinken schaute er aber immer wieder auf die Straße hinaus.

»Wartest du auf jemand?« fragte der Gast.

»Ob ich jemand erwarte? Ich schäme mich zu sagen, worauf ich warte. Da habe ich doch gestern abend ein Wort gehört, das ist tief in mein Herz gedrungen, und doch weiß ich nicht, ob es eine Erscheinung war oder was sonst. Ich las im Neuen Testament von unserem Väterchen Christus, wie er auf Erden wandelte und was er da alles erleiden mußte. Du hast wohl auch davon gehört?«

»Gewiß habe ich das, doch weißt du, ich bin ein armer, unwissender Mensch und kann nicht lesen.«

»Nun siehst du, da las ich doch gestern, wie er damals, als er noch auf Erden wandelte, zu einem Pharisäer gekommen war und wie ihn dieser gar nicht so empfangen hatte, wie man einen teuren Gast aufnehmen soll. Siehst du, mein Lieber, als ich das las, mußte ich daran denken, wieso denn er, der Pharisäer, unser Väterchen Christus nicht mit allen Ehren aufgenommen hatte, und weiter dachte ich, wäre Christus zu mir gekommen, dann hätte ich gar nicht gewußt, was alles tun, um ihn würdig zu empfangen. Er aber, der Pharisäer, hat nichts getan, um unser Väterchen Christus so zu empfangen, wie es hätte sein sollen. Solches dachte ich und schlummerte ein, und da, du wirst es mir nicht glauben, mein liebes Brüderchen, da höre ich doch, wie mich jemand bei Namen ruft, und dann war es mir, als ob mir eine Stimme zuflüstere: ›Warte auf mich, Martyn‹, sagte sie, ›morgen komme ich zu dir.‹ Zweimal hörte ich diese Worte, und nun, glaube mir, wollen sie nicht aus meinem Sinn. Ich ärgere mich über meine Dummheit, und doch warte ich immerzu auf ihn, auf das Väterchen.«

Nachdenklich wiegte Stepanytsch den Kopf und sagte nichts zu dem, was ihm Awdejitsch erzählt hatte. Als er aber sein Glas ausgetrunken hatte, legte er es auf die Untertasse hin, doch stellte es Awdejitsch wieder auf und schenkte noch einmal ein.

»Trinke nur, Stepanytsch, laß es dir wohlbekommen! Ja, und weißt du, dann mußte ich daran denken, daß unserem Väterchen, damals als er noch auf Erden wandelte, kein Mensch zu gering war. Immer war er mit einfachen Leuten zusammen, und auch seine Jünger wählte er sich unter solchen Menschen aus, wie wir sündige Menschen es sind, du und ich, unter einfachen Arbeitern. Er sagte ja auch: ›Wer sich selbst erhöhet, der soll erniedriget werden; und wer sich selbst erniedriget, der soll erhöhet werden.‹ ›Ihr nennt mich euern Herrn‹, sagte er, ›aber ich werde eure Füße waschen. Wer der

Erste sein will, der sei jedermanns Knecht, denn selig sind die Armen, die Friedfertigen, die Sanftmütigen, die Barmherzigen.‹«

Stepanytsch dachte nicht mehr an seinen Tee. Er war ein alter Mann und weinte leicht; so saß er da, hörte zu, und sein Antlitz war von Tränen überströmt.

»Trinke doch deinen Tee!« mahnte Awdejitsch, doch Stepanytsch schlug ein Kreuz, dankte, schob das Glas von sich und stand auf.

»Habe Dank, Martyn Awdejitsch«, sagte er, »du hast mich gut aufgenommen, Leib und Seele hast du mir erquickt.«

»Du bist mir stets willkommen, Stepanytsch! Komm bald wieder, ich freue mich über den Gast.«

Als Stepanytsch gegangen war, trank Martyn den Tee aus, räumte das Geschirr ab und setzte sich wieder an seine Arbeit. Er flickt an einem Absatz herum, aber seine Gedanken sind nicht dabei. Immerzu schaut er zum Fenster hinaus und wartet auf Christus, und nur an ihn und an seine Taten denkt er.

Zwei Soldaten gingen am Fenster vorüber, der eine in Militärstiefeln, der andere in seinen eigenen; dann kam, in sauber geputzten Überschuhen, der Besitzer des Nachbarhauses, nach ihm ein Bäckerjunge mit seinem Korb. Als sie alle vorbei waren, trat eine Frau in wollenen Strümpfen und derben Bauernstiefeln vor das Fenster. Ein Kind hatte sie auf dem Arm. Auch sie wollte zuerst vorübergehen, hielt aber dann am Fenster an, so daß Awdejitsch sie genau betrachten konnte. Er kannte sie nicht, offenbar war sie hier fremd. Er sieht: Sie lehnt sich mit dem Rücken gegen den Wind an die Wand und will ihr Kindlein wärmen, doch hat sie nichts Rechtes, worin sie es einwickeln könnte. Auch ihre Kleidung ist schlecht und viel zu leicht für die grimmige Kälte. Durch das Fenster hindurch hört Awdejitsch das Kind schreien, die Mutter versucht es zu beruhigen, vergeblich, es weint und schreit zum Gotterbarmen. Awdejitsch steht auf, öffnet die Tür und ruft zur Treppe hinauf:

»Du, junge Frau, hör mal her!«

Das Weib hört den Awdejitsch und wendet sich dem Hauseingang zu.

»Was stehst du denn mit deinem Kind in der Kälte? Komm herein! In der Wärme kannst du den Kleinen besser wickeln. Hier, komm die Treppe herunter!«

Verwundert schaut ihn das Weib an: Alt ist der Mann, der sie anspricht, eine Schürze hat er an, eine Brille im Gesicht. Sie folgt ihm die Treppe herab, tritt in das Zimmer, und Awdejitsch führt sie an das Bett.

»Setz dich her, junge Frau, rück nur ganz nah an den Ofen, wärme dich und stille dein Kleines!«

»Ich habe keine Milch mehr«, klagte die Frau, »seit heute früh habe ich nichts gegessen«, nahm aber doch das Kind an die Brust.

Awdejitsch schüttelte den Kopf, ging zum Ofen und holte den Topf mit der Kohlsuppe hervor. Auch die Grütze nahm er aus dem Ofen, doch war die noch nicht gar, und so stellte er nur die Suppe auf den Tisch, über den er ein Tuch gebreitet hatte, und legte Brot dazu.

»Komm, iß etwas!« sagte er. »Den Kleinen nehme ich dir inzwischen ab. Ich habe ja selber Kinder gehabt, verstehe mich darauf, Kinderfrau zu spielen.«

Die Frau schlug ein Kreuz, setzte sich an den Tisch und begann zu essen, während Awdejitsch ihr das Kind abnahm und sich mit ihm auf das Bett niederließ. Um das weinende Kind zu beruhigen, begann Awdejitsch mit den Lippen zu schnalzen, doch schlecht tut sich das ohne Zähne, und so hört denn das Kind auch nicht auf zu schreien. Da dachte sich Awdejitsch ein anderes Spiel aus: Er fährt mit seinem Finger an den Mund des Kleinen heran und zieht den Finger dann rasch wieder zurück. Doch achtet er sorgsam darauf, daß er den Mund des Kleinen nicht berühre, ist doch sein Finger ganz schwarz von Pech. Der Kleine folgte dem Finger des Awdejitsch mit seinen Blicken, dann wurde er still, und schließlich begann er sogar zu lachen. Die Frau hatte inzwischen ihren ersten Hunger gestillt und begann nun, während sie weiteraß, zu erzählen:

»Mein Mann ist Soldat«, sagte sie, »schon vor acht Monaten haben sie ihn geholt, und nichts habe ich seitdem von ihm gehört. Ich hatte eine Stelle als Köchin, doch hat man mir gekündigt, als mein Kind zur Welt kam. Nun bin ich schon seit drei Monaten ohne Arbeit. Alles, was ich mir erspart habe, ist dahin. Als Amme wollte ich gehen, doch nimmt man mich nicht, zu mager sei ich, sagt man. Jetzt komme ich von einer Kaufmannsfrau, bei der ein Mädchen aus meinem Dorf in Stellung ist. Dort will man mich annehmen, und ich hoffte schon, ich könne gleich dableiben, aber die Frau befahl mir, erst nach acht Tagen zu kommen. Ganz ermattet bin ich vom weiten Weg, und auch mein Herzenskind ist müde geworden. Gott sei Dank, daß meine Wirtin ein gutes Herz hat und mich um Christi willen bei sich wohnen läßt, sonst wüßte ich nicht, wie ich die nächsten Tage bestehen sollte.«

Awdejitsch seufzte tief auf und sagte:

»Warme Kleider hast du wohl auch nicht?«

»Ach, mein Lieber, woher sollte ich denn warme Kleider haben! Gestern wanderte mein letztes Tuch zur

Pfandleihe, zwanzig Kopeken haben sie mir dafür gegeben.«

Sie trat an das Bett heran und nahm ihr Kind, Awdejitsch aber stand auf, holte aus der Ecke des Zimmers eine alte Jacke hervor und reichte sie der Frau:

»Nimm das«, sagte er, »es ist nicht mehr das beste Stück, aber immer noch hält es warm, wenn du deinen Kleinen darin einwickelst.«

Die Frau schaute auf die Jacke, schaute zum Alten herüber, dann nahm sie die Jacke und schluchzte auf. Awdejitsch aber wandte sich ab und machte sich unter dem Bett zu schaffen. Er holte eine kleine Truhe hervor, suchte dort etwas und setzte sich dann wieder neben die Frau.

Sie sagte:

»Unser Herr Christus soll's dir vergelten, Großväterchen. Er ist es wohl gewesen, der mich an dein Fenster geführt hat. Ohne dich wäre mein Kind erfroren. Als ich meine Heimat verließ, war es noch warm, schau hin, wie kalt es jetzt geworden ist! Gewiß hat er, unser Väterchen, dir aufgetragen, zum Fenster hinauszuschauen und sich meines Elendes anzunehmen.«

Da ging ein Lächeln über das Gesicht des Awdejitsch, als er sagte:

»Es kann schon sein, daß es so ist, wie du sagst. Nicht von ungefähr schaue ich zum Fenster hinaus, du Kluge.«

Und Martyn erzählte es nun auch der Soldatenfrau, wie er gestern eine Stimme gehört habe, die ihm die Ankunft des Herrn ankündigte.

»Bei Gott ist kein Ding unmöglich«, sagte die Frau, stand auf, warf sich die alte Jacke des Awdejitsch über und wickelte ihr Kind darin ein. Dann verneigte sie sich tief vor dem Alten und dankte ihm.

»Nimm auch das noch um Christi willen und löse dein Tuch aus«, sagte Awdejitsch und gab ihr zwanzig Kopeken. Die Frau schlug ein Kreuz, und auch Awdejitsch bekreuzigte sich, dann geleitete er sie hinaus.

Als die Frau mit dem Kind gegangen war, aß Awdejitsch seine Kohlsuppe, räumte den Tisch ab und setzte sich wieder an die Arbeit. Er arbeitet, vergißt aber auch das Fenster nicht – kaum fällt ein Schatten auf seinen Tisch, so blickt er schon auf, um zu sehen, wer da vorbeigeht. Nun, es gingen Bekannte vorüber, es kamen auch Fremde, aber nichts Besonderes gab es zu sehen.

Nur eine Alte, ein Hökerweib offenbar, blieb an seinem Fenster stehen. Sie trägt einen Korb, darin noch ein paar Äpfel liegen – die anderen hat sie wohl schon verkauft – und auf dem Rücken hat sie einen Sack mit Spänen, die sie auf einem Bauplatz zusammengelesen hat. Die Späne sind schlecht verpackt und drücken sie; sie setzt den Sack ab, stellt auch den Korb hin und macht sich daran, die Späne fester zusammenzudrücken. Wie sie sich damit abmüht, springt ein Junge an den Korb heran, greift sich einen Apfel und will damit auf und davon, doch war die Alte rascher, als er es gedacht hatte, sie packt zu und erwischt ihn gerade noch am Ärmel. Der Junge schlägt um sich, zappelt, will sich frei machen, doch die Alte läßt nicht locker, schlägt ihm mit der freien Hand die zerrissene Mütze vom Kopf und packt ihn am Schopf. Der Junge schreit, die Alte schimpft, Awdejitsch aber nimmt sich nicht einmal die Zeit, seine Ahle einzustecken, er wirft sie auf den Boden und springt zur Tür hinaus. So eilig ist er, daß er auf der Treppe stolpert und ihm die Brille von der Nase fliegt. Er springt auf die Straße heraus, der Awdejitsch, auf die beiden zu. Die Alte zerrt den Jungen immer noch an den Haaren und schreit auf ihn ein, zur Polizei will sie ihn bringen. Der Junge aber schlägt um sich, versucht sich loszureißen und beteuert seine Unschuld. »Ich habe nichts genommen«, schreit er, »was schlägst du mich? Laß mich los!« Awdejitsch will dem Streit ein Ende machen, er faßt den Jungen am Arm und sagt:

»Laß ihn laufen, Großmutter, verzeih ihm um Christi willen!«

»Ich werde ihn dir laufen lassen, mein Lieber! So rasch soll er mich nicht vergessen, der Lausbub, zur Polizei bringe ich ihn.«

Awdejitsch begann der Alten gut zuzureden:

»Laß ihn laufen, Großmutter«, sagt er, »er wird es nicht wieder tun. Laß ihn schon los, um Christi willen.«

Endlich hatte er die Alte so weit, und der Junge wollte auch schon gleich das Weite suchen, da hielt ihn aber der Awdejitsch zurück:

»Halt, mein Junge! So rasch geht das nicht! Bitte zuerst die Großmutter um Verzeihung und tu in Zukunft nichts Unrechtes. Ich habe es selber gesehen, wie du den Apfel genommen hast.«

Dem Jungen kamen die Tränen, und schluchzend bat er die Alte, sie möge ihm verzeihen.

»So ist es recht. Jetzt sollst du auch deinen Apfel haben, da, nimm ihn!« Mit diesen Worten nahm Awdejitsch einen Apfel aus dem Korb und gab ihn dem Jungen. »Ich bezahle ihn dir, Großmutter.«

»So verdirbst du sie nur, die Lausbuben«, murrte die Alte. »Man müßte ihm einen Denkzettel geben, daß er eine Woche lang nicht sitzen kann.«

»Ach Großmutter, Großmutter!« sagte Awdejitsch. »Vielleicht ist das Menschenart, aber Gott will es anders.

Wenn wir den Jungen um eines einzigen Apfels willen strafen wollen, was soll dann erst mit uns geschehen, mit uns sündigen Menschen?«

Da schwieg die Alte. Awdejitsch aber erzählte ihr das Gleichnis von dem Manne, der einem anderen eine große Schuld erließ, dieser aber, kaum seiner Schuld ledig, geht hin und beginnt die zu würgen, die ihm Geld schuldeten. Die Alte hörte aufmerksam zu, und auch der Knabe ließ sich kein Wort entgehen.

»Und so lautet denn Gottes Gebot, daß wir unseren Schuldigern vergeben sollen, damit auch uns vergeben wird. Allen müssen wir verzeihen und den Unverständigen erst recht.«

Die Alte nickte nachdenklich mit dem Kopf und seufzte:

»Ja, ja, so ist es! Wenn sie nur nicht lauter Dummheiten im Kopf hätten!«

»Dann ist es an uns Alten, sie zu belehren«, entgegnete Awdejitsch.

»Recht hast du, mein Lieber!« stimmte die Alte zu und begann nun, von ihrem Leben zu erzählen. Sieben Kinder habe sie gehabt, nur eine einzige Tochter sei ihr geblieben, bei ihr wohne sie auch und freue sich an ihren Enkelkindern.

»Sieh mich an«, spricht sie, »was ist mir schon von meiner Kraft geblieben, aber immer noch arbeite ich. Um meiner Enkel willen tu ich es. Wie lieb sind die aber auch! Komm ich heim, dann laufen sie mir entgegen, und Aksjutka, die Kleine, weicht keinen Schritt von mir. ›Großmutter, liebe Großmutter, ich hab dich ja so lieb‹, spricht sie.«

Ganz weich wurde es der Alten ums Herz, sie wies auf den Jungen und sagte:

»Es ist ja auch bei ihm nur Kinderei gewesen; Gott sei mit ihm!«

Mit diesen Worten griff sie nach dem Sack mit Spänen und wollte ihn aufnehmen, doch da sprang der Junge hinzu:

»Gib her, Großmutter«, rief er, »ich trage ihn dir, wir haben den gleichen Weg!«

Wieder nickte die Alte, hob den Sack auf die Schultern des Knaben, und so gingen sie miteinander die Straße hinab. Die Alte hatte sogar vergessen, den Awdejitsch nach dem Geld für den Apfel zu fragen. Awdejitsch schaute den beiden nach, wie sie die Straße entlanggingen und friedlich miteinander redeten, dann kehrte er ins Haus zurück, fand auf der Treppe seine Brille – sie war unversehrt geblieben – und setzte sich, mit der Ahle in der Hand, an seine Arbeit. Doch nicht lange hatte er gearbeitet, als es schon zu dunkeln begann. Am Fenster kam der Mann vorbei, der die Straßenlaternen anzündet.

»Es ist wohl an der Zeit, Licht zu machen«, denkt Awdejitsch, richtet sein Lämpchen und hängt es hin, dann macht er sich wieder über seine Arbeit her. Als der eine Schuh fertig geworden war, drehte ihn Awdejitsch lange hin und her und besah sich die getane Arbeit von allen Seiten, dann packte er sein Werkzeug zusammen. Er räumte die Lederreste vom Tisch, machte ihn sauber und stellte die Lampe hin. Nun langte er sich vom Wandbrett das Neue Testament. Gestern hatte er ein Stück Saffian als Lesezeichen hineingelegt und wollte das Buch nun dort öffnen, wo er am Abend zuvor stehengeblieben war, doch tat sich das Buch an einer anderen Stelle auf. Da kommt Awdejitsch auch schon wieder der gestrige Traum in den Sinn, und er hört, wie sich jemand hinter seinem Rücken bewegt, hört Schritte hinter sich. Awdejitsch wendet sich um und sieht: In der dunklen Ecke des Zimmers stehen Menschen. Noch kann er nicht erkennen, wer es ist, doch flüstert ihm eine Stimme ins Ohr:

»Martyn, Martyn, hast du mich erkannt?«

»Wen erkannt?« murmelte Awdejitsch.

»Mich«, sagte die Stimme. »Ich bin es doch!«

Und es trat aus der dunklen Ecke der Stepanytsch hervor, lächelte Awdejitsch zu und zerging wie eine Wolke.

»Auch das bin ich«, fuhr die Stimme fort, und es kam aus der dunklen Ecke die Frau mit dem Kindlein auf dem Arm auf Awdejitsch zu, und ein Lächeln lag auf dem Gesicht der Frau, und es lachte auch das Kindlein. Und auch sie beide entschwanden seinen Blicken.

»Und das bin ich auch«, sagte die Stimme. Und es trat die Alte mit dem Knaben aus der Dunkelheit hervor. Der Knabe hielt den Apfel in seiner Hand, und auch sie beide lächelten – und auch sie verschwanden.

Da erfüllte reine Freude die Seele des Awdejitsch. Er schlug ein Kreuz, setzte seine Brille auf und begann dort zu lesen, wo sich das Buch geöffnet hatte. Und sein Blick fiel auf die Worte:

»Denn ich bin hungrig gewesen, und ihr habt mich gespeiset. Ich bin durstig gewesen, und ihr habt mich getränket. Ich bin ein Gast gewesen, und ihr habt mich beherberget.«

Und weiter unten las Awdejitsch die Worte:

»Was ihr getan habt einem unter diesen meinen geringsten Brüdern, das habt ihr mir getan.«

Und da erkannte Awdejitsch, daß ihn sein Traum nicht getäuscht habe, und er wurde dessen gewiß, daß es sein Heiland gewesen war, den er an diesem Tage aufgenommen und in seinem Hause empfangen hatte.

Es ist ein' Ros' entsprungen

1. Es ist ein' Ros' ent-sprun-gen aus ei-ner Wur-zel zart. Wie uns die Al-ten sun-gen, von Jes-se kam die Art. Und hat ein Blüm-lein bracht mit-ten im kal-ten Win-ter, wohl zu der hal-ben Nacht.

2. Das Blümlein, das ich meine,
davon Jesaias sagt,
hat uns gebracht alleine
Marie, die reine Magd.
Aus Gottes ew'gem Rat
hat sie ein Kind geboren,
wohl zu der halben Nacht.

3. Wir bitten Dich von Herzen,
Maria, Rose zart:
Durch dieses Blümleins Schmerzen,
die es empfunden hat,
wollst uns verhilflich sein,
daß wir ihm mögen schaffen
ein' Wohnung hübsch und fein.

EDUARD MÖRIKE

Schlafendes Jesuskind
gemalt von Franc. Albani

Sohn der Jungfrau, Himmelskind! am Boden
Auf dem Holz der Schmerzen eingeschlafen,
Das der fromme Meister sinnvoll spielend
Deinen leichten Träumen unterlegte;
Blume du, noch in der Knospe dämmernd
Eingehüllt die Herrlichkeit des Vaters!
O wer sehen könnte, welche Bilder
Hinter dieser Stirne, diesen schwarzen
Wimpern, sich in sanftem Wechsel malen!

JOHANN WOLFGANG GOETHE

Christgeschenk

Mein süßes Liebchen! Hier in Schachtelwänden
  Gar mannigfalt geformte Süßigkeiten.
  Die Früchte sind es heilger Weihnachtszeiten,
  Gebackne nur, den Kindern auszuspenden!

Dir möcht ich dann mit süßem Redewenden
  Poetisch Zuckerbrot zum Fest bereiten;
  Allein was solls mit solchen Eitelkeiten?
  Weg den Versuch, mit Schmeichelei zu blenden!

Doch gibt es noch ein Süßes, das vom Innern
  Zum Innern spricht, genießbar in der Ferne,
  Das kann nur bis zu dir hinüber wehen.

Und fühlst du dann ein freundliches Erinnern,
  Als blinkten froh dir wohlbekannte Sterne,
  Wirst du die kleinste Gabe nicht verschmähen.

GUSTAVO ADOLFO BÉCQUER

Meister Pérez der Organist
Legende aus Sevilla

In Sevilla, und ausgerechnet in der Vorhalle von Santa Inés, als ich gerade auf den Beginn der Christmette wartete, hörte ich diese altüberlieferte Geschichte aus dem Munde einer Botengängerin des Klosters.

Natürlich war ich danach sehr gespannt auf das festliche Hochamt; ich fieberte in der Hoffnung, etwas Großartiges zu erleben.

Doch alles andere als großartig war die Orgel von Santa Inés, und denkbar banal klangen die fadfrommen Weisen, die uns der Organist in jener Nacht bescherte.

Als ich das Gotteshaus verließ, konnte ich es mir nicht verkneifen, die Botenfrau anzupflaumen, indem ich sie fragte:

»Woran liegt's bloß, daß die Orgel von Meister Pérez heutzutag so miserabel klingt?«

»Na daran eben«, antwortete die Alte, »daß es gar nicht die seine ist.«

»Nicht die seine? Was ist dann mit der geschehen?«

»Sie ist in tausend Stücke zerfallen, aus lauter Altersschwäche, vor einer ganzen Reihe von Jahren.«

»Und die Seele des Organisten?«

»Ist nimmer erschienen, seit man die Ersatzorgel aufgestellt hat.«

Falls einer meiner Leser auf die Idee kommen sollte, mir nach der Lektüre dieser Geschichte die gleiche Frage zu stellen, so hat er hiemit schon Bescheid erhalten, weshalb das herrliche Wunder nicht vorgehalten hat bis auf unsere Tage.

I

»Seht Ihr den da mit dem roten Umhang und der weißen Feder auf dem Schlapphut; der so aussieht, als trüge er alles Gold der Galeonen aus Westindien auf seinem Wams; den da drüben, der jetzt gerade aus seiner Sänfte steigt, um der Señora dort die Hand zu reichen, die schon ihren Tragsessel verlassen hat und nun hierher kommt, mit vier fackeltragenden Pagen, die ihr vorangehen? Der Herr ist nämlich der Marqués Mosquoso, Verehrer der verwitweten Condesa de Villapineda. Man sagt, er habe, ehe er seine Augen auf diese Dame warf, um die Hand der Tochter eines steinreichen Mannes angehalten; aber der Vater des Fräuleins, von dem das Gerücht umgeht, er sei ein bißchen geizig ... Doch – pst! – wenn man vom Esel spricht, dann kommt er. Seht Ihr den Mann dort, der unterm Torbogen von San Felipe daherkommt, zu Fuß, in eine dunkle Capa eingemummt und nur von einem einzigen Diener mit einer Laterne geleitet? Jetzt ist er gleich vor der Andachtsnische.

Habt Ihr, als er eben seinen Umhang zurückschlug, um das Heiligenbild zu grüßen, das Ordenskreuz bemerkt, das auf seiner Brust prangt? Ohne dieses aufgesteppte Standeszeichen würde ihn jedermann für einen Kakaokrämer aus der Schlangenstraße halten ... Das ist nämlich der besagte Vater. Schaut, wie das gewöhnliche Volk ihm den Weg freimacht und ihn grüßt! Ganz Sevilla kennt ihn wegen seines kolossalen Vermögens. Er allein hat mehr Golddukaten in seinen Truhen, als unser Oberherr, König Philipp, Soldaten unterhält; und mit seinen Galeonen könnte er eine Flotte bilden, die es mit der des Großtürken aufnehmen würde ...

Schaut, schaut, dort, die Gruppe feierlicher Herren, das sind die Caballeros vom Rat der Vierundzwanzig. Holla, ei sieh da! Auch der flotte Flame läßt sich blicken, dem die Ketzerhäscher – wie die Leute sagen – nur deshalb noch nicht die eisernen Manschetten angelegt haben, weil er gute Beziehungen zu den Großkopfigen in Madrid besitzt ... Der kommt nur in die Kirche, um Musik zu hören ... Nein, wenn Meister Pérez mit seiner Orgel ihn nicht dazu bringt, daß er Rotz und Wasser heult, dann hat er gewiß kein Herz im Leib, und seine Seele schmort schon im Kessel des Gottseibeiuns ... Ach, Nachbarin! Schlimm ..., schlimm ... Mir schwant, es wird einen Heidenspektakel geben. Ich jedenfalls flüchte mich in die Kirche. Denn es hat mir den Anschein, als würde es hier mehr Hiebe mit der flachen Klinge hageln, als Paternoster gen Himmel steigen. Schaut, schaut: die Leute des Herzogs von Alcalá kommen um die Ecke bei der Plaza de San Pedro, und durch das Gäßchen beim Palacio de las Dueñas hab' ich, deucht mir, die des Herzogs von Medina Sidonia anrücken sehen. Hab' ich's Euch nicht gesagt?

Schon haben sie einander erblickt, schon bleiben sie stehen auf beiden Seiten, postieren sich ... Die Tratschgrüppchen lösen sich auf ... Die Gerichtsdiener, die bei solchen Gelegenheiten Prügel beziehen von Freund und Feind, verdrücken sich ... Selbst der Herr Stadtvogt, mit seinem Amtsstab und allem Klimbim, sucht Zuflucht in der Vorhalle ... Und da sagt man, es gebe noch die strafende Gerechtigkeit. Ja, für die Armen ...

Du liebe Zeit, schon schimmern die Schilde in der

Dunkelheit ... Herr im Himmel, steh uns bei! Schon geht sie los, die Keilerei ... Nachbarin, Nachbarin! Hier ..., ehe sie die Türen schließen. Aber, still doch! Was ist das? Sie haben noch nicht recht angefangen und hören schon wieder auf ... Was für ein Lichtschein ist das? ... Flackernde Fackeln! Sänften! Das ist der Herr Erzbischof.

Die hochheilige Schutzmantelmadonna, die ich grad eben in Gedanken angerufen habe, schickt ihn her, zu meiner Rettung ... Ach, kein Mensch weiß, was alles ich dieser himmlischen Frau zu verdanken habe! ... Mit welch reichem Wucherzins vergütet sie mir die Lichtlein, die ich ihr samstags anzünde! ... Schaut ihn Euch an, wie prächtig er daherkommt in seinem violetten Habit und mit seinem roten Birett ... Gott erhalte ihn auf seinem Stuhl so viele Jahrhunderte, wie ich mir selbst zu leben wünsche! Wenn er nicht wäre – halb Sevilla wäre schon abgebrannt wegen der Zwistigkeiten zwischen den zwei Herzögen. Seht sie, seht sie Euch an, die Erzheuchler, wie sie sich beide der Sänfte des Kirchenfürsten nähern, um ihm den Ring zu küssen ... Wie sie ihm nachlaufen, ihn geleiten, sich unter seine Dienerschaft mengen ... Wer weiß, wenn diese beiden, die wie die engsten Freunde jetzt nebeneinander hertrotten, in der nächsten halben Stunde sich irgendwo in einer dunklen Gasse begegnen würden ... Ich meine: sie selber, sie allein! ... Gott bewahre, nicht daß ich sie für Feiglinge hielte! Sie haben sich schon manches Mal als wackere Kämpen erwiesen, als sie gegen die Feinde unseres Herrn und Heilands zu Felde zogen ... Aber, ich meine, wenn sie einander nachstellen würden ..., sich suchen würden in der ernsten Absicht, daß es zu einem Treffen kommt, so würden sie einander auch treffen und ein Ende machen mit all der ständigen Streiterei, bei der in Wirklichkeit doch, wenn's hart auf hart geht, ihre Verwandten, Gefolgsleute und Dienstmannen den Kopf hinhalten müssen.

Aber, gehn wir, Nachbarin, los, gehn wir in die Kirche, bevor alles gestopft voll ist. Denn manchmal an Weihnachten herrscht da solch ein Gedränge, daß kein Weizenkörnchen mehr hineingeht ... Einen wahren Goldfisch haben die Nonnen geschnappt mit ihrem Organisten ... Wann hat das Kloster jemals einen solchen Zulauf gehabt wie jetzt? ... Die anderen Ordensgemeinschaften – ich kann Euch sagen –, die haben Meister Pérez die großartigsten Angebote gemacht. Das ist freilich nicht weiter verwunderlich, denn selbst der Herr Erzbischof hat ihm goldene Berge versprochen für den Fall, daß er in die Kathedrale überwechselt ... Aber er, nixda ... Eher würde er aufs eigene Leben verzichten als seine Lieblingsorgel verlassen ... Ihr kennt Meister Pérez nicht? Ihr seid ja auch neu im Viertel ... Nun, er ist ein heiliger Habenichts, ein armer Mann, der doch sein Scherflein so großmütig spendet wie kein zweiter ... Da er keine Verwandten hat außer seiner Tochter, und keine Freunde außer seiner Orgel, besteht seine ganze Lebensaufgabe darin, die Unschuld der einen zu bewachen und die Register der anderen in Ordnung zu halten ... Denn Vorsicht, die Orgel ist alt! ... Macht nix; er hütet und hegt sie, repariert und pflegt sie mit so viel Geschick, daß sie klingt wie ein wahres Wunder ... Er kennt sie aber auch so in- und auswendig, daß er blindlings ... Ich weiß nicht, ob ich Euch das gesagt habe: der Arme ist nämlich blind von Geburt an ... Und mit welcher Geduld trägt er sein schweres Los! ... Wenn man ihn fragt, wieviel er geben würde für das Augenlicht, antwortet er: ›Viel, aber nicht soviel, wie Ihr glaubt; denn ich hab' eine Hoffnung.‹ – ›Die Hoffnung, sehen zu können?‹ – ›Ja, und das recht bald‹, sagt er, lächelnd wie ein Engel. ›Ich bin schon sechsundsiebzig Jahre alt. Wie lang mein Leben auch noch dauern mag – bald werde ich Gott schauen.‹

Der Ärmste! Ganz gewiß wird er Ihn schauen …, denn er ist demütig wie die Pflastersteine auf der Straße, die sich treten lassen von aller Welt … Immer sagt er, daß er bloß ein armseliger Klosterorganist sei; dabei könnte er sogar dem Kapellmeister des Primas Nachhilfestunden geben. Er hat eben seine Kunst schon mit der Muttermilch eingesogen. Sein Vater hatte nämlich dasselbe Amt wie er. Ich habe den nicht gekannt, aber meine Frau Mutter – Gott hab' sie selig! – hat mir erzählt, daß er sie immer mit hinaufgenommen habe zum Bälgertreten. Später zeigte der Bub soviel Talent, daß er ganz selbstverständlich nach dem Tod seines Vaters die Stelle erbte … Und was für Hände er hat! Gott segne sie! Man sollte sie geradezu in die Tandelmachergasse bringen und dort in Gold fassen lassen … Immer spielt er gut, immer; aber in solchen Nächten wie heute ist es ein Wunder … Die Feier der Christmette liegt ihm besonders am Herzen, und wenn die heilige Hostie erhoben wird, Glock' zwölf Uhr, zu dem Zeitpunkt also, da unser Herr Jesus Christus zur Welt kam …, da sind die Stimmen seiner Orgel Engelsstimmen …

Aber wozu soll ich rühmen, was Ihr doch selbst gleich hören werdet? Es besagt ja genug, wenn Ihr mit eigenen Augen seht, daß alles, was Rang und Namen hat in Sevilla, mitsamt dem Herrn Erzbischof, hierherströmt, zu einem bescheidenen Klosterkirchlein, um sein Spiel zu hören. Und glaubt nur nicht, daß bloß die gebildeten, hochgelahrten, mit der Tonkunst vertrauten Leute ihn zu schätzen wissen; nein, auch Hinz und Kunz. All die Menschenrudel, die Ihr daherkommen seht mit brennenden Kienspänen, Hirtenliedchen singend, juchzend und schreiend im Takt der Tamburine, Schellenrasseln und Schnarrtrommeln, sind – ganz gegen ihre Gewohnheit, Radau zu machen in den Kirchen – totenstill, sobald Meister Pérez in die Tasten seiner Orgel greift … Und wenn er die Hände hebt …, wenn er sie hebt, ist kein Muckenschnaufer zu hören …: aus allen Augen kullern Tränen, haselnußgroß, und wenn es vorbei ist, vernimmt man einen einzigen, ungeheuerlichen Seufzer, der nichts anderes ist als das Ausatmen der Zuhörer, welche die Luft angehalten haben, solange die Musik erklang … Aber auf, gehn wir; das Glockengeläut hat schon aufgehört, und die Messe fängt gleich an. Gehn wir hinein … Für alle Welt ist heut Heiligabend, aber für niemanden ist er heiliger, himmlischer als für uns.«

Mit diesen Worten durchquerte das gute Weib, das der Nachbarin als Fremdenführer gedient hatte, das Atrium des Klosters Santa Inés, quetschte sich – einen Ellbogenstoß nach links, einen Schubs nach rechts austeilend – ins Gotteshaus hinein und verschwand in der Menge, die in dichtem Gedränge sich durch das Portal schob.

II

Die Kirche war erleuchtet mit überwältigender, verschwenderischer Pracht. Der Lichtschwall, der von den Altären herniederflutete, um alles zu erfüllen ringsum, blitzte auf in den kostbaren Schmuckstücken der Damen, die niederkniend auf samtenen, von Pagen ausgelegten

Kissen, das Gebetbuch entgegennehmend aus den Händen ihrer Zofen, soeben vor dem Chorgitter einen glänzenden Halbkreis bildeten.

Unweit von diesem Gitter, stehend, eingehüllt in ihre farbigen, mit Goldtressen besetzten Capas, die in wohleinstudierter Lässigkeit noch ein bißchen die roten und grünen Ordenskreuze hervorlugen ließen, in der einen Hand den Schlapphut, dessen Federn den Bodenteppich küßten, während die andere auf dem blankgeputzten Bügel des Stoßdegens ruhte oder den Knauf des ziselierten Dolches streichelte, schienen die Vierundzwanzig – darunter ein Großteil des feinsten sevillanischen Adels – eine Mauer zu bilden, deren Bestimmung es war, die Töchter und Gemahlinnen abzuschirmen gegen den Pöbel. Dieser, wimmelnd und wogend hinten in den Kirchenschiffen, mit einem Rumoren, das klang wie das Rauschen des Meeres, wenn es sich aufbäumt im Sturm, brach in einen tosenden Beifall aus, verstärkt vom Gedröhn der Tamburine und Schellenrasseln, als der Erzbischof erschien, der dem Volk, nachdem er neben dem Hochaltar Platz genommen hatte, unter einem scharlachroten Thronhimmel, umgeben von seinem Gefolge, dreimal den Segen spendete.

Nun war es an der Zeit, daß die Messe begann. Doch es verstrichen einige Minuten, ohne daß der Zelebrant sich zeigte. Die Menge wurde allmählich unruhig, bekundete ihre Ungeduld; die Caballeros wechselten ein paar halblaute Worte, und der Erzbischof schickte einen seiner Diener in die Sakristei, um zu erfahren, warum die Zeremonie noch nicht anfing.

»Meister Pérez ist erkrankt, schwer erkrankt, und es wird kaum möglich sein, daß er heute an der Mitternachtsmesse teilnimmt.«

Das war die Auskunft, die der Diener brachte.

Die Nachricht ging wie ein Lauffeuer durch die Volksmasse. Das Mißvergnügen zu schildern, das sie auslöste, wäre ein vergebliches Unterfangen. Daher genüge die Feststellung: Der Tumult, welcher sich da erhob, war derart, daß der Stadtvogt aufstand und die Gerichtsdiener hereinkamen, um die Ruhe wiederherzustellen, indem sie sich mitten in die hochgehenden Volkswogen begaben.

In diesem Augenblick ging ein schief gewachsener, knochendürrer und überdies schieläugiger Mann nach vorne, bis zum Sitz des Kirchenfürsten.

»Meister Pérez ist krank«, sagte er. »Die Zeremonie kann nicht beginnen. Wenn Ihr wollt, werde ich an seiner Statt auf der Orgel spielen; denn Meister Pérez ist nicht der erste Organist der Welt, und nach seinem Tod wird man dieses Instrument nicht ungenutzt stehen lassen, weil keiner da wäre, der damit umzugehen wüßte.«

Der Erzbischof nickte zustimmend, und schon begannen einige der Gläubigen, denen jene seltsame Person bekannt war als ein neidischer Konkurrent und Feind des Organisten von Santa Inés, in laute Mißfallensäußerungen auszubrechen, als man plötzlich aus der Vorhalle einen schrecklichen Lärm vernahm.

»Meister Pérez ist da! ... Meister Pérez ist da!«

Auf diese Schreie hin, ausgestoßen von denen, die unter der Tür zusammengepfercht waren, drehte jedermann den Kopf.

Meister Pérez, mit blassem, verzerrtem Gesicht, kam tatsächlich in die Kirche herein, auf einem Sessel, den zu tragen alle als eine Ehre betrachteten, um die sie sich stritten.

Weder die Vorschriften der Ärzte noch die Tränen

seiner Tochter hatten es vermocht, ihn im Bett festzu-
halten.

»Nein«, hatte er gesagt. »Dies ist das letzte Mal, ich
weiß es. Ich weiß es und will nicht sterben, ohne meine
Orgel nochmal zu besuchen, und heute vor allem, am
Heiligen Abend. Also, ich will es, ich verlange es. Auf,
zur Kirche!«

Sein Wunsch war in Erfüllung gegangen. Kirchenbesu-
cher schafften ihn auf den Armen zur Empore hinauf,
und die Messe begann. Im selben Moment schlug die
Uhr der Kathedrale zwölf.

Der Introitus ging vorüber, die Lesung des Evangeliums, das Offertorium, und es kam der feierliche
Augenblick, in dem der Priester, nachdem er sie geweiht
hat, mit den Fingerspitzen die Oblate faßt und langsam
erhebt.

Eine Wolke von Weihrauch, die in bläulichen Wogen
sich entrollte, erfüllte den Kirchenraum.

Die Glöckchen klingelten mit vibrierendem Klang,
und Meister Pérez legte seine verkrümmten Hände auf
die Tasten der Orgel.

Die hundert Stimmen ihrer metallenen Pfeifen
erdröhnten in einem majestätischen, langgezogenen
Akkord, der allmählich entschwand, als ob ein Windstoß
seine letzten Echos fortgerissen hätte.

Diesem ersten Akkord, der wirkte wie eine Stimme,
welche sich von der Erde zum Himmel aufschwingt,
antwortete ein zweiter, fern und zart, der langsam
wuchs, schwoll und schwoll, bis er zu einem tollen
Wildwasser voll donnernder Harmonie wurde. Es war
die Stimme der Engel, die, alle Himmel durchhallend,
herab zur Erde drang.

Danach glaubte man, wie von weit her, Hymnen zu

hören, gesungen von den Hierarchien der Seraphim. Tausend Hymnen zugleich, die ineinanderströmten und einen einzigen Lobgesang bildeten, der jedoch nur die Begleitung war für eine seltsame Melodie, die zu schweben schien über jenem Ozean geheimnisvoller Akkorde, wie ein Nebelfetzen über den Wellen des Meeres.

Dann verloren sich einige, danach noch weitere. Das Klanggeflecht vereinfachte sich. Jetzt waren es bloß noch zwei Stimmen, deren Echos miteinander verschmolzen; schließlich blieb eine einzelne übrig, ganz allein, die einen strahlenden Ton hielt, wie einen Faden aus Licht. Der Priester neigte die Stirn, und über seinem weißhaarigen Haupt, wie durch einen blau wehenden Schleier hindurch, den der Weihrauch vortäuschte, erschien die Hostie den Augen der Gläubigen. In diesem Augenblick erbebte der Ton, den Meister Pérez durchgehalten hatte, bebte, zersprang, und eine Explosion gewaltiger Harmonie erschütterte die Kirche, in deren Ecken die zusammengedrängte Luft brauste, während die Farbfenster erzitterten in ihren schmalen Spitzbogenrahmen.

Aus jedem einzelnen der vielen Töne, die diesen großartigen Akkord bildeten, entwickelte sich ein Thema, und die einen nah, die anderen fern, diese strahlend, jene gedämpft, erweckten sie alle miteinander den Eindruck, als ob die Gewässer und die Vögel, die Winde und die Laubwipfel, die Menschen und die Engel, die Erde und die Himmel gemeinsam und ein jedes in seiner Sprache jubelnd die Geburt des Heilands besängen.

Die Menge lauschte staunend und verzückt. In jedem Auge war eine Träne; tiefe Sammlung in jeder Seele.

Der Priester, der das Hochamt hielt, spürte, wie ihm die Hände zitterten, weil Der, den er in ihnen emporhob, Der, den Menschen und Erzengel grüßten, sein Gott war, wirklich sein Gott war, und ihm schien, als hätte er gesehen, wie die Himmel zerspringend sich auftaten und die Hostie sich verwandelte.

Die Orgel tönte noch immer, aber ihre Stimmen erloschen nach und nach, wie eine Stimme, die hinschwindet von Echo zu Echo und sich entfernt und um so schöner wird, je weiter sie in die Ferne entschwebt, als auf einmal ein Schrei ertönte auf der Empore, ein schriller, herzzerreißender Schrei, der Schrei einer Frau.

Die Orgel stieß einen befremdlichen Mißton aus, der fast wie ein Schluchzen klang, und verstummte.

Die Menge stürzte sich zur Treppe, die hinaufführte zur Empore, wohin, jählings herausgerissen aus ihrer frommen Entrücktheit, nun alle Gläubigen voll Angst die Blicke richteten.

»Was ist passiert? Was ist los?« fragten sie einander, und keiner konnte Antwort geben; ein jeder suchte es zu erahnen, die Verwirrung wuchs, und das Gelärme wurde so heftig, daß Zucht und Andacht, wie sie sich in der Kirche geziemen, bedroht waren.

»Was war denn das?« fragten die Damen den Stadtvogt, der an der Spitze seiner Gerichtsdiener als einer der ersten auf die Empore geeilt war und jetzt, blaß und anscheinend tief bekümmert, sich dorthin wandte, wo der Erzbischof ihn erwartete, begierig wie alle anderen, die Ursache jener Störung zu erfahren.

»Was gibt's?«

»Meister Pérez ist soeben gestorben.«

Und wirklich: als die vordersten Gläubigen, nachdem sie atemlos die Treppe hinaufgehastet waren, auf der Empore anlangten, sahen sie den armen Organisten, nach vorn gefallen, das Gesicht auf den Tasten seines alten Instruments, das noch dumpf vibrierte, während seine Tochter, weinend, schluchzend, ihn vergeblich anrief.

III

»Guten Abend, teure Señora Doña Baltasara! Auch Euer Liebden kommen heut zur Christmette? Ich für meinen Teil hatte eigentlich vor, sie in der Pfarrkirche zu hören; aber, wie es halt so geht ... Wohin lenkt er die Socken? Dorthin, wo alle hocken. Und das, obwohl mir's, wenn ich ganz offen sein soll, seit dem Tod von Meister Pérez jedesmal, wenn ich hineingeh' in das Klosterkirchlein, zumut ist, als drückte mir ein Grabstein aufs Herz ... Der Ärmste! Er war ein Heiliger! ... Ich kann Euch verraten, daß ich ein Stückchen Stoff von seinem Wams als Reliquie aufbewahre, und ich tue gut daran ... Denn bei Gott und meiner Seele, wenn der Herr Erzbischof sich dafür einsetzen würde, dann könnten unsere Enkel den Flicken dereinst in einem Altarschrein sehen ... Aber was kann man da schon erwarten! ... Wer fort ist und begraben, wird keinen Freund mehr haben ... Was heutzutage zählt, ist der neueste Hut ... Euer Liebden verstehen schon, was ich meine. Wie! Ihr habt keine Ahnung von dem, was sich tut? Freilich, wir beide sind uns darin ähnlich: Von der Küche zur Kirche, und von der Kirche zur Küche, ohne sich darum zu kümmern, was die Leute sagen oder ungesagt lassen ... Ich schnappe allerdings – nur so im Vorübergehen – mal da ein Wörtchen, mal dort ein Wörtchen auf ... und bin so, ohne daß mir überhaupt was dran läge, doch meistens einigermaßen auf dem laufenden.

Nun ja, die Sache ist die: Es sieht so aus, als wäre es

bereits abgekartet, daß der Organist von San Román, jener schieläugige Geselle, der immer Gift und Galle speit gegen die anderen Organisten, ein Erzpfuscher, der eher einem Schlächter hinter der Fleischbank gleicht als einem Künstler auf der Orgelbank, heut am Heiligen Abend dort spielen soll, wo einst Meister Pérez gespielt hat. Euer Liebden werden ja wissen – denn es ging von Mund zu Mund und ist stadtbekannt in ganz Sevilla –, daß niemand sonst sich anheischig machen wollte, dies zu tun. Nicht einmal seine Tochter, die vom Fach ist und nach dem Tod ihres Vaters als Novizin ins Kloster eintrat.

Und das ist nur allzu verständlich. Da wir es nun mal gewöhnt sind, so Wunderbares zu hören, muß alles andere uns danach als bare Jämmerlichkeit erscheinen, so sehr man sich auch vor Vergleichen hüten mag. Doch als die Klostergemeinschaft schon beschlossen hatte, daß zu Ehren des Verstorbenen und zum Zeichen des respektvollen Angedenkens die Orgel heute nacht schweigen solle – sieh mal an, da präsentierte sich besagter Mensch und erklärte, er wage es, auf dem Instrument zu spielen ... Es gibt nichts Dreisteres als die Ahnungslosigkeit ... Gewiß, es ist nicht seine Schuld, sondern Schuld derer, die ihm diese Entweihung gestatten. Aber so geht's auf der Welt ... Ich sag's ja ... Es fehlt nicht an Zustrom ... Man könnte grad meinen, es hätte sich nichts geändert seit dem letzten Jahr. Dieselben hochgestellten Persönlichkeiten, der gleiche Luxus, das gleiche Gedrängel und Geschubse an den Türen, der gleiche Trubel in der Vorhalle, die gleiche Menschenmenge im Gotteshaus ... Ach, wenn der Tote den Kopf heben könnte! Er würde sich umdrehen im Grab, würde rasch zum zweiten Mal sterben, um bloß nicht mitanhören zu müssen, wie solche Hände seine Orgel traktieren.

Na, falls es stimmt, was man mir gesagt hat, haben die Leute aus dem Viertel vor, dem zudringlichen Kerl ordentlich heimzuleuchten. Sobald er mit seinen Fingern die Tasten berührt, wird ein Höllenkonzert von Schellenrasseln, Tamburinen und Schnarrtrommeln losgehen, daß man keinen Ton sonst mehr hört ... Aber – pst! – schon stolziert der Held des Abends in die Kirche hinein. Jesses, was für ein buntscheckiges, zierärmelschlenkerndes Geckenjäckchen, was für eine stärkestrotzende Röhrchenhalskrause, was für ein großmächtiges Gehabe! Auf, gehn wir, denn schon vor einem Weilchen ist der Erzbischof gekommen, und die Messe wird gleich anfangen. Gehn wir, denn mir schwant, der heutige Heiligabend wird uns Gesprächsstoff liefern für viele Tage.«

Mit diesen Worten drang das gute Weib, das unsere Leser längst wiedererkannt haben am Schwall ihrer unaufhaltsamen Redseligkeit, in das Klosterkirchlein von Santa Inés ein, sich wie üblich mit Schubsern und Ellbogenstößen einen Weg durch die Menge bahnend.

Die Zeremonie hatte schon begonnen. Der Kirchenraum war so strahlend illuminiert wie im vorigen Jahr.

Der neue Organist hatte sich, nachdem er mitten durch die Masse der Gläubigen, welche die Schiffe füllte, hindurchgeschritten war, um den Ring des Kirchenfürsten zu küssen, auf die Empore begeben, wo er nun mit einer ebenso affektierten wie lächerlichen Wichtigkeit die Register zog, eines nach dem anderen.

Unterm einfachen Volk, das dicht gedrängt drunten in der Kirche stand, ging ein dumpfes, verworrenes Grollen um – drohendes Vorzeichen des Gewitters, das sich da zusammenbraute und demnächst sich entladen würde.

»Ein Scharlatan ist er, der alles verpfuscht und daher nicht mal ordentlich gradaus gucken kann«, sagten die einen.

»Ein Oberdummkopf, der jetzt, nachdem er die Orgel in seiner Pfarrkirche so ruiniert hat, daß sie kläglicher als ein Rumpelkasten ist, sich auch noch an der von Meister Pérez vergreifen will«, sagten die anderen.

Und während da ein Bursche sich des Wettermantels entledigte, um ungehindert auf sein Tamburin eindreschen zu können, und dort einer die Schellenrassel reckte und jedermann sich bereitmachte, einen mordsmäßigen Krawall zu veranstalten, wagten es nur vereinzelte, ein paar halbherzige Worte der Verteidigung vorzubringen für die seltsame Person, deren hochmütiges Schulmeistergebaren in so krassem Gegensatz zu dem bescheidenen Auftreten und der umgänglichen Güte des verstorbenen Meisters Pérez stand.

Schließlich kam der erwartete Moment, der feierliche Moment, da der Priester, nachdem er sich verneigt und ein paar Weiheworte gesprochen hatte, die Hostie mit seinen Händen ergriff ... Die Glöckchen klingelten, daß es klang wie ein Regen aus Kristallgeklimper; die lichtdurchschimmerten Wogen des Weihrauchs wölkten empor, und die Orgel ertönte.

Ein rasendes Donnergetöse erfüllte im selben Augenblick den ganzen Kirchenraum und erstickte ihren ersten Akkord.

Pansflöten, Dudelsäcke, Schellenrasseln, Tamburine, all die Instrumente des gemeinen Volks, schmetterten los in einhellig schrillem, ohrenbetäubendem Mißklang; aber das Tohuwabohu und der Höllenradau dauerten nur einige Sekunden. Einhellig, wie sie losgelärmt hatten, verstummten alle mit einem Schlag.

Der zweite Akkord, weitgespannt, kühn, prächtig, hielt noch immer an, hervorquellend aus den Metallpfeifen der Orgel wie ein Sturzschwall unerschöpflicher, herrlich brausender Harmonie.

Himmlische Weisen, wie sie das Gehör liebkosen in den Augenblicken der Verzückung; Weisen, die der Geist vernimmt und die Lippe nicht zu wiederholen vermag; einzelne Töne einer fernen Melodie, die in Abständen erklingt, hergeweht von den Böen des Windes; Rauschen von Blättern, die einander küssen in den Bäumen mit murmelndem Geplätscher, das dem Plätschern des Regens gleicht; Tirilieren von Lerchen, die glucksend aufsteigen aus der Fülle blühender Blumen wie ein Pfeil, zu den Wolken entsandt; namenloses Gedröhn, übermächtig wie das Brüllen eines Unwetters; seraphische Chöre, ledig aller Fesseln von Rhythmus und Takt; unbekannte Musik des Himmels, die nur die Phantasie erfaßt; geflügelte Hymnen, die sich emporzuschwingen schienen zu Gottes Thron wie eine Trombe wirbelnden Lichts, himmelwärts strudelnder Klänge ... all dies drückten die hundert Stimmen der Orgel aus, mit größerer Wucht, mit geheimnismächtigerer Poesie, mit phantastischerer Farbe, als sie es je zuvor getan hatten.

. . . .

Als der Organist herabkam von der Empore, stürmten so viele Menschen zur Treppe hin, und so ungestüm war ihr Verlangen, ihn zu sehen, ihn zu bewundern, daß der Stadtvogt, aus der nicht unverständlichen Sorge, der Musiker könnte zerdrückt werden inmitten der Masse, einigen seiner Gerichtsdiener befahl, mit dem Amtsstab in der Hand dem Meister einen Weg zu bahnen bis hin zum Hochaltar, wo der Kirchenfürst ihn erwartete.

»Ihr seht ja«, sagte der Erzbischof, als man den Organisten vor ihn brachte, »ich komme aus meinem Palast hierher, aus dem einzigen Grund, Euch zu hören. Werdet Ihr auch so grausam sein wie Meister Pérez, der mir kein einziges Mal diese Reise ersparen wollte und hartnäckig sich geweigert hat, in der Kathedrale zu spielen bei der Christmette?«

»Nächstes Jahr«, antwortete der Organist, »das verspreche ich, werde ich Euch den Gefallen tun; denn nicht um alles Gold der Welt würde ich jemals wieder diese Orgel anrühren.«

»Und warum?« unterbrach ihn der Kirchenfürst.

»Weil ...«, sagte der Organist, bemüht, die Erregung zu beherrschen, die sich in der Blässe seines Gesichts verriet, »weil sie alt und schlecht ist und nicht alles zum Ausdruck bringt, was man ausdrücken möchte.«

Der Bischof entfernte sich, gefolgt von seinen Begleitern. Eine nach der anderen zogen die Sänften der Herrschaften in langer Reihe davon und verloren sich im Gewinkel der benachbarten Gassen; die Grüppchen in der Vorhalle lösten sich auf, die Gläubigen verliefen sich in verschiedene Richtungen, und die Botengängerin schickte sich schon an, das Eingangstor des Atriums zu schließen, als noch immer zwei Frauen sichtbar waren, die, nachdem sie sich bekreuzigt und ein Gebet gemurmelt hatten vor der Andachtsnische unterm Torbogen von San Felipe, sich auf den Heimweg machten und in das enge Gäßchen beim Palacio de las Dueñas hineingingen.

»Was wollt Ihr, teure Señora Doña Baltasara?« sagte die eine. »So bin ich nun mal. Jedem Narren seine Kappe ... Und wenn mir's hundert barfüßige Kapuziner beschwören würden, ich würd's immer noch nicht recht glauben ... Dieser Mensch kann das nicht gespielt haben, was wir gehört haben ... Hab' ihn doch tausendmal gehört in San Bartolomé, der Kirche, wo er angestellt war und von wo ihn der Herr Pfarrer hinauswerfen mußte, weil er nichts taugte ... Grauenhaft war's, was er dort bot; man mußte sich die Ohren mit Watte verstopfen ... Und man muß ihm doch bloß ins Gesicht sehen, das ja – wie man so sagt – der Spiegel der Seele ist ... Ich erinnere mich – ach, der Ärmste, mir ist, als stünde er mir vor Augen! –, ich erinnere mich, was für ein Gesicht Meister Pérez hatte, wenn er allemal an Heiligabend von der Empore herunterkam, nachdem er uns mit seiner Kunst völlig bezaubert hatte ... Was für ein gütiges Lächeln, was für ein lebhaftes Leuchten von innen! ... Er war alt und wirkte wie ein Engel ... Nicht wie der da, der von der Empore herabgestolpert ist, als ob ein kläffender Hund ihm auf dem Treppenflur begegnet wäre; leichenblaß und mit ... Nein, nein, Señora Doña Baltasara, glaubt mir, Euer Liebden, glaubt mir in allem Ernst: ich vermute, da ist ein Spuk im Spiel ...«

Diesen Verdacht erörternd, bogen die beiden Frauen um eine Ecke des Gäßchens und verschwanden.

Es erübrigt sich wohl, unseren Lesern zu sagen, wer die eine von den zweien war.

IV

Wieder war ein Jahr vergangen. Die Äbtissin des Klosters Santa Inés und die Tochter von Meister Pérez sprachen in gedämpftem Ton miteinander, kaum sichtbar im Dämmerdunkel des Chors. Die große Glocke auf dem Turm rief, weithin hallend, die Gläubigen, und die eine oder andere Person durchquerte die Vorhalle, die diesmal still und öde war, benetzte an der Kirchentür die Finger mit Weihwasser und suchte sich einen Platz in einem der Schiffe, wo ein paar Leute aus der Nachbarschaft ruhig auf den Beginn der Christmette warteten.

»Ihr seht doch«, sagte die Vorsteherin, »Eure Furcht ist kindisch und völlig überflüssig; kein Mensch ist da; ganz Sevilla strömt heute nacht in die Kathedrale. Ihr sollt auf der Orgel spielen ... Spielt völlig unbefangen, ohne irgendwelche Beklemmungen; wir werden ganz unter uns sein ... Aber ... Ihr schweigt, Ihr seufzt noch immer. Was ist los mit Euch? Was habt Ihr?«

»Ich habe ... Angst«, stieß das Mädchen hervor, mit einer Stimme, die tief beunruhigt klang.

»Angst! Wovor?«

»Ich weiß nicht ..., vor etwas Übernatürlichem ... Gestern abend, wißt, da hörte ich Euch sagen, daß Ihr mich unbedingt dazu bewegen wollt, bei der Messe die Orgel zu spielen; und stolz auf diese Auszeichnung, nahm ich mir vor, die Register zu ordnen und schön abzustimmen, um Euch heute eine Überraschung zu machen ... Ich kam in den Chor ... allein ..., öffnete die Tür zur Empore ... Die Uhr der Kathedrale schlug in diesem Moment eine Stunde ..., ich weiß nicht, welche ..., aber die Glockenschläge waren todtraurig, und viele waren es, viele ..., sie dröhnten die ganze Zeit, solang ich wie erstarrt auf der Schwelle verharrte, und diese Zeit kam mir vor wie ein Jahrhundert.

Die Kirche war leer und finster ... Dort drüben, im Hintergrund, leuchtete, wie ein verlorener Stern am Nachthimmel, ein sterbensmattes Licht ...: das Licht der Lampe, die auf dem Hochaltar brennt ... In ihrem schwachen, dürftigen Schimmer, der das grauenhafte Dunkel nur noch deutlicher empfinden ließ, sah ich . . ., ich sah, Mutter, glaubt es mir, ich sah einen Mann, der in aller Stille, den Rücken mir zugekehrt, mit einer Hand über die Tasten der Orgel fuhr, während er mit der anderen die Register zog . . ., und die Orgel ertönte, aber sie tönte in unbeschreiblicher Weise. Jeder Ton von ihr war wie ein ersticktes Schluchzen der metallenen Pfeife, die erzitterte unterm Druck der zusammengepreßten Luft in ihrem hohlen Inneren und den dumpfen Ton hervorbrachte, einen fast unhörbaren, aber richtigen Ton.

Und die Uhr der Kathedrale schlug noch immer die Stunde, und der Mann dort ließ unablässig seine Finger über die Tasten gleiten. Ich hörte sogar sein Atmen.

Der Schreck hatte mir das Blut in den Adern gefrieren lassen; ich fühlte in meinem Körper etwas wie Eiseskälte, und in meinen Schläfen Feuer . . . Da wollte ich schreien, wollte schreien, konnte aber nicht. Der Mann hatte sein Gesicht zu mir herumgewandt und mich angeschaut . . .; nein, das stimmt nicht, er hatte mich nicht angeschaut; denn er war blind . . . Es war mein Vater!«

»Pah, Schwester, schlagt Euch die Phantastereien aus dem Kopf, mit denen der böse Feind die Anfälligkeit unserer Einbildungskraft mißbraucht, um den Geist zu verwirren . . . Betet ein Paternoster und ein Avemaria zum Erzengel Sankt Michael, dem Anführer der himmlischen Heerscharen, damit er Euch beisteht gegen die bösen Geister. Tragt ein Skapulier um den Hals, das in Berührung gebracht worden ist mit der Reliquie von San Pacomio, dem Schutzhelfer gegen die Versuchungen, und macht, daß Ihr hinaufkommt zur Orgelempore, schnell! Die Messe fängt gleich an, und die Gläubigen warten schon voller Ungeduld ... Euer Vater ist im Himmel, und von dort wird er nicht herabkommen, um Euch einen Schrecken einzujagen; viel eher wird er kommen, um seine Tochter zu inspirieren bei dieser Feier, die ihm so sehr am Herzen lag.«

Die Priorin ging zu ihrem Chorstuhl und nahm Platz, mitten unter den Schwestern der Klostergemeinschaft. Die Tochter von Meister Pérez öffnete mit zitternder Hand die Tür zur Empore, um sich auf die Orgelbank zu setzen, und die Messe begann.

Die Messe begann und nahm ihren Lauf, ohne daß irgend etwas Besonderes geschah, bis zur Wandlung. In diesem Augenblick ertönte die Orgel, und zur gleichen Zeit wie die Orgel – ein Schrei der Tochter von Meister Pérez. Die Äbtissin, die Nonnen und einige von den Gläubigen rannten zur Empore hinauf.

»Seht ihn an! Seht ihn an!« sagte das Mädchen, mit weit aufgerissenen Augen hinüberstarrend zu der Orgelbank, von der es entsetzt aufgesprungen war, um sich festzuklammern, mit zuckenden Händen, am Geländer der Empore.

Jedermann starrte auf jene Stelle. Die Orgel stand verlassen da, und dennoch: die Orgel tönte noch immer ..., tönte in einer Weise, die nur die Erzengel nachahmen könnten ... in den Verzückungen ihres mystischen Freudentaumels.

*

»Hab' ich's Euch nicht hundertmal und tausendmal gesagt, teure Señora Doña Baltasara, hab' ich's Euch nicht gesagt? Hier ist ein Spuk im Spiel. Nein, sowas! Wie! Ihr wart letzte Nacht nicht bei der Christmette? Aber Ihr werdet ja schließlich erfahren haben, was passiert ist. In ganz Sevilla spricht man von nichts anderem ... Der Herr Erzbischof ist – und das mit gutem Grund – fuchsteufelswild ... Auf die Anwesenheit in Santa Inés verzichtet zu haben, das Wunder verpaßt zu haben ... und weswegen? ... Um eine Katzenmusik zu hören. Denn Leute, die es mitangehört haben, sagen, daß das, was der begnadete Organist von San Bartolomé geboten habe, nichts anderes als Klamauk gewesen sei ... Ich hab's ja gleich gesagt. Das kann nicht der schieläugige Kerl gespielt haben, nie und nimmer ...; da ist ein Spuk im Spiel. Und was da spukte, das war, in der Tat, die Seele von Meister Pérez.«

WILHELM BUSCH

Der Stern

Hätt einer auch fast mehr Verstand
Als wie die drei Weisen aus Morgenland
Und ließe sich dünken, er wär wohl nie
Dem Sternlein nachgereist wie sie;
Dennoch, wenn nun das Weihnachtsfest
Seine Lichtlein wonniglich scheinen läßt,
Fällt auch auf sein verständig Gesicht,
Er mag es merken oder nicht,
Ein freundlicher Strahl
Des Wundersternes von dazumal.

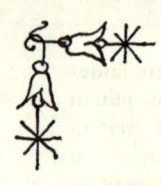

KARL LEBERECHT IMMERMANN

Brief an seine Mutter
27. Dezember 1822

So eben, meine beste Mutter, erhalte ich Deine lieben Zeilen nebst der schönen Tasse, mit der Du mir ein sehr angenehmes Geschenk gemacht hast. Ich danke für Deine Güte u. Liebe Dir tausendmal. Meine Tassensammlung wird ganz brillant, ich bin nun mit der heute empfangnen bis Nr. 7 gediehen.

Ganz gewiß hatte ich geglaubt, daß Du das Fest in Oschersleben zubringen würdest, u. es schmerzte mich, als ich aus Deinem Briefe nun das Gegentheil vermuthen mußte. Die Tage werden Dir recht einsam vergangen seyn, wenn nun gar auch Hermann u. Ferdinand Dich zu jener Zeit verlassen haben. Ich weiß wie wehmüthig Einem in solchen Tagen zu Muthe ist, wenn man sich aus früheren Jahren erinnert, wie sie da so fröhlich vergingen. Ich habe jetzt vor Weihnachten u. Sylvester schon lange vorher immer eine Art von Furcht, denn ich habe dann seit meiner Entfernung vom Hause, stäts mich so sehr allein gefühlt u. befunden.

Dieses Jahr aber war ich unter Menschen u. recht froh. Ich brachte den heiligen Abend bei Lützows zu. Die Generalin hatte ihr niedliches Zimmer mit vielen Lichtern u. Wachsstöckchen, Tannenzweigen u. Blumen in einen wahren Feenpallast verwandelt, u. auf dem weißgedeckten Tische lagen die freundlich dargebotnen Gaben. Ich fand denn auch das Meinige – eine sehr künstliche Kaffeemaschine, nebst Kaffeeservice u. vielem Confect. Nun koche ich mir alle Nachmittage meinen Kaffee selbst, u. wenn ich gleich, bei meiner Dir wohlbekannten Ungeschicklichkeit in dergleichen Dingen 1½ Stunde arbeiten muß, bis der braune Saft läuft, so belohnt mich auch dann das delicateste Getränk, was ich je getrunken habe. Sobald mir einmal das Glück wird, Dich liebste M. bei mir bewirthen zu dürfen, sollst Du zuerst von diesem eigenfabricirten Kaffee genießen. Auch in diesem Augenblicke trinke ich ihn, u. zwar aus Deiner schönen Tasse, die indessen nur an hohen Festtagen künftig gebraucht werden soll. . . .

Hoffentlich bekommst Du diese Zeilen noch im alten Jahr. Sie bringen Dir die innigsten Wünsche für das Neue, u. die kindliche Bitte, mir ferner Deine Liebe zu schenken. Oft habe ich eine große Sehnsucht nach Dir, u. möchte nur zuweilen eine Stunde bei Dir seyn, um mich mit Dir aussprechen zu können. Gott erhalte Dich uns Kindern noch lange Jahre, das ist meine heiße Bitte an Ihn. Mich ergreift oft eine unbeschreibliche Traurigkeit, wenn ich mir denke, daß Du vielleicht mir einst in das Jenseits vorangehst.

Meinetwegen bekümmre Dich nicht, beste Mutter. Ich werde wirklich immer ruhiger u. lerne von Tage zu Tage mehr, das geduldig hinnehmen, was mir der Himmel zuschickt. Lebewohl!

Dein Sohn
Karl.

Menschwerdung

Die Liturgie der Weihnachtszeit enthält die beiden Verse aus dem achtzehnten Kapitel des Weisheitsbuches: »Als alle Dinge in der Mitte des Schweigens waren, und die Nacht in ihrem Lauf die Mitte hielt ihrer Bahn, da stieg Dein allmächtiges Wort, o Herr, aus dem Himmel herab von seinem königlichen Thron.« (14–15) Die Worte sprechen von dem Geheimnis der Menschwerdung, und die unendliche Stille, die darin waltet, drückt sich wunderbar in ihnen aus.

In der Stille geschehen ja die großen Dinge. Nicht im Lärm und Aufwand der äußeren Ereignisse, sondern in der Klarheit des inneren Sehens, in der leisen Bewegung des Entscheidens, im verborgenen Opfern und Überwinden: wenn das Herz durch die Liebe berührt, die Freiheit des Geistes zur Tat gerufen, und sein Schoß zum Werke befruchtet wird. Die leisen Mächte sind die eigentlich starken. Auf das stillste aller Geschehnisse, auf jenes, das still ist von Gott her, allem Zudrang entrückt, wollen wir jetzt unseren Sinn richten.

Lukas berichtet: »Im sechsten Monat« – nachdem der Engel dem Zacharias erschienen war und ihm die Geburt eines Sohnes verkündet hatte, welcher der Vorläufer des Herrn werden sollte – »wurde der Engel Gabriel von Gott in eine Stadt Galiläas gesendet, mit Namen Nazareth, zu einer Jungfrau, welche einem Manne verlobt war mit Namen Joseph, aus dem Geschlechte Davids, und der Name der Jungfrau war Maria. Und er trat bei ihr ein und sprach: ›Sei gegrüßt, Du Gnadenvolle! der Herr ist mit Dir.‹ Sie aber wurde durch das Wort verwirrt und sann darüber nach, was der Gruß bedeute. Und der Engel sprach zu ihr: ›Fürchte Dich nicht, Maria, denn Du hast Gnade gefunden vor Gott. Und siehe, Du wirst empfangen in Deinem Schoße und einen Sohn gebären, und seinen Namen Jesus nennen. Der wird groß sein und der Sohn des Höchsten geheißen werden. Und der Herr, Gott, wird ihm den Thron Davids seines Vaters geben. Und er wird über das Haus Jakob herrschen in Ewigkeit und seiner Herrschaft wird kein Ende sein.‹ Sprach aber Maria zum Engel: ›Wie soll das geschehen, da ich doch von keinem Manne weiß?‹ Und der Engel antwortete und sprach zu ihr: ›Heiliger Geist wird über Dich kommen, und Kraft des Höchsten wird Dich überschatten. Darum wird auch das aus Dir Geborene Sohn Gottes geheißen werden. Und sieh [das Unterpfand:] Elisabeth, Deine Base – auch sie hat in ihrem Alter einen Sohn empfangen, und dieser Monat ist der sechste für sie, die unfruchtbar hieß, denn kein Ding ist unmöglich bei Gott.‹ Sprach da Maria: ›Siehe, ich bin die Magd des Herrn. Mir geschehe nach seinem Worte.‹ Und der Engel schied von ihr.« (1,26–38)

Wie still sich alles zutrug, zeigt der weitere Bericht: Als deutlich wurde, sie sei in Hoffnung, wollte der Mann, dem sie versprochen war, Joseph, sich von ihr trennen, denn er glaubte, sie habe ihm die Treue gebrochen; und noch wird gerühmt, daß er »sie in aller Stille entlassen wollte, weil er gerecht war« und sie gewiß sehr lieb hatte (Mt. 1,19). So unzugänglich tief ist also jenes Geschehen gewesen, daß Maria gar keinen Weg fand, es auch nur ihrem Verlobten zu sagen, und Gott selbst ihn belehren mußte.

Hinter dieser Tiefe aber, von der wir, wenn auch in großer Ehrfurcht, noch etwas ermessen können, öffnet sich eine andere, der Abgrund Gottes. Von ihm spricht das Wort, das wir zum Eingang angeführt haben. Von ihm redet der Beginn des vierten Evangeliums: »Im Anfang war das Wort, und das Wort war bei Gott, und das Wort war [von Wesen] Gott.«

Da ist von »Gott« die Rede. Mit Ihm ist noch jemand; »bei Ihm«, »auf Ihn hingewendet«, wie es im Griechischen heißt, der wird »das Wort« genannt; das, worin jener Erste sein Wesen, seine Lebensfülle, seinen Sinn ausspricht. Auch dieser ist Gott, ebenso wie Der, der das Wort spricht, und doch ist nur *ein* Gott. Von diesem zweiten Jemand nun wird gesagt, Er sei »in sein Eigentum«, das durch Ihn Erschaffene, die Welt »gekommen« (Joh. 1,11). Wir wollen aufmerksam sein auf das, was da gesagt wird: daß Er nicht nur als allgegenwärtiger und allvermögender Schöpfer die Welt durchwaltet, sondern in einem bestimmten Augenblick – wenn es erlaubt ist, so zu sprechen – eine Grenze, eine mit Gedanken nicht zu erfassende Grenze überschritten habe; daß Er, der Ewig-Unendliche, Unzugänglich-Entrückte, persönlich in die Geschichte eingetreten sei.

Wie könnten wir uns wohl Gottes Verhältnis zur Welt vorstellen? Etwa so, daß er, nachdem er die Welt geschaffen, über ihr lebte, in unendlicher Enthobenheit selig sich selbst genügend; die Schöpfung aber ihren ein für allemal bestimmten Gang gehen ließe ... Oder aber so, daß er in der Welt wäre: als schöpferischer Urgrund, aus dem alles hervorginge; als gestaltende Macht, die alles durchwaltete; als Sinn, der sich in allem ausdrück-

te ... Dort wäre er abgeschieden in jenseitiger Unbe-
rührtheit; hier wäre er das Eigentliche in Allem. Wollte
man die Menschwerdung auf Grund der ersten Vorstellung denken, so könnte sie nur bedeuten, daß da ein
Mensch in einzigartiger Weise vom Gottesgedanken
gepackt, von der Gottesliebe entflammt worden wäre –
so sehr, daß man sagen könnte: In ihm redet Gott selbst.
Wollte man die zweite Vorstellung zugrunde legen, dann
würde Menschwerdung bedeuten, daß Gott sich überall
ausdrückt, in allen Dingen, in allen Menschen; in diesem
Einen aber ganz besonders mächtig und klar – so sehr,
daß man sagen könnte: hier ist Gott leibhaftig in Erscheinung getreten ... Wir sehen aber sofort, daß diese
Vorstellungen nicht die der Heiligen Schrift sind.

Was die Offenbarung über das Verhältnis Gottes zur
Welt und über seine Menschwerdung sagt, meint etwas
von Grund auf anderes. Danach ist Gott in einer besonderen Weise in die Zeitlichkeit eingetreten: aus selbst-
herrlichem Ratschluß, in reiner Freiheit. Der ewige, freie
Gott hat kein Schicksal; Schicksal hat nur der Mensch in
der Geschichte. Hier nun ist gemeint, Gott sei in die
Geschichte eingetreten und habe »Schicksal« auf sich
genommen.

Dieses aber, daß Gott aus der Ewigkeit ins Endlich-
Vergängliche eintritt; daß Er den Schritt über die
»Grenze« ins Geschichtliche tut, das begreift kein
menschlicher Geist. Ja, vielleicht wehrt er sich sogar von
einer »reinen Gottesvorstellung« aus gegen das scheinbar
Zufällige, Menschenmäßige darin – und doch geht es
gerade damit um das innerste Wesen des Christlichen.
Denken allein kommt hier nicht weiter; ein Freund hat
mir aber einmal ein Wort gesagt, durch das ich mehr
verstanden habe, als durch alles bloße »Denken«. Wir

sprachen über Fragen dieser Art, da meinte er: »Die Liebe tut solche Dinge!« Dieses Wort hilft mir immer wieder. Nicht, daß es dem Verstande etwas erklärte, aber es ruft das Herz, läßt es ins Geheimnis Gottes hinüberfühlen. Das Geheimnis wird nicht begriffen, aber es kommt nahe, und die Gefahr des »Ärgernisses« schwindet.

Keins der großen Dinge im Menschenleben ist aus bloßem Denken entsprungen; alle aus dem Herzen und seiner Liebe. Die Liebe aber hat ihr eigenes Warum und Wozu – freilich muß man dafür offen sein, sonst versteht man nichts ... Wenn es nun aber Gott ist, der da liebt? Wenn es die Tiefe und Gewalt Gottes ist, die sich erhebt – wessen wird die Liebe dann fähig sein? Einer Herrlichkeit, so groß, daß sie dem, der nicht von der Liebe ausgeht, als Torheit und Unsinn erscheinen muß.

Die Zeit geht weiter. Joseph, von Gott belehrt, nimmt seine Verlobte zu sich – und wie tief muß diese Belehrung hinabgereicht haben bei dem stillen Mann! Was muß in ihm vorgegangen sein, als er verstand, daß Gott auf sein Weib die Hand gelegt hatte, und das Leben, das sie trug, vom Heiligen Geiste war! Damals ist das große und selige Geheimnis der christlichen Jungfräulichkeit erwacht (Mt. 1,19–25).

Lukas berichtet weiter: »Es geschah aber in jenen Tagen, daß ein Gebot vom Kaiser Augustus ausging, die ganze bewohnte Erde aufzunehmen. Das war die erste Aufnahme und geschah, als Kyrenios Statthalter von Syrien war. Und alles machte sich auf den Weg, um sich aufnehmen zu lassen, jeder in seinem Heimatort. Und auch Joseph ging von Galiläa, aus der Stadt Nazareth, hinauf nach der Stadt Davids, die Bethlehem heißt, um sich aufnehmen zu lassen, zusammen mit Maria, der ihm Vermählten, die in Hoffnung war. Es geschah aber, als sie dort waren, daß sich die Tage erfüllten, da sie gebären sollte. Und sie gebar ihren erstgeborenen Sohn, und sie hüllte ihn in Windeln und legte ihn in eine Krippe, da sich für sie in der Herberge kein Platz gefunden hatte.« (2,1–7)

Was wir soeben noch in der Verborgenheit des göttlichen Tuns zu erfassen suchten, tritt uns nun in sichtbarer Gestalt entgegen. Da ist ein Kind, wie Menschenkinder sonst; weint und hungert und schläft wie alle, und ist doch das »Wort, das Fleisch geworden« (Joh. 1,14). Gott wohnt nicht nur in Ihm, und sei es auch in der Fülle; es ist nicht nur vom Himmlischen her angerührt, so daß es ihm nachgehen müßte, darum ringen, dafür leiden, und sei es auch in der gewaltigsten, alle Gottberührtheit übersteigenden Weise, sondern dieses Kind *ist* Gott, von Sein und Wesen.

Wenn sich hier ein innerer Einspruch meldet, so wollen wir ihm Raum geben. Es ist nicht gut, wenn man bei diesen tiefen Dingen etwas niederdrückt; dann vergiftet es sich und setzt sich irgendwo sonst zerstörend durch. Vielleicht empfindet jemand einen Widerstand gegen den Gedanken der Menschwerdung. Vielleicht ist er bereit, ihn als liebliches, tiefsinniges Gleichnis zu nehmen, nicht aber als wörtliche Wahrheit. Wenn irgendwo im Reich des Glaubens, dann kann tatsächlich hier der Zweifel einsetzen. In diesem Falle wollen wir ehrfürchtig sein und Geduld haben. Wir wollen dieses Herzgeheimnis des Christentums mit ruhiger, wartender, bittender Aufmerksamkeit umgeben, dann wird uns schon einmal der Sinn aufgeschlossen werden. Als Weisung aber mag uns das Wort dienen: »Die Liebe tut solche Dinge.«

Diesem Kinde war nun der Inhalt seines Daseins gegeben. Was ein Mensch durch seine Geburt ist, setzt ihm das Thema seines Lebens; alles andere kommt erst nachher hinzu. Umgebung und äußeres Geschehen üben Einfluß, tragen und lasten, fördern und zerstören, wirken und formen – das Entscheidende bleibt doch der erste Schritt ins Sein; das, was Einer von Geburt her ist. Schon viel haben christliche Denker sich darum gemüht, zu erfassen, was in Jesus vorgegangen sei. Sie haben nach seinem inneren Leben gefragt, und bald aus der Psychologie, bald aus der Theologie eine Antwort zu geben versucht. Aber eine Psychologie Jesu gibt es nicht; sie scheitert an dem, was Er im letzten ist. Sie hat nur Sinn als ein Fragen vom Rande her, und bald werden Begriff und Bild von der Mitte verschlungen. Was aber die theologische Bestimmung angeht, so ist sie – in sich wahr und für das christliche Denken grundlegend – ihrem Wesen nach abstrakt. So sucht der Glaube nach einem Hilfsgedanken, der weiterführt. Versuchen wir es mit dem folgenden.

Ein Menschen-Kind war dieses junge Wesen: Menschenhirn und Glieder und Herz und Seele. Und war Gott. Inhalt seines Lebens sollte der Wille des Vaters sein: die heilige Botschaft zu verkünden, die Menschen durch Gottes Macht zu erfassen, den Bund zu stiften, die Welt und ihre Sünde auf sich zu nehmen, sie in stellvertretender Liebe durchzuleiden, sie in den Untergang des Opfers und in die Auferstehung zum neuen Dasein der Gnade zu ziehen. Ebendarin sollte aber auch sein eigener Selbstvollzug geschehen. Indem Er seinen Auftrag erfüllte, sollte Er sich selbst erfüllen, wie das Wort des Auferstandenen sagt: »Mußte nicht Christus das alles leiden und so in seine Herrlichkeit eingehen?«

(Lk. 24,26) Dieser Selbstvollzug bedeutete im letzten, daß dieses Menschenwesen das Ihm personhaft geeinte Gotteswesen gleichsam in Besitz nahm. Jesus hat Gott nicht nur »erlebt«, sondern war Gott. Er ist Gott nicht nur irgendwann geworden, sondern war es von Anfang an. Aber sein Leben bestand darin, dieses sein eigenes Gott-Sein menschlich zu vollziehen: die göttliche Wirklichkeit und ihren Sinn in sein menschliches Bewußtsein zu heben; die Gotteskraft in seinen Willen zu nehmen; die heilige Reinheit mit seiner Gesinnung zu vollbringen; die ewige Liebe mit seinem Herzen zu tun; die unendliche Gottesfülle in seine Menschengestalt zu holen – oder wie wir das ausdrücken mögen, daß sein Leben ein beständiges Niederdringen war in sich selbst hinab, ein Sich-Ausbreiten in sich selbst hinaus, ein Sich-Erheben in immer höhere, eigene Höhe, ein Durchmächtigen des eigenen Sinnes, ein Ergreifen der eigenen Fülle. Alles nach außen dringende Sprechen, alles Tun und Kämpfen bedeutete zugleich dieses beständige Vordringen in sich selbst, des Menschen Jesu in sein eigenes Gottsein. Sicher ist der Gedanke unzulänglich. Er soll ja auch gar nicht richtig sein im Sinne eines theoretischen Satzes, sondern einer wirksamen Hilfe. Helfen aber kann er, wenn wir an das Kind in der Krippe denken . . . an diese Stirne, und was hinter der lebt . . . an diesen Blick . . . an dieses ganze zarte, beginnende Dasein.

Das öffentliche Leben des Herrn hat, wenn es hoch kommt, drei Jahre gedauert; manche sagen, nicht einmal zwei. Wie klein ist diese Spanne Zeit! Aber wie bedeutungsvoll werden dann die dreißig Jahre vorher, in denen Er nicht lehrte, nicht kämpfte, nicht Wunder wirkte. Es gibt im Leben des Herrn kaum etwas, das den gläubigen

Sinn stärker an sich zöge, als das Schweigen dieser dreißig Jahre. Der Gedanke, den wir zu Hilfe gerufen haben, kann uns wohl das Ohr für die Stimme dieses Schweigens öffnen und uns mit dem ungeheuren Geschehen im Inneren Jesu in ehrfürchtige Fühlung bringen.

Einmal bricht es heraus: in dem von Lukas berichteten Ereignis, wie die Seinen ihn, da Er zwölf Jahre alt ist, der Sitte gemäß zum ersten Mal auf die jährliche Wallfahrt nach Jerusalem mitnehmen. »Und als Er zwölf Jahre alt geworden war, zogen sie nach der Festsitte hinauf und brachten die Tage [des Festes in Jerusalem] zu Ende. Wie sie dann heimkehrten, blieb der Knabe Jesu in Jerusalem zurück; seine Eltern aber merkten es nicht, sondern da sie des Glaubens waren, Er befinde sich bei der Pilgergesellschaft, wanderten sie eine Tagereise fort, und suchten Ihn [erst dann] bei den [mitreisenden] Verwandten und Bekannten. Und als sie Ihn nicht fanden, kehrten sie nach Jerusalem zurück und suchten Ihn [dort]. Und es begab sich nach drei Tagen, da fanden sie Ihn im Tempel, inmitten der Lehrer sitzend, ihnen zuhörend und sie befragend; alle aber, die Ihm zuhörten, waren außer sich vor Staunen über seine Einsicht und seine Antworten. Und als [seine Eltern] Ihn sahen, erschraken sie, und seine Mutter sprach zu Ihm: ›Kind, warum hast Du uns das angetan? Sieh, dein Vater und ich suchen Dich mit Schmerzen!‹ Und Er sprach zu ihnen: ›Warum habt ihr mich gesucht? Wußtet ihr nicht, daß Ich in dem sein muß, was meines Vaters ist?‹ Und sie verstanden das Wort nicht, das Er zu ihnen sprach.« Er kommt in den Tempel, und da ist es, als ob etwas in Ihm sich erhöbe und zugriffe. Verschwunden die Mutter; verschwunden Joseph; verschwunden die Reisegenossen! Und wie Ihn dann Maria aus ihrer großen Angst heraus fragt: »Kind, warum hast Du uns das angetan? Ich und dein Vater suchen Dich mit Schmerzen!« – da fragt Er zurück, mit einem Staunen, welches zeigt, wo ganz anders Er steht: »Warum habt ihr mich gesucht? Wußtet ihr nicht, daß Ich im Hause meines Vaters sein muß?«

Dann aber: »Und Er zog mit ihnen hinab, und kam nach Nazareth und war ihnen untertan.«

Und wieder: »Und Jesus nahm zu an Weisheit und Alter und Gnade vor Gott und den Menschen.« (Lk. 2,41–52)

O Heiland, reiß die Himmel auf

1. O Hei-land, reiß die Him - mel auf!

Her - ab, her - ab vom Him - mel lauf!

Reiß ab vom Him - mel Tür und Tor;

reiß ab, wo Schloß und Rie - gel vor!

2. O Gott, ein' Tau vom Himmel gieß,
im Tau herab, o Heiland, fließ.
Ihr Wolken, brecht und regnet aus
den König über Jakobs Haus.

3. O Erd, schlag aus, schlag aus, o Erd,
daß Berg und Tal grün alles werd.
O Erd, herfür dies Blümlein bring,
o Heiland, aus der Erden spring.

4. Wo bleibst du, Trost der ganzen Welt,
darauf sie all ihr Hoffnung stellt?
O komm, ach komm vom höchsten Saal,
komm, tröst uns hier im Jammertal.

5. O klare Sonn, du schöner Stern,
dich wollten wir anschauen gern;
o Sonn, geh auf, ohn deinen Schein
in Finsternis wir alle sein.

6. Hier leiden wir die größte Not,
vor Augen steht der ewig Tod.
Ach komm, führ uns mit starker Hand
vom Elend zu dem Vaterland.

7. Da wollen wir all danken dir,
unserm Erlöser, für und für;
da wollen wir all loben dich
zu aller Zeit und ewiglich.

Vber die Geburt JEsu

NAcht / mehr denn lichte Nacht! Nacht / lichter als
der Tag /
Nacht / heller als die Sonn' / in der das Licht geboren /
Das Gott / der Licht / in Licht wohnhafftig / ihm
erkohren:
O Nacht / die alle Nåcht' und Tage trotzen mag!
O freudenreiche Nacht / in welcher Ach und Klag /
Vnd Finsternůß / und was sich auff die Welt verschworen
Vnd Furcht und Hôllen-Angst und Schrecken war
verlohren.
Der Himmel bricht! doch fållt numehr kein
Donnerschlag.
Der Zeit und Nåchte schuff / ist dise Nacht ankommen!
Vnd hat das Recht der Zeit / und Fleisch an sich
genommen!
Vnd unser Fleisch und Zeit der Ewikeit vermacht.
Der Jammer trůbe Nacht / die schwartze Nacht der
Sůnden
Des Grabes Dunckelheit / muß durch die Nacht
verschwinden.
Nacht lichter als der Tag! Nacht mehr denn lichte
Nacht!

KURT MARTI

flucht nach ägypten

nicht
ägypten
ist
fluchtpunkt
der flucht

das kind
wird gerettet
für härtere tage

fluchtpunkt
der flucht
ist
das kreuz

Alle Jahre wieder

1. Al-le Jah-re wie-der kommt das Chri-stus-kind auf die Er-de nie-der, — wo wir Men-schen sind.

2. Kehrt mit seinem Segen
ein in jedes Haus,
geht auf allen Wegen
mit uns ein und aus.

3. Ist auch mir zur Seite,
still und unerkannt,
daß es treu mich leite
an der lieben Hand.

Zuviel Weihnachten

»Entsinnst du dich noch«, fragte im Paradies der Tiere die Seele des Eselchens die Seele des Ochsen, »entsinnst du dich noch zufällig jener Nacht vor vielen Jahren, als wir in einer Art Hütte standen, und gerade dort in der Krippe . . .?«

»Laß mich nachdenken! Ja richtig«, bestätigte der Ochse, »in der Krippe lag ein neugeborenes Kind. Wie hätte ich das vergessen können? Es war ein so schönes Kind.«

»Seit damals, wenn ich nicht irre«, sagte nun das Eselchen, »weißt du, wie viele Jahre seit damals vergangen sind?«

»Wo denkst du hin, ich mit meinem Ochsengedächtnis.« – »Eintausendneunhundertsechzig.« – »Was du nicht sagst!«

»Und im übrigen, weißt du übrigens, wer das Kind gewesen ist?«

»Wie soll ich das wissen? Es waren doch Leute auf der Durchreise. Gewiß ein wunderschönes Kind. Merkwürdig, daß es mir nie aus dem Sinn gekommen ist, und dabei schienen seine Eltern doch ganz gewöhnliche Menschen. Sag mir, wer war es?« Das Eselchen flüsterte etwas ins Ohr des Ochsen. »Aber nein«, sagte dieser verblüfft. »Wirklich? Du scherzt doch wohl nur?«

»Nein, es ist die reine Wahrheit. Ich schwöre . . . übrigens hatte ich es schon damals sofort verstanden.«

»Ich nicht, ich gebe es zu«, sagte der Ochse, »aber du

bist eben intelligenter als ich. Ich habe es nicht einmal geahnt. Obwohl es wirklich ein wunderschönes Kind war.«

»Nun gut, seit damals feiern die Menschen jedes Jahr ein großes Fest zu seinem Geburtstag. Es gibt keinen schöneren Tag für sie. Wenn du sie nur sehen könntest. Es ist eine Zeit allgemeiner Heiterkeit, der Seelenruhe, der Sanftmut, des Friedens, der Familienfreuden, des Sich-gerne-Habens. Selbst Mörder werden zahm wie Lämmer. Weihnacht nennen es die Menschen. Übrigens, mir kommt ein guter Gedanke. Da wir schon davon sprechen, soll ich sie dir zeigen?«

»Wen?«

»Die Menschen, die Weihnachten feiern.«

»Wo?«

»Unten auf der Erde.«

»Warst du schon einmal dort?«

»Jedes Jahr mache ich einen Sprung hinunter. Ich habe einen besonderen Passierschein. Aber ich denke, du wirst auch einen bekommen, denn nach allem könnten wir zwei wohl auch auf etwas Anerkennung Anspruch erheben.«

»Weil wir das Kind damals mit unserem Atem wärmten?«

»Komm, beeile dich, wenn du nicht das Beste versäumen willst. Heute ist Heiliger Abend.«

»Und mein Passierschein?«

»Sofort gemacht, ich habe einen Vetter im Paßamt.«

Der Passierschein wurde bewilligt. Sie setzten sich in Bewegung, und unendlich leicht, wie es körperlosen Säugetieren eigen ist, schwebten sie vom Himmel auf die Erde. Bald entdeckten sie ein Licht und hielten darauf zu. Aus einem wurden Tausende, es war eine riesenhafte Stadt.

Und da durchwanderten nun Eselchen und Ochse, unsichtbar, die Straßen des Zentrums. Da es sich um Geister handelte, fuhren Autobusse, Automobile, Straßenbahnwagen durch sie hindurch, ohne Schaden anzurichten, und selbst durch Mauern war es ihnen gegeben zu gehen, als ob sie Luft wären. So vermochten sie alles nach Herzenslust zu betrachten.

Es war wirklich ein eindrucksvolles Schauspiel: Tausende von Lichtern in den Schaufenstern, Blumengewinde, Girlanden, unzählige Tannenbäume; die ungeheure Stauung der Wagen, die sich abmühten, durch enge Straßen zu fahren, und das wirblige Gewimmel und Hin und Her der Menschen, die sich in den Läden drängten, hinein- und wieder herausströmten, sich mit Paketen und Paketchen beluden und alle gespannte Gesichter hatten, als würden sie gejagt. Das Eselchen schien bei diesem Anblick wie verzückt, während der Ochse sich voller Entsetzen umsah.

»Höre, Freund Eselchen, du hast mir gesagt, daß du mir Weihnachten zeigen wolltest! Du hast dich wohl geirrt. Ich sage dir, hier ist doch Krieg!«

»Siehst du denn nicht, wie zufrieden alle sind?«

»Zufrieden? Mir kommen sie wie Wahnsinnige vor. Sieh doch auf ihre besessenen Gesichter, ihre fiebrigen Augen.«

»Du bist eben ein Provinzler, mein lieber Ochse, und bist nie aus dem Paradies herausgekommen. Du verstehst die modernen Menschen nicht. Um sich zu unterhalten, um sich zu freuen, um sich glücklich zu fühlen, haben sie es nötig, ihre Nerven zu ruinieren.«

Laufburschen auf Fahrrädern, die gefährlich große Paketbündel balancierten, zogen vorbei; Lieferwagen wurden be- und entladen; riesige Mengen von Süßigkeiten und Berge von Blumen lösten sich unter dem Ansturm keuchender Menschen auf; Lampen blitzten und verloschen; seltsame Lieder, die Schreien ähnelten, dröhnten von allen Seiten. Dank seiner körperlosen Natur flog der Ochse neugierig zu einem Fenster im siebten Stock hinauf. Das Eselchen folgte gutmütig.

Sie sahen in ein reichmöbliertes Zimmer, wo eine sorgenvolle Dame vor einem Tisch saß. Linker Hand lag ein Haufen von fast einem halben Meter farbiger Karten und Kärtchen aufgebaut und rechts von ihr ein Stoß weißer Billette. Die Dame, sichtlich bemüht, keine Minute zu verlieren, nahm hastig ein farbiges Kärtchen, betrachtete es einen Augenblick lang, sah in einem dikken Buch nach und schrieb sodann etwas auf eines der weißen Billette, steckte es in einen Umschlag, schloß den Umschlag, dann nahm sie vom linken Stoß ein neues buntes Kärtchen und wiederholte die ganze Prozedur. Ihre Hände bewegten sich so schnell, daß man ihnen kaum folgen konnte. Aber der Haufen bunter Kärtchen hatte einen eindrucksvollen Umfang. Wie lange würde sie wohl brauchen, um alles zu erledigen? Man sah es der Unglücklichen an, daß sie fast nicht mehr konnte, und dabei war sie erst am Anfang.

»Hoffentlich bezahlen sie sie wenigstens gut für solche Schufterei«, sagte der Ochse.

»Bist du naiv, lieber Freund! Das ist eine außerordentlich reiche Dame aus der besten Gesellschaft.«

»Und warum arbeitet sie sich dann zu Tode?«

»Sie arbeitet sich gar nicht zu Tode, sie antwortet nur auf Glückwunschkarten.«

»Glückwunschkarten? Was nützen die?«

»Nichts, absolut nichts. Aber wer weiß warum, die Leute haben jetzt eine besondere Vorliebe dafür.«

Sie sahen in ein anderes Zimmer hinein. Auch da saßen Leute mit Schweißperlen auf der Stirn und in Aufregung und schrieben Glückwünsche auf Glückwunschkarten. Überall, wo die beiden Tiere hineinschauten, richteten Männer und Frauen Päckchen, schrieben Adressen, liefen ans Telefon, eilten blitzschnell von einem Zimmer ins andere, Schnüre, Bänder, Kärtchen, Gehänge tragend, während junge Dienstboten mit von Müdigkeit gezeichneten Gesichtern weitere Päckchen, weitere Schachteln, weitere Blumen und neue Stöße von Briefen, Rollen, Kärtchen und Bogen herbeischleppten. Und alles war Hast, Aufregung, Verwirrung, Mühe und eine schreckliche Anstrengung.

Überall, wo sie hinkamen, zeigte sich ihnen dasselbe Schauspiel. Kommen und Gehen, Kaufen oder Verpakken, Absenden oder Empfangen, Einwickeln, Auswickeln, Rufen und Antworten. Und alle blickten immer nach der Uhr, alle hasteten, alle keuchten von Furcht besessen, nicht zur Zeit fertig zu werden, jemand brach zusammen, schnappte nach Luft unter der immer größer werdenden Flut der Pakete, Päckchen, Kärtchen, Kalender, Geschenke, Telegramme, Briefe, Karten, Billette und so weiter.

»Du hast mir doch gesagt«, bemerkte der Ochse, »daß es ein Fest der Heiterkeit, des Friedens und der Seelenruhe sei.«

»Tja«, antwortete das Eselchen – »einmal war es auch so. Aber was soll ich dir sagen, seit einigen Jahren scheinen die Menschen beim Nahen des Weihnachtsfestes wie von einer geheimnisvollen Tarantel gestochen und verstehen rein gar nichts mehr. Hör ihnen doch zu.«

Verwundert hörte der Ochse hin. In den Straßen, den Geschäften, den Büros, den Fabriken sprachen die Menschen schnell miteinander und wechselten, wie Automaten, monotone Redensarten: »Fröhliche Weihnachten« – »Gesegnete Weihnachten« – »Danke, auch Ihnen« – »Fröhliche Weihnachten« – »Gesegnete Weihnachten« – »Danke« – »Fröhliche Weihnachten« – »Fröhliche Weihnachten« . . .

Es war ein Geflüster, das die ganze Stadt füllte.

»Glauben sie denn daran?« fragte der Ochse, »meinen sie es wirklich so? Lieben sie ihren Nächsten?«

Das Eselchen schwieg.

»Wollen wir nicht etwas abseits gehen?« schlug der Ochse vor, »der Kopf brummt mir, und ich habe Sehnsucht nach dem, was du Weihnachtsstimmung nennst.«

»Im Grunde auch ich«, gab das Eselchen zu.

So schlüpften sie durch die wirbelnden Schleusen der Wagen, entfernten sich ein wenig vom Zentrum, von den Lichtern, dem Lärm, der Raserei.

»Du, der mehr davon versteht als ich«, begann der Ochse, immer noch wenig überzeugt, »sag mir doch, bist du wirklich sicher, daß das dort keine Verrückten sind?«

»Nein, nein, es ist eben einfach Weihnachten.«

»Dann ist dort zuviel Weihnachten. Erinnerst du dich noch damals in Bethlehem an die Hütte, die Hirten und das schöne Kind? Auch dort war es kalt, aber welcher Frieden, welche Zufriedenheit. Wie anders war es damals.«

»Ja, und die fernen Klänge des Dudelsacks, die man nur ganz leise hörte.«

»Und das sanfte Flügelschlagen auf dem Dach. Was für Vögel das wohl waren?«

»Vögel? Aber nein doch, Engel waren es.«

»Und die drei reichen Herren, die Geschenke brachten, entsinnst du dich noch ihrer? Wie wohlerzogen sie waren, wie leise sie zusammen sprachen, welch vornehme Leute. Könntest du dir sie heute in diesem Rummel vorstellen?«

»Und der Stern? Denkst du noch an den hellen Stern, der damals gerade über der Hütte stand? Ob es ihn wohl heute noch gibt? Sterne haben doch meist ein langes Leben.«

»Ich fürchte nein«, sagte der Ochse skeptisch, »es sieht so wenig nach Sternen hier aus.«

Sie hoben ihre Köpfe, und wirklich man sah nichts. Über der Stadt lag eine Decke dichten Nebels.

GOTTFRIED KELLER

Weihnachtsmarkt

Welch lustiger Wald um das hohe Schloß
Hat sich zusammengefunden,
Ein grünes bewegliches Nadelgehölz,
Von keiner Wurzel gebunden!

Anstatt der warmen Sonne scheint
Das Rauschgold durch die Wipfel;
Hier backt man Kuchen, dort brät man Wurst,
Das Räuchlein zieht um die Gipfel.

Es ist ein fröhliches Leben im Wald,
Das Volk erfüllet die Räume;
Die nie mit Tränen ein Reis gepflanzt,
Die fällen am frohsten die Bäume.

Der eine kauft ein bescheidnes Gewächs
Zu überreichen Geschenken,
Der andre einen gewaltigen Strauch,
Drei Nüsse daran zu henken.

Dort feilscht um ein winziges Kieferlein
Ein Weib mit scharfen Waffen;
Der dünne Silberling soll zugleich
Den Baum und die Früchte verschaffen.

Mit rosiger Nase schleppt der Lakai
Die schwere Tanne von hinnen;

Das Zöfchen trägt ein Leiterchen nach,
Zu ersteigen die grünen Zinnen.

Und kommt die Nacht, so singt der Wald
Und wiegt sich im Gaslichtscheine;
Bang führt die ärmste Mutter ihr Kind
Vorüber dem Zauberhaine.

Einst sah ich einen Weihnachtsbaum:
Im düstern Bergesbanne
Stand reifbezuckert auf dem Grat
Die alte Wettertanne.

Und zwischen den Ästen waren schön
Die Sterne aufgegangen;
Am untersten Ast sah man entsetzt
Die alte Wendel hangen.

Hell schien der Mond ihr ins Gesicht,
Das festlich still verkläret;
Weil auf der Welt sie nichts besaß,
Hatt' sie sich selbst bescheret.

Eine Weihnachtsgeschichte

Könnt ihr euch an den Heiligen Abend des vorletzten Jahres erinnern? Den ganzen Tag über hing schon Schnee auf der Stadt, aber vormittags strich die Luft noch aus Nordnordwest, schleppte Frost mit und kalten Dunst, der wie eine Mauer nach oben stand und den Schnee in die Wolken zurückpreßte. Man roch ordentlich, wie der Schnee im Himmel stockte, und wie der Boden unter dem vielen Stein und in den hartgefrorenen Gärten nach ihm verlangte, und wie die niedrigen Wolken ganz voll Drang waren, ihn zu gebären und ihre schweren Bäuche auszuflocken.

Aber das Licht an diesem Tag blieb streng, kalt, glasig, und die Straßenverkäufer traten von einem Fuß auf den anderen, klapperten mit harten Sohlen auf dem Pflaster wie Tänzer auf einer Rollplatte und schlugen sich mit den Armen unter die Achselhöhlen. Erst gegen Dämmerung flaute die kalte Luft ab; es war, als ob von den vielen Lichtern und Laternen, die im Zwielicht milchig und kugelig erstrahlten, ein dünner Wärmestrom aufzitterte wie von Kastanienöfen an den Straßenecken. Als es dunkel ward, rieselte ganz lichter strähliger Schnee herunter, vor den Bogenlampen schien er unbeweglich zu stehen wie ein feinmaschiges weißes Netz, und er blieb auf der Erde wie Sand ohne Feuchtigkeit liegen, klebte an den Sohlen der Fußgänger und polierte die Reifen der langsam gleitenden Autos gefährlich blank und glatt.

Um diese Zeit, als in den Läden noch die letzten

Einkäufe gemacht wurden und die heiseren Straßenverkäufer im Westen das Bündel Lametta, Restbestand,
schon um drei Pfennige ausschrien, als man ältere Herren
in ihren Privatwagen, mit unförmigen Paketen umstellt,
so daß sie sich kaum vorbeugen konnten, um die ange-
laufene Scheibe zu wischen, in Richtung Dahlem oder
Grunewald nach Hause fahren sah, als in den Fenstern
der Parterrewohnungen da und dort schon die Lichter-
bäume aufstrahlten und die Glocken der wenigen Kirch-
türme, mit unwahrscheinlicher Feierlichkeit inmitten all
der kleinen und großen Stadtgeräusche, die Christnacht
einläuteten, wälzte sich ein dunkler, sonderbar unförmi-
ger Menschenzug von Osten und Norden her, irgendwo
stromartig zusammenmündend – langsam, schwerfällig,
in einem müden, aber unbrechbar gleichmäßigen Takt
der Schritte, in die westlichen Stadtviertel hinein. Die
Trambahnen und Autobusse stauten sich an den großen
Kreuzungen, und Schutzleute, die die Spitze des Zuges
flankierten, hielten Radfahrer und Passanten auf, die aus
Eiligkeit oder Ungeduld den Strom durchbrechen wollten. »Weiterjehn, laßt se nur weiterjehn« –, sagten die
Schutzleute mit einem fast väterlichen Ton in der
Stimme, denn sie wollten nicht, daß es irgend etwas
gäbe, und bangten vor jedem Aufenthalt als vor dem
Einfallstor des Unvorhergesehenen. Und der Menschen-
strom, von den Fenstern oberer Stockwerke anzusehen
wie ein grauer, gekerbter, mühsam kriechender Riesen-
wurm, aus der Nähe mehr wie ein still geschlossener
Ausbruch aus den Geschäftsstraßen der Altkleiderhänd-
ler, wie ein filziger Zopf aus abgeschabten Mänteln,
Umschlagtüchern, Rockkragen, runden Hüten, Schirm-
mützen und Wolljacken, all das fast ohne Gesichter und
von Schneegeriesel und Kältedunst umschwankt, schob

sich mit schlurfenden Sohlen unaufhaltsam voran. Einzelne Schildträger da und dort in der freien Straßenmitte schleppten an Stangen genagelt große Bretter, deren Aufschriften man nicht lesen konnte, nur manchmal im stechenden Strahl eines Scheinwerfers einzelne Worte wie »... Nieder mit ...« oder »... Volksbetrüger ...« oder ähnliches, was mit dem Schnee und der Nacht und den vielen feuchten Kleidern zusammen nur einen dumpfen, bedrückenden Sinn ergab. Von Zeit zu Zeit drang von sehr weit hinten aus dem Zug – die Vordersten marschierten stumm und gleichsam widerstandslos dahin – eine belegte, knarrende Stimme, die ein Kommando zu formen suchte, und dann murmelten viele Stimmen, mit hoffnungsloser Bemühung um Gleichklang, in einem unsicheren Rhythmus: »Hunger, Hunger, Hunger.« –

In den Seitenstraßen flatterten die Gerüchte auf, schwirrten wie Dohlenschwärme nach allen Seiten in die stilleren Stadtviertel hinaus. Dienstmädchen und Portiersleute, etwa im bayrischen Viertel oder im westlichen Charlottenburg, schienen in heimlicher Funkverbindung mit den belebten Hauptstraßen zu stehen, wußten immer Neues, noch bevor das Alte widerlegt worden war. »In Jrunewald steht ne ganze Villenstraße in Flammen«, hieß es, als irgendwo, eines Zimmerbrandes wegen, das Läutezeichen des Feuerwehrautos gellte. »Am Wittenbergplatz is jeschossen worden«, hieß es. »Zwanzig Tote liegen am Wittenbergplatz.« Aber am Wittenbergplatz fiel kein Schuß.

Hingegen stand am Wittenbergplatz, dicht bei einem der geschlossenen Portale des Kadewe, um diese Zeit ein junger Mensch von etwa dreißig Jahren, der dadurch auffiel, daß er am Kinn ein blondes krauses Bärtchen trug, und hielt unter einer Art Radmantel, wie sie in früheren Zeiten von Droschkenkutschern oder Naturfreunden getragen wurden, eine menschliche Gestalt eng an sich gepreßt, von der man nichts sah als das stoßweise Beben des verhüllten Körpers. Es war ungewiß, ob sie schmerzhaft atmete, schluchzte oder nur fror.

Der Blick des Mannes folgte mit wachem, etwas erstaunten Ausdruck dem Ende des Hungerzuges, das eben in den Lichtschächten zwischen Gedächtniskirche und Kinopalästen verschwand, von einigen großen offenen Kraftwagen langsam gefolgt, über deren niedrige Seitenwände steif wie Spielzeugpuppen die Uniformen und Helmtöpfe der Schutzpolizisten unbeweglich ragten.

Es standen jetzt außer diesen beiden nur noch wenige Menschen an derselben Ecke, denn die Straßenverkäufer und Zeitungsausrufer hatten Feierabend gemacht; ein Wächter des Kaufhauses, als Weihnachtsmann gekleidet mit weißem Wattebart, stapfte ungehalten hin und her, eine kleine Gruppe von Chauffeuren, deren Droschken drüben an der Trottoirkante des Platzes hielten, hatte sich debattierend an der Straßenecke gesammelt, ein Mädchen in einem zu kurzen, sehr angeschabten Kalbfellmantel und roten Glanzlederstiefeln, die bis zum Knie hinaufreichten, beschrieb in kurzen Schritten einen Kreis von ganz engem Radius, und einige Leute mit hochgeschlagenen Mantelkragen warteten auf den Autobus. Niemand schien das fremdartige Paar zu bemerken, und keiner kümmerte sich um die beiden, bis plötzlich die Gestalt unter dem Radmantel, lautlos und ohne Heftigkeit, am Körper des jungen Mannes herunter aufs Pflaster glitt.

Der Mann beugte sich über sie und versuchte, sie an den Schultern hochzuziehen. Als ihm dies nicht gleich gelang, drehte er sich ohne Hast zur Gruppe der Chauffeure um, die nun alle, zunächst unberührt und ohne besonderes Interesse, zu ihm hinschauten, und lächelte ein wenig. Gleichzeitig war das Mädchen mit den hohen roten Stiefeln hinzugetreten und starrte mit hängender Unterlippe auf die unbeweglich am Boden liegende Frau hinab.

Nun löste sich aus der Chauffeurgruppe ein älterer Mann mit grauem Schnurrbart, kam langsam herbei, von zwei jüngeren gefolgt, schüttelte den Kopf, räusperte sich und spuckte gegen die Glasscheibe des Warenhauses. »Wat hat'n die?« sagte er dann mit ziemlich klarer Stimme. »Wat wird se haben«, knautschte das Mädchen mit den Stiefeln, das sehr durch die Nase sprach, »Hunger wird se haben!« – »Die's dot«, meinte einer der jüngeren Chauffeure, die dazugekommen waren, »die's dot. Man sieht's an de Lippen. Da kenn ich mir aus mit von Weltkriech.« Der junge Mann im Radmantel lächelte immer noch vor sich hin und antwortete nichts, und in diesem Augenblick richtete sich die Gestalt am Boden halb auf und sagte leise: »Ach« –, und dann lächelte sie auch. »Na pack doch man zu!« schrie der ältere Chauffeur plötzlich ganz aufgeregt. Er und der Fremde griffen ihr unter die Oberarme, und sie ließ sich ganz leicht emporstützen. Sie lehnten sie an die Glasscheibe, und man sah nun im elektrischen Licht, daß es eine junge Frau war, der rechts und links dunkle Haarsträhnen unter einem kleinen, kecken Hütchen auf die Schläfen fielen, und deren zartes, stumpfnäsiges Gesicht, mit leicht umschatteten, weit geöffneten und wie von Belladonna flackrig vergrößerten Augen man lange ansehen mußte, um zu merken, daß es sehr schön war. Sie hatte einen losen, cremefarbenen Frühlingsmantel an, der eher auf eine elegante Hotelterrasse im Süden gepaßt hätte, um den Hals trug sie einen groben grauen Wollschal, der offenbar von ihrem Begleiter stammte, und an den Beinen hatte sie schwarze Seidenstrümpfe. Auf dem rechten Schienbein war ein kreisrundes Loch, wohl von einem Sturz oder Stoß, unter dem ein wenig geronnenes Blut zu sehen war. Darüber deckte sie jetzt beim Aufstehen rasch die eine Hand. Und ihre Hände, schmal und durchsichtig und trotz der Kälte gar nicht rot, streckte sie wie abwehrend ein kleines Stück vor den Leib.

Inzwischen war der als Weihnachtsmann verkleidete Wächter herangekommen und musterte die Gruppe, die nun etwas verlegen beisammenstand und auch, nachdem die Frau aufgerichtet war, schon gar keine Gruppe mehr darstellte, sondern in lauter fremde Leute zerfiel. »Hier könnse nich bleiben mit die kranke Frau«, sagte der Wächter nach einer Weile zu dem jungen Mann. Der antwortete nicht und schien den großen Christbaum im Schaufenster zu betrachten, der mit künstlichem Reif bedeckt und mit vielen elektrischen Birnen behaftet war und zu dessen Füßen weiße Wäsche lag. »Ick jeh mal rin«, sagte der Weihnachtsmann nach kurzer Pause, »und telefoniere nach der Rettungswache.« Da aber verzerrte sich das Gesicht der jungen Frau ängstlich, und sie hob wie bittend beide Hände. »Nein«, sagte sie mit etwas zu heller Stimme, »ich geh schon weiter!« Und sie machte eine kurze Bewegung von der Scheibe weg, wankte aber, und der Fremde mit dem Bärtchen, immer noch auf den Christbaum schauend, nahm sie am Arm und stützte sie unter der Achsel. »Lasse man'n Schluck heißen Kaffee trinken«, sagte plötzlich der eine jüngere Chauffeur, ein schwarzhaariger Mensch mit einem übermäßig breiten Mund. Er sagte das zu dem Fremden und bot auch, in einer unbewußten Scheu davor, sich mit der Frau selbst in Verbindung zu setzen, dem Fremden seine Thermosflasche. Der nahm sie, schraubte sie auf, füllte etwas in den Verschlußbecher und setzte es der Frau an die Lippen. Es war so still, daß man sie leise schlürfen hörte, und keiner sagte ein Wort.

Das Mädchen mit den Stiefeln hatte sich geschneuzt und malte sich nun die Lippen nach, und eine andere, die zu ihr getreten war, stierte ihr über die Schultern in den im Innenleder ihrer Tasche angebrachten Spiegel. Dann setzte die Frau den Becher ab, hielt ihn dem schwarzhaarigen Chauffeur hin und sagte – wobei man zum erstenmal bemerkte, daß sie eine nicht hiesige, eher etwas ausländisch klingende Mundart sprach –: »Dank schön, das war gut!« – »Na, 's jut«, sagte der Chauffeur und schraubte seine Flasche zu. Der Wächter hatte sich den beiden Mädchen zugewandt. »Kein Jeschäft heute, wat?« sagte er brummig. »Kommt noch«, meinte das Stiefelmädchen, »wenn de Lokale schließen. Weihnachtsfeier für Junggesellen, mit Gemüt und Zaster.« Einige lachten, und die Mädchen schlenkerten mit ihren Taschen um die Ecke. Jetzt aber hatte der ältere Chauffeur mit dem grauen Schnurrbart, nach einigem Räuspern und Spukken, etwas überlegt. »Wo wollt ihr denn hin, ihr beide?« sagte er zu dem fremden jungen Mann. »Hier is nischt los heite, ick bring euch'n Stück.« – »Wo wollen *Sie* denn hin?« sagte der Fremde freundlich. »Ich meine, in welche Richtung?« Er schien aber nur aus Höflichkeit zu fragen und ohne eine besondere Absicht. »Ich«, sagte der Chauffeur, »mach in de Standkneipe an Stadtpark. Ick bin unverheiratet«, fügte er hinzu, und gleichsam sich entschuldigend sagte er noch: »Mit Fuhre is nischt mehr los heite.« Nun aber war der schwarzhaarige Chauffeur mit dem breiten Mund, der vorher seine Thermosflasche gegeben hatte, plötzlich sehr lebhaft. »Weißte was, Fritze«, sagte er zu dem älteren, »wir nehmen se mit in die Standkneipe und stiften se ne heiße Wurst«, und dann sagte er mit einer formellen Wendung zu dem Fremden: »Ick lade det Fräulein uff ne Bockwurscht ein.«

»Bockwürschte könnse an der Ecke Passauer ooch haben«, sagte der Alte. »Aber nich von mir«, lachte der Schwarzhaarige, der immer munterer wurde. »Bei Jahnke hab ick unbegrenzten Kredit. Kommense, Fräulein«, sagte er, und faßte die Frau, die sich noch mit dem einen Arm auf ihren Begleiter stützte, an der freien Hand. Die sah den Blondbärtigen unschlüssig fragend an, aber der nickte nur und sagte zu dem älteren Chauffeur, von dem die ganze Einladung eigentlich angeregt worden war: »Dann fahren wir wohl alle zusammen?« – »Meinetswegen«, erwiderte der und stapfte zu seinem Wagen, während der Schwarzhaarige schon der Frau in den seinen half und den fremden jungen Mann nicht daran hinderte, leichtfüßig hinterher zu steigen und sich an ihrer Seite im Wagen zurückzulehnen. Dann ließ er anspringen und fuhr los, so flott, daß sie auf dem schneeglatten Asphalt bedenklich schleuderten, während der ältere bedächtiger folgte. Am Stadtpark schlossen sie ihre Wagen an die Reihe der wartenden Droschken an und gingen, die Frau in der Mitte, wie alte Bekannte alle vier in die kleine Kneipe am Eck, unter deren Schild »Schultheiß-Patzenhofer« ein Adventskranz aus Fichtenzweigen mit roter Schleife und niedergebrannten Wachslichtern hing.

Es war sehr warm in Jahnkes kleiner Bierstube, denn das lange Ofenrohr ging mitten durchs Lokal. Drei oder vier

Holztische standen teils an der Wand, teils an der nach innen offenen Auslage, die nach der Straße zu durch einen Rolladen verschlossen war und in der man, außer zwei leeren kupferbeschlagenen Bierfäßchen und einigen etikettierten Flaschen, mehrere Teller mit kalten Schweineschnitzeln, Sülzkoteletten, Bouletten, Käsebrötchen und sogenannten illustrierten Gurken sah.

Das gefrorene Fett an den kalten Speisen und auf dem Porzellan der Teller sah talgig weiß aus, wie von Stearinkerzen abgetropft. Zigaretten- und Tabakrauch übertäubte nicht ganz den Geruch des Tröpfelbiers und des schlechten Fettes aus der Küche. Aber es roch auch ein wenig nach verschüttetem Grog aus Rumverschnitt und nach den Lederwesten und Schmierstiefeln der Chauffeure. Etwa fünf Chauffeure saßen herum, drei davon spielten Karten, und die anderen tranken kleine Bierschlucke und stierten in die Abendzeitung. Am Büfett, das blank metallisch glänzte und immer von einer schaumigen Wasserflut überspült schien, lehnte ein Mensch, der offenbar kein Chauffeur war, zigarettenrauchend, und beobachtete die Tätigkeit von Jahnkes Schankmamsell. Die trug eine Art weißen Laborkittels über Rock und Bluse, mit aufgekrempelten Ärmeln, und sah so frisch und glanzbäckig aus, als stünde sie nicht Tag und Nacht in einer rauchigen Bierkneipe, sondern verbringe ihre Zeit mit Freiluftturnen und Wintersport. Sie schenkte wundervoll ein, indem sie die Gläser schräg unter die Siphonkranen hielt, und schnitt mit einem flachen Stück Holz den überstehenden Schaum glatt am Glasrand ab. Jahnke selbst trat gerade aus der Küche ins Lokal und kaute auf beiden Backen. Er trug eine Art Litewka aus graugrünem Sackleinen, die unterhalb seines heftig vorgewölbten Bauches in einem Gürtel steckte,

und hielt den grauen Lockenkopf immer etwas vorgeneigt, als wollte er jemanden hirschartig mit der Stirne
forkeln. Gewohnt, von seinen Gästen zuerst gegrüßt zu
werden, sah er den Neuankömmlingen schweigend entgegen und nickte kaum auf ihr zuvorkommendes Guten-
abend. »Laß man vier Paar Heiße anfahren«, rief der
Schwarzhaarige, nachdem sie sich alle an einem freien
Tisch nahe beim Büfett gesetzt hatten.

»Und vier Mollen vonet jute Dortmunder Union.« –
»Dortmunder Union nur gegen bar«, knirschte Jahnke
kauend, »für Kreide jenügt ooch det scheene helle
Schultheiß.« – »Dortmunder Union«, wiederholte der
Chauffeur und kramte ein Fünfmarkstück aus der
Hosentasche. Er legte es hart auf den Tisch und sagte:
»Wenn det alle is, können wir immer noch det scheene
helle Schultheiß jenießen. Oder wat?« Er sprach dies
alles immer halb zu der jungen Frau gewandt, die ihn
blaß und verschwommen anlächelte. Inzwischen hatte
der Fremde mit dem Bärtchen seinen komischen Radmantel abgelegt und sah darunter aus wie ein normaler
konfektionsbekleideter Stadtbewohner. Er sah mit dem
immer gleichen, stets wachen und etwas erstaunten Blick
vor sich hin und schien mit dem Zeigefinger der rechten
Hand auf der Tischplatte zu zeichnen. Die Frau weigerte
sich trotz der großen Wärme, ihren Mantel abzulegen.
Sie öffnete ihn nur obenher, und man sah, daß sie
darunter seltsamerweise eine leichte sommerliche Spit-
zenbluse anhatte, die den Ansatz einer schönen runden
Brust freiließ. Der schwarze Chauffeur schaute unablässig dahin und rückte ihr langsam näher, was sie gar nicht
zu bemerken schien, aber sie ließ sich gern und dankbar
von ihm die Bockwurst, die nun kam, zerschneiden und
Senf darauf schmieren und Brot brechen und aß, wie

auch ihr Begleiter, der auf ihrer anderen Seite saß, recht heißhungrig und mit Genuß. Fast übersehen hätten wir aber bei der Betrachtung dieses Ausschanks, daß in einer freien Ecke, neben der Telefonzelle, ein sehr kleines Christbäumchen stand, mit etwas Watte als Schnee und einigen Strähnen drahtig glitzernden Engelshaars behangen, von sechs langen farbigen Wachskerzen verziert, die jetzt noch brannten und in die Blumenscherbe, in der das Bäumchen saß, hinuntertropften.

»Soll ja ne Schießerei jewesen sein«, sagte Jahnke und kam leutselig an den Tisch heran, »an Wittenberch.« – »Wir kommen ja von Wittenberch«, antwortete der Ältere. »Na und?« – »Na wenn da wat jewesen wäre, denn hätten wa längst schon jeredet von.« – »Kann ich nich wissen«, sagte Jahnke, »ob ihr von redet, wenn da wat war.«

»Nischt war«, sagte nun der Schwarze. »Wie soll'n da wat sind, waren ja mehr Jrüne bei als Proleten.« – »Wat woll'n dien ooch an Christabend auf'n Wittenberch«, brummte Jahnke. »Jar nichts auf'n Wittenberch«, rief der Schwarze. »Demonstrieren hamse wolln gegen die Arbeitslosigkeit und de Hungerlöhne, det is et jute Recht von de Proleten.« – »Aber doch nich an Christabend auf'n Wittenberch«, beharrte Jahnke eigensinnig. »Nee, an Kaisers Jeburtstach auf'n Tempelhofer, wat?« schnauzte der andere. »Halt die Klappe, Karl!« sagte der ältere Chauffeur und warf ihm einen Blick zu. »Nee Fritze«, rief Karl aufgeregt, »det willste nich glauben, der Jahnke, det is'n Reaktionär.« – »Ick bin'n Jastwirt«, sagte Jahnke gewichtig, »und wenn's dir nich paßt, denn mach deine Rechnung glatt und jeh bein andern.« – »Deswejn noch lange nich«, meinte Karl bedeutend ruhiger. Und dann wandte er sich plötzlich an den fremden jungen Mann mit dem Spitzbärtchen.

»Organisiert?« sagte er zu ihm. Der schien nicht gleich aus seinem Geschaue zu erwachen, gab sich aber Mühe, sein Gesicht höflich zu konzentrieren. »Wie?« fragte er. »SPD? KPD?« drängte Karl in ihn. Der Fremde lächelte. »Ich bin nicht von hier«, sagte er nach einer Weile. »Ach so«, machte Karl und sah ihn verständnislos an.

»Aber Sie, Fräulein«, rückte er der jungen Frau auf den Leib, »ick meine, wat Ihnen betrifft, wenn ick mir heflichst erkundigen dürfte.« – Auf den durchsichtigen Jochbeinen in dem kindhaften Frauengesicht erschienen plötzlich hektische rote Flecke, die Augen verschwärzten sich böse. »Was geht das Sie an?« sagte sie fast schrill – wobei der fremdländische Akzent in ihrer Aussprache noch stärker zu hören war –, »sind Sie vielleicht von der Polizei?« – »Entschuldigense mal, Fräulein«, stotterte Karl betroffen, »ick wollte ja nur nach Ihren Vornamen jefragt haben –« Da passierte etwas Merkwürdiges. Nämlich die junge Frau ließ ihr Gesicht langsam niedersinken, ganz tief, daß es fast den Hals und die Brust berührte, ihre Hände öffneten und schlossen sich mehrfach, und dann, als sie mit einer plötzlichen, fast wilden Bewegung das Gesicht wieder hob, war es von Tränen überglänzt, die tropften, rannen, liefen, strömten, als könnten sie nie mehr aufhören. Dabei war sie ganz lautlos, und ihr Mund völlig unbewegt. Die Männer saßen eine Weile in tiefer Beklommenheit. Jahnke hatte beide Fäuste auf den Tisch gestützt und starrte der Frau, vornübergebeugt, mit offenem Mund ins Gesicht. Fritz, der ältere Chauffeur, zuckte die Achseln und machte ein Gesicht, als ob er sich vor sich selbst geniere, und die Schankmamsell kam neugierig und mitleidsvoll hinterm

Büfett vor. »Was hat se denn? Was hat se denn?« fragte sie, aber keiner antwortete, bis Karl schließlich zu stammeln begann. »Aber Frollein«, sagte er, »aber Sie, Frollein«, — — weiter kam er nicht, denn jetzt passierte etwas noch Merkwürdigeres. Der fremde junge Mann stand nämlich auf und machte Karl ein ziemlich heftiges Schweigezeichen. Dann trat er an das Christbäumchen neben der Telefonzelle, machte mit den Händen ein paar taktierende Bewegungen in der Luft, schnupperte einen Augenblick in den Duft der wenigen Kerzenstümpfe, die knisternd niederbrannten, legte den Kopf weit zurück und begann zu singen.

Er sang mit einer tiefen und doch recht hellen Stimme, und sang so laut und kunstlos und unbekümmert, als ob er ganz allein wäre. Ohne darauf zu achten, daß inzwischen die Tür klingelnd aufging und andere Gäste kamen, und daß wieder Bier ausgeschenkt wurde und sogar ein paar laute Stimmen dazwischenquarrten, sang er Weihnachtslieder, die kaum einer von denen in der Kneipe je gehört hatte. »Auf dem Berge, da wehet der Wind«, sang er, und »Josef, liebster Josef mein«, und viele andere, und schließlich, in einem fast hüpfenden Takt, rasch, munter, frohlockend und mit dem Fuß den Rhythmus mitstampfend, sang er: »Kommet ihr Hirten, ihr Männer und Frau'n«; er sang es und tanzte es, daß die Gläser klirrend wackelten und das Ofenrohr schepperte und das Deckenlicht im Rauch zu schwanken schien – »fürchtet euch nicht« – und dann hörte er plötzlich auf und setzte sich wieder neben die Frau, die zu weinen abgelassen hatte, und sah alle andern mit lachenden Augen an, während er den Rest seines Bieres austrank und sich den Mund abwischte. »Wat heißt hier Hofsänger, inn anständiges Lokal«, brüllte ein baumlanger, breiter Mensch in dickem uniformartigem Wintermantel, in dessen Schnurrbart Eiszapfen hingen. Er war gerade während des letzten Liedes eingetreten und stapfte an den Tisch der Fremden heran. – »Der is wohl von de Zeltmission, is der Junge wohl«, schrie er den Fremden an, »'n bisken doof, Junge, wat?« Aber die Chauffeure, die Schankmamsell und sogar Jahnke persönlich nahmen den Fremden sofort einmütig in Schutz. »Du, Parkbulle«, sprach Jahnke mit seiner absolutistischen Stimme, die jeden Widerstand sinnlos machte, »kümmer du dir mal um deine eigenen Anjelegenheiten. Wenn hier bei mir eener 'n Jesang riskiert, dann jeht et nur mir an, det is mein Hausrecht und meine private Jeschmacksache.« – »Von mir aus kannste hier 'n Cäcilienverein blöken lassen«, sagte der Wächter. »Ich mecht'n Helles.« Er bekam's, verschärfte es durch zwei doppelte Korn und blieb verärgert am Büfett stehen, während am Tisch, von den anderen umsitzenden Chauffeuren durch Zwischenbemerkungen und Zurufe befeuert, ein lebhaftes und sonderbares Gespräch mit dem fremden krausbärtigen Jüngling entstanden war.

»Singe, wem Jesang jejeben«, rief ein Chauffeur namens August Schmöller, ein blonder Mensch mit einer Narbe auf der Stirn, indem er an den Tisch der Fremden herantrat. »Wenn ick zu Hause komme und habe mir unterwejens an ne verstopfte Düse jeärjert oder an de Verkehrsordnung, denn drehck mirn Radio uff und laß een schmettern. Det hilft.« – »Sag det nich zu dem«, meinte Fritz und deutete mit dem Kopf auf den Fremden. »Bei uns war neulich einer von de Heilsarmee, der hat jesagt, det Radio sei Teufelswerk und gegen de Religion.« – »Das ist Unsinn«, sagte der Fremde vergnügt, »wenn einer so was sagt. Das Radio ist Menschen-

werk, wie das Bierglas oder die Schnapsflasche. Es
kommt nur auf den Inhalt an!« – und da Fritz ihn
verständnislos ansah, fügte er wie entschuldigend hinzu:
»Wir wissen einfach noch nichts damit anzufangen!« –
»Na hörnse mal«, ließ Karl sich vernehmen, »bei die
technische Höchstleistung! Wir in unsre Zelle ham jeden
Abend Moskau janz klar, und wir ham ooch Amerika
jekriegt, wie Schmeling jeboxt hat« – »Wir hören die
Stimmen der Welt«, sagte der Fremde, »aber wir verstehen sie nicht.«

Diese Bemerkung ging in einer allgemeinen Radio-
debatte unter, in der alle gleichzeitig redeten. »Ich zum
Beispiel«, brach sich der alte Chauffeur Fritz allmählich
Bahn, »ich interessiere mir für Fußball. Nu kann ick aber
nie bein Matsch jehn, weil wir sonntags det beste Jeschäft
ham. Da flitzick denn immer zwischen zwei Fuhren mal
rasch ins Haus Vaterland rin und hör de Erjebnisse,
frisch wie ne Nachtschrippe. Ich kenn mir da 'n bisken
aus, wissen se, und wenn ick zum Beispiel höre: Concor-
dia Spandau gegen Bohemia Prag zwo Mitteltore drei zu
eins« – hierbei ahmte er die Stimme des Lautsprechers
nach, ohne es zu merken –, »denn sehck det vor mir,
denn sehck det janz jenau vor mir!« sagte er ganz aufgeregt und wie zu sich selbst. Keiner hörte ihm zu, und er
wendete sich an den Fremden. »Und deshalb sage ich,
det is'n jesegneter Fortschritt, det war früher nich!« –
»Da haben Sie recht«, sagte der, »wenn's Ihnen Freude
macht!« Aber dann fing er plötzlich an zu reden, und
zwar ziemlich leise, aber alle verstummten in ihrem
Gespräch und hörten ihm zu. »Ich war einmal, auch an
einem Weihnachtsabend«, sagte er, »in Holland. Es war
in einer Villa, ziemlich nahe am Meer. Wir saßen zusammen und schraubten am Radio herum. Ich war da auch

369

nur vorübergehend«, sagte er nebenbei mit einer höflich lächelnden, schrägen Kopfneigung zu der Frau neben ihm, die ganz lebhaft und mit geröteten Wangen allem lauschte. »Wir wollten die Übertragung des Christmettesingens hören, die im Programm angekündigt war, und hatten vorher viel Punsch getrunken, und waren einfach voll Festesfreude, wißt ihr, so, daß alle sehr gern zusammen im Zimmer sind, auch wenn sie sich sonst kaum kennen.« Er sah dabei in den Gesichtern herum, und fast alle lachten mit den Augen, obwohl sie ernsthafte Mienen machten.

»Der Radiokundige unter uns suchte nach der richtigen Welle, und einen Moment lang hatte er sie auch schon, die fernen Glocken erklangen, von einem süddeutschen Dom, und man hörte einen hellen Hauch von Knabenstimmen, die gerade einsetzten, – sooo –!«, und er sang leise die ersten Töne von dieser Melodie. »Da aber drehte unser Radiobesitzer die Schraube noch einmal kurz zurück, vielleicht, um alles noch besser zu machen, und da gellte plötzlich ein Signal in unser Weihnachtszimmer hinein, es übertrug sich eigentlich nur ganz leise, aber es ging uns allen gellend ins Ohr. So!« Er klopfte den Rhythmus dieses Signals auf den Tisch und pfiff es zwischen den Zähnen – »SOS – – SOS – – Schiff in Seenot! Die Brigg ›Zuidersee‹ bei Ebbe gestrandet, schwerer Flutgang, Leck im Schiff, höchste Gefahr für die Besatzung, 23 Seeleute in Lebensgefahr, zu Hilfe, zu Hilfe!«

Er schwieg. Alle schwiegen. Dann sagte August Schmöller: »Junge, Junge«, und Jahnke schnappte mit einem Laut, wie wenn ein Pinscher Fliegen fängt, die Schaumkappe von seinem frischen Bier.

»Und wat habt'n ihr jemacht?« fragte Karl nach einer Weile.

»Wir haben dann die süddeutsche Welle gesucht und den Gesang der Regensburger Domspatzen gehört«, sagte der Fremde ernsthaft. »Es war sehr schön.«

Die Frau neben ihm hielt seine Hand in der ihren.

»Na ja«, sagte dann Karl wie zu seinem eigenen proletarischen Gewissen. »Helfen hätten se ja sowieso nich können.«

»Nein«, lächelte der Fremde. »Aber das waren die Stimmen der Welt.«

Ein Dienstmädchen stürzte plötzlich herein, es hatte einen Mantel mit Pelzkragen über die Schultern geworfen und darunter noch die Serviertracht, schwarzes Kleid mit weißer Trägerschürze. »Raus«, rief sie ins Lokal, »bei Meyers is Schluß. Fünf Taxen werden jebraucht.« Einige Chauffeure sprangen auf und liefen hinaus, während man schon die sonoren und fülligen Motorstimmen abfahrender Privatwagen hörte. Das Mädchen war ans Büfett zur Schänkmamsell getreten und zählte Geldstücke, die sie lose in einer Schürzentasche trug. »Die reichen Kantoreks, mit'n Mercedes-Kompressor«, sagte sie zur Mamsell, »haben mir achtzig Fennje jejeben, und dabei warnse vier Personen hoch. Ihrn Schofför ham se zu Weihnachten ne Jarnitur Netzhemden jeschenkt, aus'n Ollen sein Engrosgeschäft. Wat sagt man!« – Sie stützte sich dabei mit dem Ellbogen auf die Schulter des Mannes, der als einziger Nichtchauffeur schon den ganzen Abend über am Büfett saß, und küßte ihn nun unvermittelt aufs Ohr. »Na, Männe«, sagte sie, »haste dir jelangweilt?« – »Nee«, antwortete ihr Freund. »Langeweile kenn wir nich. Habe immer ne schöne Aussicht jehabt«, sagte er und blinzelte zu der Schänkmamsell, die rot wurde. »Du Schlimmer«, sagte das Dienstmädchen gleichgültig und zwickte ihn in die

Backe. Indessen war am Tisch der Fremden wieder etwas Merkwürdiges geschehen.

Der Mann mit dem blonden Krausbärtchen hatte nämlich alle Bierfilze gesammelt, deren er habhaft werden konnte, einige Bleistifte aus der Tasche gezogen, und nun war er damit beschäftigt, während sein Gesicht einen so gedankenlosen und fast blöden Ausdruck zeigte, wie das eines mit sich allein spielenden Kindes, die Rückseiten der Bierfilze mit Strichen und Schraffierungen zu bedecken. Seine Hand fuhr so hastig hin und her, daß man sich kaum vorstellen konnte, es werde dabei etwas Erkennbares herauskommen. Plötzlich aber überreichte er Herrn Jahnke einen Bierfilz, auf dem, in groben Zügen zwar, aber deutlich im Ausdruck getroffen, Jahnkes selbstsichere Physiognomie zu sehen war, mit allen menschlichen Reserven und aller heimlichen Helligkeit des Jahnkeschen Eigenwesens. Und schon war er dabei, den Chauffeur Fritz zu porträtieren. Die andern merkten, was los war, schauten ihm über die Schulter und machten Gesichter wie beim Fotografieren, wodurch sich aber der junge Mann nicht stören ließ. Nur Karl interessierte sich wenig für die künstlerischen Ereignisse, die er wohl als den beiläufigen kulturellen Überbau des Abends auffaßte. Seine fünf Mark waren längst in Dortmunder Union aufgelöst, und er genoß nun schon das schöne helle Schultheiß auf Pump. Aber weit weg von diesen ökonomischen Tatsachen schlug ihm das Herz grundlos und bang im Halse; die Frau neben ihm, die immer noch den Mantel trug, hatte dessen Kragen oben sehr weit zurückgeschlagen, und mit zunehmender Scheu starrte Karl auf die Haut an ihren Schlüsselbeinen, die von ganz zarten bläulichen Adern durchzeichnet war. Plötzlich beugte er sich, rabiat vor unbekannter Schüchternheit, weit vor und küßte sie einfach auf die Schulter, dicht neben dem Halsansatz und den Haaren, die ihr vom Ohr herabfielen. Und nun kam das Merkwürdigste, nämlich die Frau nahm ihr Hütchen ab und strich ihr schönes, volles, etwas kupfriges Haar zurück und neigte ihr Gesicht mit einem zauberischen, undurchsichtigen Lächeln sehr nah dem ganz erschreckten Karl zu und wühlte ihm ein wenig in den Haaren, und legte ihm ihren Arm um die Schulter. Schon malte sich etwas wie ein törichtes Besitzerlächeln auf Karls einfachem und männlichem Gesicht, da begann der Fremde, freundlich vorgeneigt, ihn auf den Bierfilz zu zeichnen, und sofort wurden Karls Züge wieder kindlich und leise verstört.

»Wie kannste det aber nu auf der Welt zusammenbringen«, sagte der Chauffeur Fritz plötzlich laut, längst Gesprochenes und Vergessenes aus seinem Kopf wieder aufgreifend. »Wenn auf der einen Welle Amerika is und auf de andren Deutschland, und eener funkt Notsignale und der andere Tanzmusik, so kannste das doch nich alles auf einmal hören, sondern erst det eene und nachher det andre, und wenn man sich det alles zu jleicher Zeit vorstellt, wie will denn'n Mensch da Ordnung reinbringen, wat?« – »Ja, siehst du«, sagte der Fremde, den er hilflos fragend anstarrte, »es läßt sich doch auf der Welt nicht alles in Ordnung bringen. Ordnung ist eine Nebensache. Ordnen läßt sich immer nur ein kleiner Teil! Und wenn du alles das besser und richtiger ordnest, was jetzt falsch geordnet ist« – sagte er zu Karl, der unsicher blinzelte – »dann fängt doch das Leben und sein Geheimnis überhaupt erst an!« – »Ordnung muß sein«, brüllte da auf einmal der Parkwächter vom Büfett her, und kam schwankend und drohend näher. »Ich sage: Ordnung muß sein!« wiederholte er sichtlich herausfordernd.

Als ihm aber keiner widersprach, fuhr er, scheinbar zusammenhanglos, fort: »Jetzt in Winter, da is ja nischt los in der Beziehung. Aber in Sommer, da könnt ihr wat erleben!« Er lachte blöd und setzte sich dem Fremden gegenüber. »So in de warmen Julinächte«, sagte er, »wenn sich die Liebespaare in Park auf de Bänke rumdrücken, denn pürsch ick mir janz leise von hinten ran, und wennse denn jrade mitten bei sind, denn nehm ick'n Jummiknüppel raus und hau den Herrn Bräutijam von oben runter uffn Kopp. Denn sinse jeheilt, kann ick Ihn'n sa'n.« – Der Fremde sprang auf und hatte plötzlich rote Flecke im Gesicht. »Aber das ist doch nicht wahr, was Sie da erzählen!« rief er laut. »Das können Sie doch gar nicht tun!« – »Det kann ick nich?« wiederholte der Parkbulle geringschätzig. »Wenns ne jute Nacht is, komm ick manchmal uff zehn, fuffzehn Stück.« – »Und warum machen Sie denn das?« fragte der Fremde fassungslos. »Warum?« schrie der Wächter und schlug auf den Tisch. »Na – Ordnung muß sein, sag ick!!« Der Fremde war wieder ganz ruhig geworden. »Wenn das wahr ist, was Sie da erzählen«, sagte er, »dann sind Sie ein ganz gemeiner Kerl.« Alle waren still und erwarteten eine Katastrophe. »Was bin ick?« fragte der Parkbulle lauernd. »Ein ganz gemeiner Patron«, bekräftigte der Fremde voll Überzeugung, »und außerdem direkt gottlos! Geheilt!! Haben Sie denn nie bedacht, was Sie da tun? Sie verletzen ja« – und er verstummte kopfschüttelnd. Der Wächter hob den Arm, und die Chauffeure spannten schon die Muskeln, denn jeder glaubte, es käme ein Faustschlag. Es kam aber nichts.

Der Wächter schnaufte, völlig außer Fassung gebracht. Dann drehte er sich auf dem Gesäß um, ohne aufzustehen. »Noch 'n Helles!« rief er, und in diesem Augenblick

fing die Frau am Tisch hell und heiter zu lachen an.
Plötzlich lachten die andern auch. Irgendeiner sagte was
Komisches, Jahnke schlug sich knallend auf den Schen-
kel, und ehe man sich's versah, hatte der Fremde wieder
zu singen begonnen, diesmal am Tisch sitzend, mit seiner
tiefen, aber lichten Stimme sang er das Trinklied der
Nonnen im Rosenhaag »Schenket ein den Cypernwein«,
und bei der zweiten Strophe schon sangen die Chauffeure die Melodie mit! Der Parkbulle kaute nachdenklich
an seinem Bier und schüttelte den Kopf zu alledem, und
mitten in der Schlußstrophe sah man auf einmal, daß
Karl ganz steif und merkwürdig verkrampft dasaß und
vergeblich durch Grimassen die andern zum Schweigen
zu bringen suchte. Es wurde allmählich still, der Fremde
hatte zuerst aufgehört, und jetzt sahen alle, was los war:
die Frau lag mit dem Kopf seitlich an Karls Schulter, ihre
Augen waren geschlossen und ihre Haut ganz weiß, man
wußte nicht recht, ob sie schlief oder ob ihr das Herz
stillstand. Während nun aber alle zu ihr hinsahen, verzog
sich plötzlich der Mund wie von einem grausam reißenden Schmerz, das ganze Gesicht zuckte und flog, ohne
daß die Augen sich öffneten, die Wangen fielen jählings
ein und bekamen schwarze Löcher, und gleich darauf
schlug sie die Augen wieder auf, atmete tief, bekam
Farbe ins Gesicht und lächelte ein wenig. Milly, das
Dienstmädchen von Meyers, war hinzugetreten und sah
ihr mit einem schwimmenden und zärtlichen Blick auf
die Hände. »Wat für Hände«, sagte sie dann mehrmals
und streichelte vorsichtig die Fingerspitzen der Frau.
»Laßt se doch ins Vereinszimmer auf det scheene Sofa
liegen«, riet die Schänkmamsell, die auch herzugetreten
war und die Ratlosigkeit der Männer spürte. »Nich
wahr, Herr Jahnke«, sagte sie, »warum soll se nich in

Vereinszimmer auf det Sofa liegen, wenn se müde is.« – »Meintswegen«, sagte Jahnke wie erlöst, »schafft se man rüber, da kann se pennen bis in die Puppen. Jeputzt wird nich an Feiertag!« Der Fremde verbeugte sich dankbar vor Herrn Jahnke und reichte der Frau die Hand. Sie stand zögernd auf, während Karl steif und ein wenig enttäuscht sitzen blieb, und ging mit leicht schwankenden Knien, von dem Fremden geführt und von Milly und dem Schänkmädchen gefolgt, in das verdunkelte kleine Hinterzimmer. An der Tür blieb der junge Mann zurück, die beiden Mädchen gingen mit der Frau hinein und schlossen die Tür hinter sich. Eine Zeitlang blieb es still, und von dem Fremden sah man nur den Rücken. Er stand mit etwas gesenktem Kopf und schien ins Leere zu sehen. Kurz darauf kam das Schänkmädchen zurück. »Nu jeht's ihr besser«, sagte es. »Sie liegt längelang, de Milly bleibt bei ihr drinnen.« – »Ich danke Ihnen«, sagte der junge Mann und begab sich zum Tisch zurück.

»Sag mal, wer bist denn du eigentlich«, wandte sich Karl plötzlich an ihn. »Ich meine – nichts für ungut – weil du sone komische Kruke bist . . .«

»Ich bin«, sagte der Fremde in einem Tonfall, von dem man nicht wußte, ob er sich über die anderen oder sich selbst lustig mache, oder ob er es vielleicht ganz ernst meine, »ich bin ein seltsamer Mensch. Ich vertrage nämlich kein Eisbein, und erst recht kein Sauerkraut. Als ich sehr jung war, hielt ich dies jedoch für das Beste.« Die Chauffeure nickten verständnisvoll. »Da ich aber nicht auf Lebenszeit mit Sodbrennen herumlaufen wollte, machte ich mich auf, das Land zu finden, wo man Nektar und Ambrosia speist.« – »Wat?«, fragte Fritz. »Schlampanjer und Austern«, meinte der Parkbulle verächtlich. »Nein«, sagte der Fremde ernsthaft, »die Götterspeisen, die ja bestimmt leicht verdaulich sind. Und ich kam an die Grenze eines fremden Landes, da stand ein Erzengel Wache, in grüner Uniform, und fragte mich nach meinem Begehr, und als ich es genannt hatte, sagte er zu mir: Was du wirklich suchst, ist ›Jugend ohne Alter und Leben ohne Tod‹. Da ward ich sehr fröhlich, denn genau das war es, was ich suchte, ich hätte es aber selbst nie nennen können. Sechs Mal wirst du in die Irre gehn, sagte der Engel und hob den Grenzpfahl auf, beim siebten Mal magst du dein Ziel erreichen. Bei diesen Worten zeigte er auf einen nahgelegenen Friedhof. Ich aber machte mir nichts daraus und zog wohlgemut weiter. Da kam ich in einen finstern Wald, der war voll von bösen Geistern und Ungeheuern, und da ich bald meinen Weg verloren hatte und auf ihre Gnade angewiesen war, verführten sie mich, böse Dinge zu tun, so böse und so verworfen, wie ihr es euch gar nicht denken könnt. Denn ihr wart ja noch nicht in der Gewalt böser Geister.

Eines Tages hörte ich leises Weinen an einem Felsenquell, und da saß eine verstoßene Prinzessin, die schon lange über Land gelaufen war, und versuchte die Läuse in ihrem seidenen Hemd zu knicken. Und die Stimme des Engels sagte zu mir: Hilf ihr, dann hast du den ersten Ausweg gefunden. Da half ich ihr Läuse knicken, und wanderte weiter mit ihr, und so sind wir entkommen. Aber noch sind sie hinter uns her.« – »Wer?« fragte einer, »die Grünen?« – »Die bösen Geister«, sagte der junge Mensch, »die wird man nicht so leicht los.«

Der Parkbulle hatte ihn die ganze Zeit über höhnisch betrachtet, aber nicht gewagt, die allgemeine Stille des Zuhörens zu unterbrechen. Nun sagte er mit biederem Ton: »Na, Mensch, wenn de wirklich so'n Rübezahl bist, denn tu doch man jefälligst 'n Wunder. Det möcht ick besehn hier, verstehste?« Der Fremde nickte nur und zuckte dabei die Achseln. »Haste verstanden?« sagte der Parkbulle schon bedeutend angriffslustiger, da Karl leise gelacht hatte. »'n Wunder sollste tun. Kannste det?« – »Jeder kann Wunder tun«, sagte der Fremde ziemlich unbeirrt, »also auch ich.« – »Na denn laß man ne Runde Schnaps auf'n Tisch erscheinen, für jeden 'n doppelten Korn, det wär'n Wunder«, sagte der Parkbulle, dem trotz einer Pause des Nachdenkens kein ungewöhnlicheres Wunder eingefallen war.

»Das will ich«, sagte der Fremde und strich sich über sein krausblondes Bärtchen. »So«, rief der Bulle, »und wie machstn det?« – »Indem ich den Wirt bitte, uns eine Runde Schnaps zu schenken«, sagte der junge Mann bescheiden und ohne Spott. Jahnke, der an seinem Schanktisch eingenickt war, sah ihn mit merkwürdig verträumten Augen an, die anderen grinsten. »Ich bitte Sie, Herr Jahnke«, sagte der Fremde mit gleichmütiger Stimme zu ihm, »schenken Sie uns eine Runde Schnaps. Für jeden einen doppelten Korn.« Jahnke glotzte einen Augenblick, wie hypnotisiert, und es griff plötzlich eine große Spannung um sich. Auf einmal warf Jahnke gebieterisch den Kopf herum zur Schänkmamsell, die in der Ecke beim Ofen mit dem Freund des Dienstmädchens flüsterte. »Laß man anfahren«, befahl er. »Sechs doppelte Korn!« Jetzt aber brach, wie wenn ein Druck von allen Lungen, ein heimlicher Griff von jeder Kehle gewichen wäre, ein allgemeines tobendes Hallo aus, man ließ Jahnke hochleben und noch mehr den Wundertäter, denn daß es sich um ein offensichtliches Wunder handelte, dem Jahnke, der noch nie in seinem Leben einen ausgegeben hatte, zum Opfer gefallen war, lag klar zutage. Der Schnaps kam rasch und wuchs wie von selbst auf den Tisch, denn es waren jetzt alle so mit Lachen, Reden, Schreien beschäftigt, daß kaum einer gemerkt hatte, wie er gebracht und hingestellt wurde. Plötzlich hatte man ihn in der Hand und im Mund und durch Gurgel und Speiseröhre hinab wohlbrennend im Gekröse, und als der Fremde nun wieder zu singen anhub, brauchte er nicht lange um Teilnahme zu werben: gleich fielen alle in das Lied ein, das er anstimmte und das alle kannten: »Wenn du denkst, der Mond geht unter, er geht nicht unter, er tut nur so.« Es war ein blödsinniges Lied vielleicht, aber es war dieser Stunde voll angemessen, und wer von uns hat nicht einmal so eine Stunde erlebt? Und gerade als das Lied im schönsten Anschwellen war, da kam das Dienstmädchen Milly aus dem Vereinszimmer heraus und sagte Herrn Jahnke ganz aufgeregt etwas ins Ohr. Herr Jahnke stand schweigend auf und ging ohne weiteres sehr rasch zur Telefonzelle. Von dort winkte er nach rückwärts den Fremden herbei, der den Vorgang stumm beobachtet hatte, und zog ihn mit in die Zelle hinein. Und während die Männer vorn eine neue Lage Schnaps ausknobelten, hörte man Herrn Jahnke im Hintergrund laut und erregt eine Telefonnummer verlangen.

Eine halbe Stunde später war der Arzt da. »Wo liegt sie?« fragte er und winkte dem Dienstmädchen Milly, ihm zu folgen. In der Tür zum Vereinszimmer drehte er sich noch einmal um und befahl der Schänkmamsell, kochendes Wasser vorzubereiten, und nach zehn Minuten kam er wieder aus dem Zimmer heraus, klappte seinen Handkoffer auf und trug ihn in die Küche, wo er Instrumente abkochte und sich eine Ewigkeit lang die Hände wusch. Dann trat er wieder ins Lokal, er war nun in Hemdsärmeln und hatte Gummihandschuhe an, blinzelte durch seine Goldbrille einen Augenblick mißtrauisch zu Jahnke und den Gästen hin und verschwand ins Vereinszimmer. Es wurde fast nichts mehr gesprochen am Tisch, wo alle wie vorher beisammensaßen und sich einander nicht anzuschauen trauten. Der Fremde zeichnete auf die Tischplatte Bäume, die sich im Wind bogen, kahle Bäume, verkrüppelte, niederbrechende Baumstrünke, Schößlinge, Zweige, Blätter und ragende Hochtannen. Es war sehr still, die Uhr tickte laut, und durch die offene Tür zur Küche hörte man das kochende Wasser singen.

Aus dem Vereinszimmer keinen Laut. Nach gar nicht langer Zeit aber ging die Tür auf, und Milly lief stolpernd vor Aufregung durchs Lokal, sie hatte hochrote Backen, und alles flog an ihr. »Sie hat«, flüsterte sie unter lautem Atem zu den Männern am Tisch hin, »Krönchen in die Wäsche jestickt, sieben Zacken, det is ne Gräfliche, oder wenigstens 'n Freifräulein!« – »Selber Fräufreilein«, brummte Fritz ungläubig. »Aber nee doch!«, rief Milly etwas lauter und verschwand in die Küche, »wie se nich bei sich war, da hatse ausländisch jesprochen. Mamma mia, hatse jesagt!« Der Fremde am Tisch barg sein Gesicht in den Händen. »Und man hat ihr so gut wie nischt anjesehn«, sagte Karl verbittert, »ich dachte, die isn bisken mollig, dachte ick, untenrum.«

Als Milly mit einem Topf Wasser langsam aus der Küche zurückkam, räusperte sich Jahnke und wollte sie etwas fragen, aber in diesem Augenblick erscholl aus dem Vereinszimmer, dessen Tür Milly nur angelehnt hatte, ein zarter und doch durchdringender Laut, gleich darauf anschwellend, quäkend, quärrend, plärrend, gellend, und dann in ein stockendes Gemauze übergehend. Kindergeschrei. Milly stolperte wieder und verschüttete etwas Wasser, bevor sie ins Zimmer verschwand. Der Parkbulle stand auf, streckte die Glieder, wollte einen Witz machen, verschluckte ihn, und sagte dann: »Nu jehck mal 'n Rundgang. Morjn die Herrn.« – Er machte die Tür auf, blieb einen Moment auf der Schwelle stehen und knöpfte seinen Mantel zu. Von draußen fiel schon ein graugrieseliges Morgenlicht herein, in das der viele Rauch sich kräuselnd hinausdrehte. Durch die offene Tür sah man schattenhaft die kahlen Bäume und darunter, vom Licht der Laternen besprengt, das in der Dämmerung wesenlos zerflatterte, mit verhängten Kühlern die Kette der Autodroschken, wie Schafe, Rinder, Maultiere und schlummernd gekauerte Kamele.

Der Arzt trat heraus. »Macht mal die Tür zu!« herrschte er die Männer an. Dann ging er in die Küche, um sich schon wieder die Hände zu waschen. Jahnke trat, von den Männern gefolgt, in die Tür des Vereinszimmers. Er und der Fremde gingen hinein, die andern blieben auf der Schwelle stehen und schauten in einer engen Gruppe einander über die Schulter.

Plötzlich war auch der Parkbulle wieder da und winkte den beiden Chauffeuren Fritz und Karl heimlich mit einem Zeitungsblatt, es war die dicke Feiertagsausgabe, die er mit hereingebracht hatte. Mißtrauisch traten sie zu ihm an den Tisch. Die Seite »Aus aller Welt« und »Gerichtsteil« war aufgeschlagen, und der Parkbulle tippte mit seinem dicken Wollhandschuhfinger auf ein verschwommenes Fotoporträt, unter dem ein fettgedruckter Bericht stand. Fritz, der schwer und langsam las, murmelte halb lautlos vor sich hin, einzelne Worte hoben sich wie Schreckschüsse heraus. »... gesucht ...« – »... Großbetrug eines gewerbsmäßigen Kurpfu-Kurpf« – »Kur-pfuschers ...«, sagte der Parkbulle. –

»Entführungsverdacht und Sittlichkeits-« – »Aber nu man ocke«, sagte Karl, »bei denen, da is doch keene Sittlichkeit –«. Er war ganz weiß, und der Schweiß stand ihm auf der Stirn. »Wat willst'n machen?« fragte Fritz leise den Parkbullen. »Ich weeß ja nich«, sagte der vor sich hin, »hier drinnen, det is nich mein Revier.« – »Und auf dem Foto, da hat er ooch keen Bart«, sagte Karl. »Den kann er jeklebt haben«, sagte der Parkbulle, »ick hab da nischt mit zu tun.«

Damit drehte er sich auf dem Absatz und ging so leise hinaus, wie er wohl noch nie im Leben irgendwo hinausgegangen war. Das Blatt blieb auf dem Tisch liegen.

Milly und das Schänkmädchen hatten Millys Freund rechts und links untergefaßt und standen mit ihm im Vereinszimmer neben der Tür, eng an die Wand gepreßt. »Is'n Junge«, flüsterte Milly kaum hörbar zu den Chauffeuren hin.

Die Frau lag auf dem Sofa, und man hatte ein weißes Leintuch über sie gedeckt. Neben ihr, auf einem Stuhl, lagen ihre Kleider, am Boden standen zwei Waschbecken und ein Blecheimer, daneben die Tasche des Arztes, aus der Nickel blitzte. Das Kind lag in ihrem rechten Arm und quakte ein wenig. Und die Mutter hatte die Augen weit auf, und man sah, daß es tief schwarzblaue Augen waren in einem bleichen, schönen, irdischen Gesicht.

»Sie sind wohl der Vater von dem Kind?« sagte der Arzt zu dem Fremden, und klappte ein Notizbuch mit Vordrucken und Registereinteilung auf.

»Ich?« erwiderte der, mit einem ganz erstaunten Blick. »Wieso?«

»Na«, sagte der Arzt und zog seinen Rock an.

»Ich schicke dann jemanden her, der das aufnimmt«, sagte er. »Es genügt ja zunächst einer vom Revier –«, und dann, während er in seinen Mantel schlüpfte, rief er der Schänkmamsell zu: »Fencheltee, aber nicht zu heiß!«

Dann ging er.

Jahnke war ziemlich lange fortgewesen und kam nun zurück, offenbar aus seiner Wohnung im Hochparterre. Er hatte Milly und ihren Freund mit hinaufgenommen, und die trugen nun einen Packen älterer Wäschestücke, windelartigen Kinderzeugs und Decken hinter ihm her. Während sie das alles ins Vereinszimmer schleppten, trat der Fremde zu Jahnke hin. »Verzeihen Sie«, sagte er, »haben Sie vielleicht einen Fahrplan?« Jahnke sah ihn an. »Jewiß«, sagte er dann und nahm ihn aus einer Schublade des Büfetts heraus. »Wollen Se wech?« sagte er nach einer Weile. Aber der Fremde hörte es nicht, er saß mit abwesender Miene über den Fahrplan gebeugt und schrieb sich Züge heraus. Die Chauffeure hatten inzwischen nach ihren Wagen gesehen und kamen allmählich wieder herein. »Mal 'n Kaffee kochen«, sagte Jahnke zur Schänkmamsell und ging hinter ihr her in die Küche. Auch die Chauffeure gingen im Raum hin und her, denn es schien nicht mehr richtig zu sein, daß man sich wieder hinsetzte: es war alles aufgelöst, fremd und morgendlich.

Nach einiger Zeit stand der Fremde auf und sprach leise mit dem alten Chauffeur Fritz. »Ja, wird'n det jehn?« sagte der. »Natürlich«, antwortete der Fremde. »Von mir aus«, sagte Fritz, und dann zu Karl, der hinzutrat: »Zum Schlesischen Bahnhof.« – »So«, sagte Karl, und verstand. Der Fremde war ins Vereinszimmer gegangen und packte zusammen.

»Mit de Behörde woll'n die ooch nich aus die gleiche Schüssel essen«, sagte August Schmöller zu den beiden andern. »Det jeht mir nischt an«, sagte Karl. »Jewiß nich«, bekräftigte August. »Ick meinte nur bloß.« Als

Jahnke später die Küchentür öffnete, aus der ein dicker warmer Kaffeegeruch drang, sah er nur noch, wie Karl und August die Frau, die in einem Bündel das Kind an sich gepreßt hielt, auf gekreuzten Armen hinaustrugen. Fritz ging hinterher und schleppte zwei Decken mit. Um Jahnke kümmerte sich niemand, und der Fremde schien schon im Auto zu sein. Auf dem Tisch, zwischen verschüttetem Schnaps und Aschenresten, lag noch der Bierfilz mit Jahnkes Porträt. Darauf hatte der Fremde das Datum geschrieben, 24. 12. 1929, und ein Herz und eine Hand darunter gemalt.

Langsam ging Jahnke ins Vereinszimmer. Blieb stehen, schaute ins Lokal zurück. Draußen sprangen Motore an, dann schlurrten die Wagen davon.

Im Vereinszimmer war aufgeräumt worden, das Leintuch lag zusammengefaltet überm Stuhl, und sonst erinnerte nichts mehr an das Geschehene.

Nur ein leiser Geruch von Jodoform und anderen Medikamenten, den der Arzt mit seinen Kleidern und seiner Tasche hereingeschleppt hatte, hing noch in der Luft.

Als aber nun Jahnke gedankenvoll das Fenster öffnete und die erste Sonnenhelle hereinließ, die draußen auf dem Rauhreif der Bäume und über der dünnen Eisschicht des Stadtparkteiches flimmerte, ging auch dieser Geruch hinaus, und es blieb von allem gar nichts mehr übrig.

THEODOR FONTANE

Noch einmal ein Weihnachtsfest

Noch einmal ein Weihnachtsfest,
Immer kleiner wird der Rest,
Aber nehm' ich so die Summe,
Alles Grade, alles Krumme,
Alles Falsche, alles Rechte,
Alles Gute, alles Schlechte –
Rechnet sich aus all dem Braus
Doch ein richtig Leben raus.
Und dies können ist das Beste
Wohl bei diesem Weihnachtsfeste.

Des Doktors Advent

I

Wenn es am 21. oder 22. Dezember Mitternacht schlägt, tritt unser Freund, der Doktor Savarin, an einen gotischen Kirchenleuchter, der in der Ecke seines Zimmers steht, und entzündet eine dicke, gelbe Kerze. Darauf löscht er das elektrische Licht und feiert gleichzeitig Weihnachten und Advent.

Für ihn beginnt die Adventszeit gerade im Augenblick, wo sie für die übrige Welt zu Ende ist – nämlich wenn die Sonne ihren tiefsten Stand erreicht hat und, nach dem Kalender, der Winter beginnt. Mit andern Worten: nach der Meinung des Doktors leuchtet Weihnachten dem Frühling auf den Weg, von Weihnachten an herrscht die große Erwartung des Tages, da auf einmal der Föhn die kahlen Wälder schüttelt, daß die Erde selbst zu tanzen scheint, tausend kleine Bäche mit dem Ungestüm froher Botschaft den Berg hinabbrennen und im Schnee die Frühlingsblumen auftauchen: Anemonen, Veilchen, Primeln, Lungenkraut. Dieser Tag kann sehr bald kommen, Ende Januar schon, sicher aber im Februar, und wenn dann auch der Winter Rache nimmt und die erlöste Erde nochmals vergewaltigt, so ist es dennoch schon Frühling gewesen und wird es bald wieder.

In solchen Jahren, wo der Frühling öfter vom zurückschlagenden Winter übermannt wird und er sich seinen

Weg gewissermaßen sprunghaft erkämpfen muß, in solchen Jahren erkennt der Doktor und preist die Kraft und Zuversicht des Knaben, seine verwegene Tollheit, die übrigens gar nicht so verwegen ist, wie es den Anschein hat, da sie auf der größten Gewißheit der Erde, dem Bündnis mit der Sonne, beruht. Immer höher steigt die Sonne, der Frühling springt ihr nur nach! Aber daß er es wie ein Verliebter tut, davon wird die Erde schallend vor Heiterkeit und Wagemut.

Vom Augenblick an, da die mächtige gelbe Kerze brennt, lebt der Doktor in seiner Erwartung. Das ist sein Advent, und so erklärt er sich, daß es in seinem Kalender keinen Winter gibt. Die Unruhe aber, die jeden beim Nahen des Weihnachtsfestes befällt, selbst den Widerstrebenden, selbst ihn, den Doktor, dieses durchaus frühlingshafte Kribbeln deutet er als den Vorboten des Heils und seiner blühenden Schauer.

Als Junggeselle verbringt er seit vielen Jahren den Heiligabend in unserer Familie. Er tritt vor den Lichterbaum mit der Überlegenheit eines Hochzeiters, der sich bewußt ist, das Wesentliche bei der Braut in aller Stille bereits vorweggenommen zu haben, also in falscher Bescheidenheit und glühend vor Besitzerfreude.

II

Was folgt, ist eine Ballade.

Der Riesenmohn hatte im Dezember frisches Laub gezeigt, im Januar prahlte er mit dicken Knospen. Bald darauf verbrannte ihn der Schnee. Den Schnee trank die Erde, gleich trieb die Pflanze unter den schwarzen Blättern wieder aus.

In den Polstern von Sedum, Steinbrech, Sempervivum

kam und ging ein farbiges Gewimmel. Die Blätter einer Donnerwurz behielten ihren perlmutternen Schimmer selbst unter dem Schnee. Wenn in den Mittagsstunden der Schnee schmolz, verrichteten sie das Amt von Leuchtbojen für Käfer und Würmer, deren Seefahrt ich, tief in die Knie gekauert, mit Ernst verfolgte.

Es kam eine unruhige Nacht. Der Föhn blies, und in den Wolken torkelte ein voller Mond, der Hofhund bellte ihn heulend an, bis der Kerl über den Dachfirst verschwand.

Aber noch immer dröhnte der Wald und knirschte, wie wenn verankerte Schiffe sich im Sturm aneinanderreiben.

Am andern Morgen stieß mein erster Blick aus dem Fenster auf Reihen von Maulwurfshügeln, die sich im Schnee hervorhoben. Das waren aber keine Maulwurfshügel, sondern Schollen des umgelegten Gartens, und daran erkannte ich, daß es taute, bevor noch die Sonne da war.

Und zwar taute es diesmal im großen.

Als Savarin nach Beendigung seiner Morgenbesuche zu mir heraufkam, brannte die Sonne auf dem Hof. Dem angeketteten Hund zerging der Schnee unter den Pfoten. Du lieber Gott, taute am Ende auch der Hund? Der Doktor blieb erschrocken stehn. Das Wasser schien dem Tier die Beine hinabzulaufen, ganze Pfützen hatten sich unter ihm angesammelt. Offenbar teilte der Hund die Befürchtung des Doktors, denn er blickte bekümmert auf den Schneemann beim Brunnen und wieder auf seine Pfoten.

Auf der Straße fuhren Wagen mit Langholz vorbei. Die Enden der geschälten Tannen, die über die Hinterräder hinausragten, schwangen und versendeten Blitze.

Zwischen den beschneiten Ästen und ihren kohlschwarzen Stämmen leuchteten silbrig die Mähnen der Pferde.

Vögel jubelten. Tiefer unten, auf der Wiese hinter dem Gartenzaun, traten die Maulwurfshügel ans Licht – diesmal die richtigen, die Plumpuddings, die mit Regenwürmern gespickt sind.

Die Amseln zumal schmetterten vor Appetit.

III

Der Hund hockte noch immer kläglich auf seinem Platz, niemand nahm ihn von der Kette, er zürnte und flehte. Begreiflich! Sah er sich nicht schon in Schneewasser aufgelöst? Der Schneemann am Brunnen machte es ihm ja vor! Endlich erbarmte ich mich.

Kaum losgelassen, brachte der Hund sich in Sicherheit, indem er in den nächsten Schatten sauste, und er wagte sich erst wieder hervor, als er seiner Haltbarkeit halbwegs gewiß war. Zur Probe setzte er zweimal über den Zaun. Nachdem er zweimal unbeschädigt gelandet war, hoppelte er zufrieden auf die Terrasse, von wo er sein Echo anbellte – den einzigen Feind, der sich im Augenblick auftreiben ließ. Das Echo klang märchenhaft rein. Es war der Geist eines Hundes, der Antwort gab. Der Dauersieg ermüdete ihn, und er streckte sich zum Schlafen aus.

Indessen hockte, wie Savarin weiter bemerkte, die Katze auf einem Querbalken der Weinlaube und putzte sich vor dem Spiegel eines Himmels, in dessen Bläue das Licht wie eine Schicht Quecksilber durchschlug . . . Der Doktor dachte an einen Tag am Mittelmeer. Es war lange her . . . Er stand hinter einer Frau. Die Frau war jung, hellblond. Sie saß am Toilettentisch und machte sich schön. Durch die offenen Fenster strömte das Licht von Meer und Himmel, und der Doktor entsann sich genau des Gefühls, das ihm in köstlicher Weise die Brust eingeschnürt hatte, des Gefühls, als wäre das Zimmer ein großer Fahrstuhl, der lautlos in die Höhe glitt. Sie hieß Pauline.

IV

Savarin schüttelte ein wenig den Kopf, und wir brachen zu unserm gewohnten Spaziergang auf, nur vergaßen wir diesmal, den Hund mitzunehmen. Der Wald rauschte von all dem Wasser, das den Berg hinabstürzte. Aus dem Laub des vorigen Jahres stießen Anemonen, jeder vom Schnee befreite Ast trug einen Vogel aus Licht, der sich im leichten Winde wiegte. Alles war heutig, schön und frisch. Noch einmal begann das Leben von neuem.

Wir verließen den Pfad und stiegen steil den Berg hinauf. Wir gingen immer schneller, als gelte es eine Eroberung. Savarin zog Rock und Weste aus und schließlich auch das Hemd. Er schwitzte in Strömen, schwitzte, wie er es nannte, seinen alten Adam aus, gewaltig, und stöhnte vor grimmer Lust.

Als wir zurückkamen, schlug es unten in Badenweiler zwölf – dumpf, als schlüge es in der Erde.

Der Hund war weg. Wahrscheinlich hatte er seinen Herrn gesucht und nicht gefunden.

Die Katze aber war da. Sie saß noch immer wie vor dem Spiegel und putzte sich. Bei ihrem Anblick empfand der Doktor nicht nur jene Wehmut, die eine unvermeidliche Begleiterscheinung des Frühlings ist, sondern einen rechten Verdruß an der Welt. Sie kam zu leicht vom Geliebtesten los, die Welt, von der Weisheit des vorigen

Jahres und dem Überschwang des folgenden und erst recht vom Leid des nächsten, aber niemals, niemals vom Spiegel, den sogar der Himmel dieser unglückseligen Welt vorhielt!

Eine Weile stand er in ratloser Verfinsterung wie ein Junge, den man infolge eines Mißverständnisses von der Schule gejagt hat ... Und er haßte die Katze, die auf dem Weingang saß und so anmutig und schuldlos ihre Pfoten gebrauchte. Er haßte sie, wünschte, sie fiele, von einem Blitz aus dem heitersten Himmel getroffen, tot vom Stuhl und läge da, verbraucht und nutzloser als das Laub vom vorigen Jahr.

Bald aber schüttelte er ein wenig den Kopf, bloß ein wenig, genau wie er es vorhin getan hatte, pflückte einige Krokusse, ging nach Hause und legte die Blumen, die er jetzt heimlich für sich ›tote Kolibris‹ nannte, als ein Dankopfer auf die Schale seines Adventleuchters.

PAUL FLEMING

Neue-Jahrs-Ode

1633

Kan es seyn / so gib uns Rast /
der du alles kanst und hast.
Frieden-Fůrst bist du genant /
bring du uns in Frieden-stand.

Und ihr Feinde gebt es zu /
setzet euch mit uns in Ruh /
daß wir bey der letzten Zeit
stehn in sichrer Einigkeit.

Dencket daß der Friede nehrt /
dencket daß der Krieg verzehrt /
dencket daß man doch nichts kriegt /
ob man schon auch lange siegt.

Stelle deine Schlachten ein /
Mars / und lerne milder seyn /
Thu die Waffen ab und sprich:
hin Schwerdt was beschwerst du mich.

Dieser Helm wird nůtze seyn /
daß die Schwalben nisten drein /
daß man / wann der Frühling kômmt /
junge Vôgel da vernimmt.

Und der prachen Erden Bauch
darff der Spieß und Degen auch /
doch / daß sie sehn anders aus /
Pflug und Spaden werden drauß.

Tritt / was schådlich ist / bey seit /
hin verdamte Pest und Streit /
weg ihr Sorgen / weg Gefahr /
itzund komt ein neues Jahr.

WIE LIEBLICH SIND auf den Bergen
die Füße der Freudenboten, die da Frieden
verkündigen, Gutes predigen, Heil verkündigen, die da sagen zu Zion: Dein Gott ist
König!

Jesaja 52,7

UND GROSS IST, wie jedermann beken-
nen muß, das Geheimnis des Glaubens: Er
ist offenbart im Fleisch, gerechtfertigt im
Geist, erschienen den Engeln, gepredigt
den Heiden, geglaubt in der Welt, aufgenommen in die Herrlichkeit.

1. Timotheus 3,16

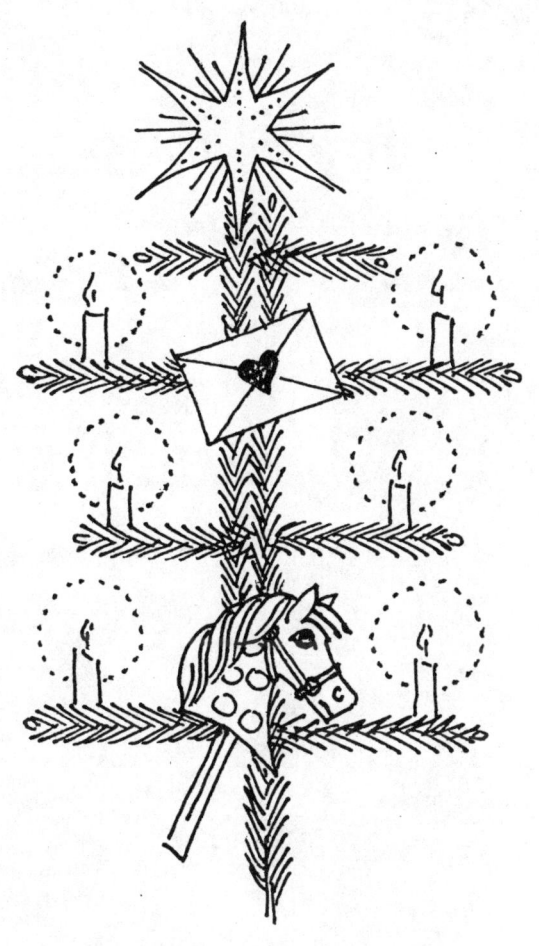

Die Geschichte unseres Weihnachtsfestes

Weihnachten, das vertraute christliche Fest, ist spät ent-
standen. Die erste Feier der Kirche am 25. Dezember, als
Tag der Geburt Christi, fand im Jahre 354 oder 355 in
Rom statt.

Das Fest der ersten christlichen Gemeinden war der
wöchentlich wiederkehrende Herrentag. So wurde der
Sonntag als Tag der Auferweckung Christi genannt. Es
ist möglich, daß es in der judenchristlichen Gemeinde in
Jerusalem schon Passahfeiern am Todestag Christi gab.
Bekannt ist, daß man in christlichen Passahfeiern in alter
Zeit das Abendmahl mit der Vergegenwärtigung des
Auszugs Israels unter Mose aus Ägypten verband. Diese
Gruppe unter den Christen wurde später nach ihrer Feier
am Todestag Christi, dem 14. Nisan (März/April), Qua-
dradezimaner genannt. Diese Feiern trugen jüdische
Züge. Sie wurden in der übrigen Kirche mehr und mehr
als anstößig empfunden. Daher beging man, wohl als
Gegenstück, unter Bischof Sixtus I. in Rom (gestorben
125 als Märtyrer) das erste christliche Osterfest.

Ein oder zwei Jahrzehnte später lehrte in Alexandrien
der Theologe Basilides. Er verschmolz christliches, jüdi-
sches und griechisches Denken. Für ihn lag das Heil
nicht in Kreuzestod und Auferweckung Christi, sondern
im Herabkommen des Geistes Gottes auf Christus in der
Taufe im Jordan. Die Anhänger des Basilides feierten den
Tag der Taufe Christi am 2. oder 6. Januar. Eine Absicht
dabei war, die heidnische Feier zu verdrängen, die in

dieser Nacht zur Geburt des Gottes Aion durch die jungfräuliche Göttin Kore gehalten wurde.

Mit der Zeit verbreitete sich in weiteren Teilen der Kirche der 6. Januar als Tag nicht nur der Taufe, sondern auch der Geburt Christi, der Tag der Epiphanie, des Erscheinens Gottes. Nach dem Jahr 200 wurde für die Geburt Christi noch ein anderes Datum ermittelt: Der 25. Dezember. Auf ihn kam man durch theologische Erwägungen, nicht durch historische Forschung. Fast gleichzeitig entwarfen in Rom der Presbyter Hippolyt und in Emmaus der weitgereiste christliche Schriftsteller Julius Africanus auf Grund der Angaben des Alten Testaments Weltgeschichten, deren Zahlenreihen auf die Wintersonnenwende als Tag der Geburt Christi führten.

Den Geburtstag Christi zu feiern wurde in der Großkirche aber noch lange als heidnisch abgelehnt. Kaiser Aurelian (270–275) förderte zur Belebung der religiösen Kraft des Römischen Reiches eine monotheistische Sonnenreligion. Auch er hielt den Tag der Wintersonnenwende für heilswichtig. Er bestimmte den 25. Dezember zum Hauptfest des Deus Sol Invictus, des Gottes Unbesiegbare Sonne. Der Sonnenkult machte Rom nicht monotheistisch. Aber als Soldatenreligion breitete er sich über das Reich aus. Er wurde zum gefährlichen Rivalen des christlichen Glaubens.

Unter Papst Liberius (352–366) feierte die christliche Gemeinde in Rom zum ersten Male am Tage des Sonnengottes das Fest der Geburt Christi. Das war Zeichen des Sieges des Christentums über das Heidentum. Von Rom breitete sich das Weihnachtsfest in der lateinischen Christenheit aus. Bis Ende des Jahrhunderts verdrängte der 25. Dezember auch in der Ostkirche den 6. Januar als Festtag der Geburt.

In Antiochien sprach der griechische Kirchenvater Chrysostomus im Jahr 388 in einer Vorweihnachtspredigt von dem Fest, »das vor allen am meisten Ehrfurcht und Schauer erregt, das man wohl nicht treffender benennen kann, als Mutterstätte aller Feste, der leiblichen Geburt Christi«. Eingebürgert war das Weihnachtsfest noch nicht, wie aus seiner »flehentlichen Bitte« an die Gemeinde spricht, »mit ganzem Eifer und mit Hingabe euch einzufinden, so daß jeder sein Haus leer mache, auf daß wir unsern Herrn in der Krippe liegen sehen, in Windeln gehüllt, diesen Schauer erregenden und wunderbaren Anblick«. Und in der Predigt am Weihnachtsfest sagte er: »Noch sind es nicht zehn Jahre her, daß uns dieser Tag offenbar und bekannt geworden ist.«

Im Osten des Römischen Reichs setzte sich allerdings im Unterschied zum Westen Weihnachten nicht als das volkstümliche Hauptfest der Kirche durch. Das durch Gebirge abgetrennte Armenien blieb sogar für immer beim 6. Januar, Äthiopien beim 7. Januar. Erst Kaiser Justin II. (565–578) legte den 25. Dezember als Geburtstag Christi für das Römische Reich endgültig fest.

Daß die Heilige Nacht am Abend des 24. Dezember gefeiert wird, bedeutet keinen Verstoß gegen dieses Datum: Im Altertum endete der alte Tag mit Sonnenuntergang. Von da an zählte der nächste Tag. Die Liturgie der Kirche hat diesen Brauch übernommen. Der 25. Dezember beginnt nach dieser Sitte bereits am Heiligen Abend.

Um das Fest legte sich ein Kranz volkstümlichen Brauchtums. Nach der Christianisierung der Germanen sind in die Feiern der Weihnachtstage mit der Zeit auch Bräuche aus dem heidnischen Fest der Wintersonnenwende eingeflossen. Sie nahmen christlichen Inhalt an. Das Wort Weihnachten ist in Deutschland in den frühesten Zeugnissen um das Jahr 1170 überliefert worden. In der Spruchsammlung Spervogel heißt es: »er ist gewaltic unde starc, der ze wîhen naht geborn wart«.

Früheste Hinweise auf die Aufstellung einer Krippe in der Kirche gibt es aus Armenien um das Jahr 400. In Rom wurde an der Kirche S. Mariae ad praesepe, später der Maria maggiore, eine Kapelle für die Krippe und die dazugehörenden Figuren aufgestellt. Aus der Prozession und der Anbetung der Krippe entstanden im Mittelalter Krippenspiele. Sie entwickelten sich aus liturgischen Wechselgesängen in lateinischer Sprache zu Spielen mit dramatischer Handlung und strahlten aus dem Kirchen- und Klosterraum ins Volksleben aus. Um das Jahr 1200 sind aus Nordfrankreich die ersten Weihnachtsspiele in der Volkssprache überliefert.

Geschmückte Bäume hat es in Paradiesspielen seit dem Altertum gegeben. Ein Kupferstich Lucas Cranachs von 1509, die »Buße des heiligen Chrysostomus«, zeigt zum ersten Mal die mit Lichtern und Sternen geschmückte Tanne, allerdings steht sie in der freien Natur zwischen anderen Bäumen. Aus dem Jahr 1605 wird in Schlettstadt im Elsaß vom ersten Weihnachtsmayen in einem Wohnhaus berichtet. Die Sitte des Christbaums ist wahrscheinlich aber erst seit dem Jahr 1800 in Bürgerhäuser eingezogen, zunächst in Zürich, München, Wien und Siebenbürgen, ehe sie sich allgemein durchsetzte.

Im deutschen Protestantismus hat Luther die Kreuzestheologie, das Kernstück des evangelischen Glaubens, mit dem Weihnachtsfest verbunden. Luther hat vom »fröhlichen Wechsel« gesprochen, der sich Karfreitag am Kreuz vollzogen hat: Christus nimmt auf sich die Sünden des Glaubenden und gibt ihm dafür seine Gerechtigkeit. Luther übertrug das auf die Geburt Christi: »Er äußert sich all seiner Gwalt, wird niedrig und gering, und nimmt an sich eins Knechts Gestalt, der Schöpfer aller Ding. Er wird ein Knecht und ich ein Herr; das mag ein Wechsel sein! Wie könnt es doch sein freundlicher, das Herzejesulein?« Luther schlug um das Jahr 1535 auch vor, die am Nikolaustag übliche Bescherung auf das Weihnachtsfest zu verlegen. Statt des heiligen Nikolaus brachte danach der heilige Christ die Gaben, daraus wurde das Christkind.

Daß die christlichen Feste spät entstanden, ist nicht verwunderlich. Die erste Generation der Christen erwartete, der in den Himmel gefahrene Gottessohn werde bald in Herrlichkeit auf die Erde zurückkehren, als Richter und als König seines Reichs. Im ältesten Brief des Neuen Testaments, im Ersten Brief an die Thessalonicher (Saloniki), wahrscheinlich aus dem Jahre 50, ist zu sehen, daß Paulus erwartet hat, die Wiederkunft Christi noch zu erleben: »Denn der Herr wird selbst mit befehlendem Wort, mit der Stimme des Erzengels und mit der Posaune Gottes vom Himmel herabkommen, und zuerst werden die Toten, die in Christus gestorben sind, auferstehen. Danach werden wir, die wir noch am Leben sind, zugleich mit ihnen auf den Wolken in die Luft entrückt werden, dem Herrn entgegen. Und so werden wir beim Herrn sein allezeit.«

Die Bürgschaft dafür bot, daß Christus für die Menschen gestorben und auferstanden war. Seine Auferweckung war der Inhalt der ältesten christlichen Verkündigung. Im Ersten Brief an die Korinther hat Paulus, wahrscheinlich im Jahr 55, einen rhythmisch gegliederten Bekenntnissatz geschrieben, der ihm Jahre früher aufgetragen worden war, als Hauptstück der christlichen Lehre, und der wegen der Eigentümlichkeit seiner griechischen Formulierung auf die Urgemeinde in Jerusalem zurückgeführt wird: »Ich habe euch weitergegeben, was ich selbst empfangen habe: Daß Christus gestorben ist für unsere Sünden nach der Schrift; und daß er begraben worden ist; und daß er auferstanden ist am dritten Tage nach der Schrift; und daß er erschienen ist dem Kephas, danach den Zwölfen.« Wo sich der Blick so ausschließlich darauf richtet, daß Christus bald wiederkommt, sieht das Auge nicht zurück in die Vergangenheit, gibt es Denken nur an die Zukunft und an die Frage, was die Bedingung der Teilnahme an ihr ist.

Das Lukasevangelium, geschrieben um das Jahr 90, führt in eine andere Generation. Sie lebt nicht mehr in der Hoffnung auf baldige Wiederkehr des Gottessohnes. Der Platz des Christen bleibt die Erde in einer sich dehnenden Zeit, deren Ende Menschen nicht sehen können. Trotzdem durchzieht der Ton der Freude das Evangelium: Erfüllt wird die Verheißung Gottes an Israel nicht erst in der Zukunft durch das Hereinbrechen des Gottesreiches. Das Heil ist schon gekommen: »Euch ist heute in der Stadt Davids der Heiland geboren«, verkündigt der Engel in der Heiligen Nacht den Hirten.

Im Unterschied zu Paulus blickt Lukas in die Vergangenheit zurück. Er schreibt Geschichte. Aber er benutzt nicht die Methode des modernen Historikers, er stellt vom Glauben an Christus aus die Geschichte Gottes mit den Menschen dar. Sie vollzieht sich nicht abseits der Weltgeschichte, vielmehr in ihr, Lukas nennt zu Beginn der Weihnachtserzählung den Kaiser Augustus und den Statthalter Quirinius. Die Absicht ist nicht, eine genaue Jahreszahl anzugeben, sowenig Lukas den Verlauf des

Lebens Jesu biographisch richtig beschreibt. Der Kaiser wird aufgeführt, weil auch er mit seinem Reich in Gottes Plan für alle gehört.

Lukas zeigt vom ersten bis zum letzten Kapitel seines Evangeliums, daß in Christus erfüllt ist, was Gott »unseren Vätern zugesagt hat, Abraham und seinen Nachkommen in Ewigkeit«. So singt Maria im Loblied nach der Ankündigung, daß sie einen Sohn gebären wird. Deutlicher als in den anderen Evangelien tritt bei Lukas hervor, daß Christus der Israel verheißene Messias ist. Die Israel zugesagte Erlösung wird auf alle Völker ausgeweitet: Christus ist, sagt der Engel den Hirten, der Heiland der ganzen Welt.

Über der Weihnachtsgeschichte liegt der Zauber wundersamer, seltsamer Begebenheiten: Die Wanderung Josephs und seiner Braut Maria von Nazareth in Galiläa nach Bethlehem, der Stadt Davids und des aus seinem Geschlecht kommenden Messias; die Geburt des Sohnes; das Wickelkind in der Krippe; die Hirten auf dem Felde; der Engel, der die Geburt des Heilands verkündigt; der Lobgesang der himmlischen Heerscharen, die Proklamation des Friedens auf Erden bei den Menschen des Wohlgefallens Gottes; das Laufen der Hirten zu Maria und Joseph und dem Kind; die Erinnerung bei Jesu Beschneidung, daß der Engel Maria die Jungfrauengeburt angekündigt hat.

Die Weihnachtsstimmung, die dieses Fest heute in der westlichen Kirche und besonders in Deutschland prägt, steht nicht im Widerspruch zur Bibel. Im Gegenteil, Lukas stellt diese Stimmung in den Dienst seiner Geschichtsschau. Das Wichtige sind nicht die einzelnen wunderbaren Züge. Sie sind die Mittel, die deutlich machen, daß die Geburt des Heilands Christus, des Herrn, unvergleichlich viel wichtiger war als kurz vorher die Geburt Johannes des Täufers.

Johannes ist bei Lukas nicht der Vorläufer, auch nicht der Täufer Christi. Lukas berichtet die Gefangennahme des Johannes durch Herodes vor der Mitteilung über die Taufe Christi. Johannes gehört für Lukas in die Zeit des Alten Bundes, der Verheißung Gottes an Israel, er steht an deren Abschluß. Mit Christus läßt Lukas den zweiten Abschnitt der Weltgeschichte beginnen, die Heilszeit. In ihr wird erfüllt, was Gott verheißen hat. Zugleich bereiten in dieser Zeit das Wirken, der Kreuzestod, die Auferweckung und die Himmelfahrt Christi den dritten und letzten Abschnitt der Geschichte vor: die Zeit, in der Christus zur Rechten Gottes sitzt und sich auf der Erde durch den Geist Gottes vertreten läßt. Der Geist erfüllt die Gläubigen und baut die Kirche und bringt die Mission unter alle Völker, bis Gott die Weltgeschichte beendet.

Dieses Ende, auf das die erste Generation der Christen so viele Gedanken gerichtet hatte, ist für Lukas in die Ferne gerückt: Von der Schöpfung bis zum Beginn des Wirkens Christi ist Zeit des Gesetzes und der Propheten. Von der Himmelfahrt Christi bis zum Ende ist die Zeit der Kirche. Sie blickt zurück auf die Erdentage Christi zwischen Taufe und Himmelfahrt, auf die Zeit der Erfüllung, auf die Mitte der Zeit, auf das Heil.

Verzeichnis der Autoren, Texte und Quellen

ANDERSEN, HANS CHRISTIAN (1805–75)

Der Tannenbaum 109

Aus: H. Ch. A.: Märchen. Mit Ill. von Theodor Hosemann, Graf
Pocci, Raymond de Baux, Ludwig Richter, Otto Speckter. Übers.
von Heinrich Denhardt. Ausw. und Nachw. von Leif Ludwig
Albertsen. Stuttgart: Reclam, 1986. (Universal-Bibliothek. 690[5].)
S. 302–313.

ANGELUS SILESIUS (1624–77)

Du must zum Kinde werden 269
Der Kinder ists Himmelreich 269
Die Kindheit und GOttheit 269
Kind und GOtt 269

Aus: A. S. (Johannes Scheffler): Cherubinischer Wandersmann.
Krit. Ausg. Hrsg. von Louise Gnädinger. Stuttgart: Reclam, 1984.
(Universal-Bibliothek. 8006[5].) Nr. 153: S. 49; Nr. 253, 254 und
255: S. 64.

BÉCQUER, GUSTAVO ADOLFO (1836–70)

Meister Pérez der Organist 303

Aus: G. A. B.: Die grünen Augen. Phantasiestücke. Aus dem
Spanischen von Fritz Vogelgsang. Stuttgart: Klett-Cotta, 1982. S.
58–79. – Auch in: G. A. B.: La ajorca de oro / Der goldene Armreif.
Legenden. Spanisch/Deutsch. Übers. und hrsg. von Fritz Vogel-
gsang. Stuttgart: Reclam, 1987. (Universal-Bibliothek. 8398[2].)
S. 4–43. – © 1982 J. G. Cotta'sche Buchhandlung Nachfolger
GmbH, Stuttgart.

BIBEL

Aus: Die Bibel nach der Übersetzung Martin Luthers. Mit Apokryphen. Stuttgart: Deutsche Bibelgesellschaft, 1985.

BÖLL, HEINRICH (1917–85)

Aus: H. B.: Gesammelte Erzählungen. Bd. 2. Köln: Kiepenheuer & Witsch, 1982. S. 72–78. – © 1981 Verlag Kiepenheuer & Witsch, Köln.

BRANT, SEBASTIAN (1458–1521)

Aus: S. B.: Das Narrenschiff. Übertr. von H. A. Junghans. Durchges. und mit Anm. sowie einem Nachw. neu hrsg. von Hans-Joachim Mähl. Stuttgart: Reclam, 1964 [u. ö.]. (Universal-Bibliothek. 899 [6].) S. 356 f.

BRECHT, BERTOLT (1898–1956)

Aus: B. B.: Gesammelte Werke in 20 Bänden. Hrsg. vom Suhrkamp Verlag in Zsarb. mit Elisabeth Hauptmann. Bd. 8: Gedichte 1. Frankfurt a. M.: Suhrkamp, 1967. S. 122. – © 1967 Suhrkamp Verlag, Frankfurt am Main.

BRENTANO, CLEMENS (1778–1842)

Engel, die Gott zugesehn 263

Aus: C. B.: Gedichte. Hrsg. von Wolfgang Frühwald, Bernhard Gajek und Friedhelm Kemp. München: Deutscher Taschenbuch Verlag, 1977. S. 620.

BRITTING, GEORG (1891–1964)

Könige und Hirten 193

Aus: G. B.: Gedichte 1919–1939. München: Nymphenburger Verlagshandlung, 1957. S. 116f. – Mit freundlicher Genehmigung von Ingeborg Schuldt-Britting, Höhenmoos.

BÜCHNER, GEORG (1813–37)

Brief an die Familie, Januar 1833 (gekürzt) 237

Aus: G. B.: Sämtliche Werke und Briefe. Hist.-krit. Ausg. mit Komm. Hrsg. von Werner R. Lehmann. Bd. 2: Vermischte Schriften und Briefe. Hamburg: Wegner, 1971. S. 415 f.

BUSCH, WILHELM (1832–1908)

Der Stern. 325

Aus: W. B.: Hist.-krit. Gesamtausgabe. Hrsg. von Friedrich Bohne. Bd. 4. Wiesbaden/Berlin: Vollmer [o. J.]. S. 394.

BUZZATI, DINO (1906–72)

Zuviel Weihnachten 346

Aus: Vom Engel, der nicht singen wollte. Die schönsten Weihnachtslegenden. Hrsg. von Dietrich Steinwede. Gütersloh: Gütersloher Verlagshaus Gerd Mohn, 1980. S. 74–79. – © Ingrid Parigi, Bergamo.

CLAUDIUS, MATTHIAS (1740–1815)

Aus: M. C.: Aus dem Wandsbecker Boten. Ausw. und Nachw. von
Konrad Nussbächer. Stuttgart: Reclam, 1949 [u. ö]. (Universal-
Bibliothek. 7550.) S. 37 f.

Aus: M. C.s Ausgewählte Werke. Mit einem Lebensbilde und mit
Anm. hrsg. von Wilhelm Flegler. Mit Ill. in Holzschnitt. Leipzig:
Reclam [o. J.]. S. 165 f.: »Antwort an Andres auf seinen letzten
Brief«.

DAUDET, ALPHONSE (1841–97)

Aus: A. D.: Briefe aus meiner Mühle. Übers. und Nachw. von Ilse
Perker. Stuttgart: Reclam, 1971 [u. ö.]. (Universal-Bibliothek.
3227 [3].) S. 105–114.

DOYLE, ARTHUR CONAN (1859–1930)

Aus: A. C. D.: Die Abenteuer des Sherlock Holmes. Aus dem Engl.
neu übers., mit einem Nachw. von Klaus Degering. Stuttgart:
Reclam, 1989. (Universal-Bibliothek. 40001.) S. 215–247. – Übers.
von Ulrike Jung-Grell.

EICHENDORFF, JOSEPH VON (1788–1857)

Aus: J. v. E.: Gedichte. Eine Auswahl. Mit einem Nachw. von
Konrad Nussbächer. Stuttgart: Reclam, 1957 [u. ö.]. (Universal-
Bibliothek. 7925 [2].) S. 133.

FALLADA, HANS (1893–1947)

Lüttenweihnachten   256

Aus: H. F.: Hoppelpoppel wo bist du? Kindergeschichten. Mit
einem Nachw. von Felix Riemkasten. Stuttgart: Reclam, 1955
[u. ö.]. (Universal-Bibliothek. 7314.) S. 63–70. – Mit freundlicher
Genehmigung des Aufbau-Verlages GmbH, Berlin.

FLEMING, PAUL (1609–40)

Neue-Jahrs-Ode 1633   391

Aus: P. F.: Deutsche Gedichte. Hrsg. von Volker Meid. Stuttgart:
Reclam, 1986. (Universal-Bibliothek. 2455 [2].) S. 51–54. Str.
16–22.

FONTANE, THEODOR (1819–98)

Weihnachtsspruch   132

Aus: Th. F.: Werke, Schriften und Briefe. Hrsg. von Walter Keitel
und Helmuth Nürnberger. Bd. 6. München/Wien: Hanser, ²1978.
S. 411.

Noch einmal ein Weihnachtsfest   385

Ebd. S. 343 f.

FUCHS, GÜNTER BRUNO (1928–77)

Gesucht wird   108

Aus: G. B. F.: Gemütlich summt das Vaterland. Gedichte Märchen
Sprüche. Zsgest. von Michael Krüger. München/Wien: Hanser,
1984. S. 25. (Aus: Polizisten-Steckbriefe.) – © 1984 Carl Hanser
Verlag, München und Wien.

GERNHARDT, ROBERT (geb. 1937)

Aus: R. G.: Die Falle. Eine Weihnachtsgeschichte. Zürich: Haffmans, 1993. – © 1993 by Haffmans Verlag AG, Zürich.

GOES, ALBRECHT (1908–2000)

Aus: A. G.: Lichtschatten du. Gedichte aus fünfzig Jahren. 1978. Frankfurt a. M.: S. Fischer, 1978. S. 70. – © 1978 S. Fischer Verlag GmbH, Frankfurt am Main.

GOETHE, JOHANN WOLFGANG (1749–1832)

Aus: J. W. G.: Gedenkausgabe der Werke, Briefe und Gespräche. Hrsg. von Ernst Beutler [u. a.]. Bd. 18: Briefe der Jahre 1764–1786. Zürich: Artemis-Verlag, ²1965. S. 183–186.

Aus: J. W. G.: Gedenkausgabe [. . .]. Bd. 1: Sämtliche Gedichte. Tl. 1: Die Gedichte der Ausgabe letzter Hand. Hrsg. von Emil Staiger. Zürich: Artemis-Verlag, ²1961. S. 274 f.

GREGOR-DELLIN, MARTIN (1926–88)

Aus: Walter Jens (Hrsg.): Frieden. Die Weihnachtsgeschichte in unserer Zeit. Stuttgart: Kreuz Verlag, 1981. S. 119–128. – Mit freundlicher Genehmigung von Martin Gregor-Dellin, Gröbenzell bei München.

414

TOLSTOI, LEO (1828–1910)

Aus: L. T.: Volkserzählungen. Übers. und hrsg. von Guido Wald-
mann. Stuttgart: Reclam, 1987. (Lese-Klassiker.) S. 103–120.

WALSER, ROBERT (1878–1956)

Aus: R. W.: Das Gesamtwerk in 12 Bänden. Hrsg. von Jochen Greven.
Bd. 1. Zürich / Frankfurt a. M.: Suhrkamp, 1978. S. 36–38. – © 1978
Suhrkamp Verlag, Zürich / Frankfurt am Main; mit Genehmigung der
Inhaberin der Rechte, der Carl Seelig-Stiftung, Zürich.

ZUCKMAYER, CARL (1896–1977)

Aus: C. Z.: Gesammelte Werke. Bd. 1: Gedichte. Erzählungen.
Berlin / Frankfurt a. M.: S. Fischer, 1960. S. 289–310. – © Carl
Zuckmayer 1960. Abdruck mit Genehmigung der S. Fischer Verlag
GmbH, Frankfurt am Main.

Der Verlag Philipp Reclam jun. dankt den Rechteinhabern für die
Nachdruckgenehmigungen. Wo ein Rechtsnachfolger nicht zu ermit-
teln war, ist der Verlag bereit, nach Anforderung rechtmäßige
Ansprüche abzugelten.

Verzeichnis der Texte nach Gattungen

Bibelstellen

Betrachtungen

Briefe

Erzählungen

Gedichte